1848
ou l'apprentissage
de la république
1848-1852

Ouvrages de
Maurice Agulhon

La Sociabilité méridionale
Aix-en-Provence, La Pensée universitaire, 1966

Pénitents et francs-maçons de l'ancienne Provence
Fayard, 1968

Une ville ouvrière au temps du socialisme utopique
Toulon de 1815 à 1851
Paris-La Haye, Mouton, 1970; rééd. 1977

La République au village
Plon, 1970; rééd. Seuil, 1979

La Vie sociale en Provence intérieure
au lendemain de la Révolution
Clavreuil, 1971

Les Quarante-huitards
Gallimard-Julliard, coll. « Archives », 1976

Le Cercle dans la France bourgeoise, 1810-1848
Colin, 1977

Marianne au combat (l'imagerie et la symbolique
républicaines de 1789 à 1880)
Flammarion, 1979

EN COLLABORATION

avec R. Busquet et V. L. Bourrilly : Histoire de la Provence
PUF, coll. « Que sais-je? », 1966

avec F. Barrat : CRS à Marseille, 1944-1947
Colin, 1971

avec A. Nouschi : la France de 1914 à 1970
Nathan, 1971, 2 vol.

PARTICIPATION À

Atlas historique de Provence, *Colin, 1969;* Histoire de
la France (dirigée par G. Duby), *Larousse, 1971;*
Histoire de la Provence, *Privat, 1971;* Documents
d'histoire de la Provence, *Privat, 1971;* Histoire de la
France rurale (dirigée par G.Duby et A. Wallon), *Éd.
du Seuil, 1976, t. 3.*

Maurice Agulhon

Nouvelle histoire
de la France contemporaine

8

1848
ou l'apprentissage
de la République

1848-1852

Éditions du Seuil

En couverture :
gravure de Nanteuil extraite de *Chants et Chansons*
de Pierre Dupont, (2 vol., Al. Houssiaux, Paris 1852.)

ISBN 2.02.005216.4 (éd. complète)
ISBN 2.02.000668.5 (tome 8)

1

Pourquoi la république?

L'année 1848 prend place dans notre histoire — c'est son caractère le plus évident — comme un nouveau changement de régime *politique*. La République remplace la Monarchie, ou une monarchie. Un pouvoir anonyme, plus ou moins collectif, en tout cas largement dépersonnalisé et désacralisé, va remplacer le règne d'un homme, d'un Souverain désigné et mis hors de pair du seul fait de sa naissance.

Mais que signifie cette forme de pouvoir? Un expédient pour assurer le fonctionnement de l'État en l'absence provisoire de monarque, en somme une sorte de régence? ou un système choisi pour lui-même, et crédité de mérites positifs? La première conception, celle d'une république transitoire en attente de restauration monarchique, n'est pas étrangère à notre histoire. Anticipons quelque peu sur le cours de celle-ci : nous trouverons une république de ce genre de février 1871 à janvier 79. Et il est bien certain que dès 1848 un très grand nombre d'hommes politiques français n'accepteront la République que dans cette perspective-là. Toutefois ces républicains de passivité et de circonstance, républicains par la force des choses — on dira « républicains du lendemain » en sous-entendant « de la Révolution » —, ne sont pas les plus forts, à l'origine. La République est proclamée le 25 février 1848 à Paris par des républicains « de la veille », gens chaleureux et convaincus, qui la voulaient pour elle-même.

1. Un débat d'histoire et de politique

Quelle était, alors, le sens de cette aspiration? On peut tenir pour mineures les références étrangères, souvenirs de collège sur les cités libres d'Athènes et de Rome, ou bien connaissance des États-Unis d'Amérique.

Certes les premières tiennent toujours autant de place dans les éducations bourgeoises, et la deuxième atteint le public cultivé. Mais Démosthène, Brutus ou Washington fournissent plutôt des modèles de comportement personnel que des exemples constitutionnels ou politiques. Pour ces derniers, la référence majeure est désormais nationale. Penser à la République en 1848 c'est penser à la Révolution française. 1848 sera, comme on l'a écrit il y a quelques années, une « première résurrection de la République » (Henri Guillemin[1]).

Image et souvenir de la Révolution.

Il reste donc à savoir comment les jeunes hommes de 1848 pouvaient se représenter la première République française et comment ils pouvaient l'aimer. Ce n'était pas si facile. Car l'esprit du siècle des Lumières, la liberté politique et l'égalité civile, la modernité des institutions et la fierté nationale commune, tout cela était acquis en 1789 et pouvait se concilier avec un régime monarchique. C'est ce que l'on avait eu de 1789 à 1792, de 1804 à 1814, et que l'on connaissait à nouveau depuis 1830, sous le symbole du drapeau tricolore, et la titulature d'un roi (ou empereur) « des Français ». On pouvait être honorablement philosophe, libéral et patriote en se contentant de cela. Être républicain, c'était donc, en se réclamant de l'époque 1792-1804, vouloir quelque chose de plus. Laissons de côté les années du Consulat (1800-1804), où la monarchie impériale était déjà en gestation. Laissons de côté la République directoriale (1795-1800) dont l'échec politique et social fut patent. Reste la haute époque du 10 août, de la Commune et de la Convention. Or, on peut bien soutenir que, sans le surcroît d'éner-

1. Biblio. n° 39.

gie révolutionnaire qui fut déployé alors, les conquêtes mêmes de la révolution raisonnable auraient été en grand danger de périr, et qu'il fallait 93 pour sauver et pour accomplir 89. Mais cette théorie aujourd'hui banale ne s'était pas aussitôt établie. Elle avait été longtemps masquée par une évidence historique plus forte : la République de 1792-an II avait poussé la démocratie jusqu'à la dictature populaire, et le radicalisme jusqu'à la Terreur. Être républicain, c'était être l'homme de la guillotine, et du maximum, un oppresseur policier des personnes et des biens, un « homme de sang ».

Vers 1815, cette image grossièrement simplificatrice, et vigoureusement répulsive, était celle qu'avait de la République l'immense majorité des Français. A cette date, les hommes capables de témoigner, et d'abord par leur propre exemple, sur les valeurs positives de la Révolution jacobine, ceux d'entre eux du moins qui n'étaient ni morts, ni gagnés de cœur à l'opportunisme des monarchies constitutionnelles, ni retombés dans un scepticisme un peu honteux où leur passé s'« autocensurait », ces hommes étaient une poignée, et le parti républicain se composait essentiellement de l'ensemble, dispersé et sans liens, de leurs familles; donc des vieillards et des épigones. Pour qu'une République puisse tenter de renaître en 1830, et y réussir en 1848, il fallait que ce groupe informe fasse des adeptes et prenne de la consistance. Cette obscure progression de l'idée républicaine au cours des règnes successifs de la Restauration et de l'Orléanisme est la première des causes politiques de la Révolution de 1848.

On ne connaît pas aussi bien qu'il faudrait les modalités de survie et de rayonnement des anciens combattants de la première République. Comparée à toute la littérature suscitée par la légende napoléonienne, la bibliographie de la légende républicaine est bien pauvre. Le vieux soldat imaginé par Balzac dans *le Médecin de campagne* est dans toutes les mémoires, le vieux conventionnel évoqué par Victor Hugo dans *les Misérables* (l'« évêque en présence d'une lumière inconnue ») n'a pas de notoriété comparable. Victor Hugo — il est vrai — charge si fortement de symbole ses personnages, et impose à leur silhouette de si grandioses déformations qu'on ne songe guère à voir en eux des types sociaux représentatifs. Pourtant les vieux jacobins, redevenus notaire, artisan ou rentier dans leur petite ville, ont existé tout autant que les classiques demi-solde de l'armée impériale, et ils ont bien dû eux aussi pratiquer le récit à la veillée, le conseil aux voisins, voire (après 1831) la politique municipale. Au-delà du rayonnement personnel ou familial, il faut songer encore aux influences qu'ils ont pu exercer dans les associations, telles que des loges maçonniques, les sociétés secrètes ou même les simples cercles. Les anciens de la République qui y coudoyaient d'autres libres penseurs, d'autres amis de la liberté politique, d'autres patriotes, ont pu gagner à leur idéal plus d'un orléaniste ou même bonapartiste déçu.

Le rôle des historiens et de l'histoire.

Mais la somme de ces influences de mémoires individuelles aurait été insuffisante si la littérature n'avait suscité une mémoire collective. Dans les années 1840, si la République est mieux connue et peut recruter des adeptes par voie directe, au-delà du milieu restreint des survivants et de leurs proches, c'est grâce à l'Histoire. L'Histoire de la Révolution était née depuis longtemps, sous la Restauration, à l'époque où les hommes du drapeau blanc étaient au pouvoir. Contre eux les libéraux comme Thiers et Mignet avaient à défendre le grand choix de 1789, le drapeau tricolore, les valeurs d'une politique moderne et rationnelle. Dans cette défense de la Révolution globale, la monarchie constitutionnelle était exaltée, et la parenthèse républicaine excusée, comme fruit d'un enchaînement fatal, où la guerre imposée par l'étranger avait la responsabilité principale. Mais une fois lancée cette entreprise de restitution et de méditation du passé national récent, il n'était au pouvoir de personne de l'arrêter, et l'on devait aboutir à des études plus approfondies, plus chaleureuses et politiquement moins circonspectes. Ainsi paraissent, presque simultanément (en moins de deux ans, 1847-1848) les quatre livres, l'*Histoire de la Révolution* de Michelet, l'*Histoire des Girondins* de Lamartine, l'*Histoire de la Révolution* de Louis Blanc et l'*Histoire des montagnards* d'Alphonse Esquiros. Si Louis Blanc associe normalement l'éloge du robespierrisme à des convictions socialistes, les autres sont moins exclusifs, et c'est précisément ce qui fait leur nouveauté et leur importance. Car on découvre dans Michelet, comme dans Lamartine, que la République ne s'identifie pas seulement, ni même peut-être essentiellement avec les quelques mois de dictature tendue, sombre, parfois cruelle du printemps et de l'été de l'an II; qu'elle a été d'abord, en 1792, le parti des hommes qui ont relevé le flambeau de 1789 au moment où le roi et la majorité des anciens constituants le laissaient tomber. En bref, qu'elle a été dans l'histoire de la Révolution non pas une parenthèse honteuse et brève mais comme une révolution nouvelle, celle de 1792, aussi exaltante et généreuse que celle de 1789. Et ceci était dit par le plus célèbre poète de l'époque, Lamartine, de l'Académie française, et par son plus éminent universitaire, Michelet, professeur au Collège de France. Le parti républicain n'avait pas besoin que ces écrivains se prononcent explicitement pour lui; volontairement ou non ils lui servaient de caution morale.

Dans tous les domaines, d'ailleurs, l'Histoire que la révolution de Juillet avait mobilisée contre l'esprit passéiste ou rétrograde de la monarchie restaurée, s'était retournée contre son propre conservatisme. Dans les premières années de son règne, Louis-Philippe avait fait dresser sur la place de la Bastille la colonne commémorative des combats de Juillet, double hommage aux combats populaires, ceux de 1830 par la référence explicite, ceux de 1789 par le lieu choisi. Ainsi, en plein cœur de Paris ouvrier, la tradition de prise d'armes était très officiellement rappelée. A l'autre bout de la capitale, au sommet des Champs-Élysées, axe de son développement nouveau, le régime à la même époque avait fait achever la décoration de l'Arc de triomphe de l'Étoile. Rude y avait sculpté *le Départ des volontaires,* pour exalter l'élan national de 1792. Rien ne rappelle — et pour cause — dans ce groupe célèbre, la monarchie constitutionnelle. La femme qui domine la troupe en marche est en principe un génie de la guerre. Mais on pourrait y voir aussi la République en allégorie. Ce n'est pas par hasard que *le Départ des volontaires* sera plus usuellement nommé *la Marseillaise,* du nom d'un hymne qui, à cette époque, était encore tenu pour révolutionnaire. La « tyrannie » qui lève son « étendard sanglant » était autrichienne et prussienne pour le bon Rouget de l'Isle, mais les circonstances de la Révolution avaient très vite permis qu'on l'interprète aussi en termes de politique intérieure. Là encore le combat patriotique était devenu combat républicain. Il était décidément bien difficile d'honorer la Révolution militante sans exalter la République. La monarchie de Juillet commençante avait naïvement pris ce risque, et dressé dans sa capitale deux imprudences iconographiques. Or on sait bien qu'en ce temps-là on était loin d'être blasé sur les monuments et symboles.

Bien entendu notre démonstration monumentale n'est, à son tour, que symbolique. Nous voulons dire seulement que la Révolution française, cette naissance de la France moderne, étant ce qu'elle fut, le dynamisme romantique de son exaltation devait en reproduire la trajectoire. De même qu'il y avait eu 1792 après 1789, l'histoire menait vers 1848 après avoir préparé 1830, et le régime de Juillet allait périr par l'histoire après être apparu d'abord comme l'œuvre et l'âge d'or des historiens. Et c'est ainsi que la République, inconnue ou honnie trente ans plus tôt, peut avoir à la veille de 1848, comme tout autre régime, un passé honorable, des partisans, une audience de presse, d'opinion, de tribune, bref une crédibilité.

Le déclin des dynasties.

Il va sans dire que ses chances croissent avec le discrédit des solutions concurrentes. La France n'a pas moins de trois dynasties disponibles. Mais la première, celle des Bourbons de la branche aînée, s'est trop identifiée avec la Contre-Révolution, la négation du libéralisme, la prééminence cléricale, pour avoir l'adhésion des forces vives du pays. En outre elle est représentée par un prince, le comte de Chambord, en pleine jeunesse sans doute (il est né en 1820), mais qui a quitté la France encore enfant pour être élevé dans une cour étrangère et dans un esprit archaïque. La deuxième maison, celle des Bonaparte, a plus de chances, puisque l'Empire est de la lignée du drapeau tricolore, qu'il a prolongé la République et qu'il peut revendiquer une part de la gloire et de la tradition patriotiques. Mais un Napoléon n'est pas sans inspirer des réserves aux vrais amis de la liberté. Et de plus, là encore, la dynastie est plutôt desservie par son représentant le prince Louis (né en 1808), homme dans la force de l'âge, mais dont on connaît seulement deux échauffourées, quelques brochures non conformistes, une évasion prosaïque, et la vie besogneuse à Londres. Les survivants et les épigones des grandes équipes militaires et civiles du pouvoir impérial, loin de songer à lui, sont depuis longtemps au service de Louis-Philippe. Quant à la troisième maison, celle des Orléans précisément, on connaît ses difficultés : la vieillesse du roi, avec le déclin de ses aptitudes politiques; un héritier encore enfant et par conséquent la perspective d'une régence sous un prince peu connu et peu populaire; l'usure du pouvoir, sa corruption; la politique de Guizot qui, aux élections de 1846, a préféré se renforcer sur la droite en se ralliant quelques légitimistes que se renforcer sur sa gauche en faisant des concessions au parti de la Réforme. Ainsi le régime évoluait en tournant le dos à ses origines quasi révolutionnaires, et se transformait en un pur conservatisme, mais un conservatisme empirique que n'ennoblissait aucune théorie, puisque la philosophie de l'ordre était monopolisée par le légitimisme et l'Église. Ainsi, au bout de l'analyse politique, la République était une solution qui bénéficiait à la fois d'une audience propre et de l'affaiblissement des prestiges rivaux.

2. Une société en crise

Les considérations politiques, cependant, n'épuisent pas le champ des causes possibles. La Révolution de 1848 restera dans notre histoire comme bien autre chose qu'une réédition réussie de la révolution de 1830. Les espérances qu'elle a portées sont bien plus que libérales et patriotiques, elles sont aussi sociales. Ce n'est pas seulement la machine politique mais la société humaine dont on a voulu corriger le fonctionnement.

Le problème ouvrier.

Dans les années 1840, en effet, la question ouvrière est posée. S'il est difficile d'assigner un commencement précis aux processus objectifs tels que l'arrivée de la machine dans notre industrie, les concentrations en grands ateliers, l'allongement de la journée de travail, et toutes les nouvelles formes de « paupérisme » qui en

découlent, s'il est malaisé de remonter jusqu'aux premiers exemples
de grèves ou d'organisations présyndicalistes, il est en revanche
facile de dater la révélation qui fut faite à l'opinion de ces diverses
réalités : c'est entre 1830 et 1840. Ce fut l'œuvre des opposants
d'abord. Républicains comme le docteur Guépin ou légitimistes
comme Villeneuve-Bargemon étaient naturellement portés à la
pitié par leur doctrine philosophique, humanitaire ou chrétienne
respectivement; en outre, en combattant le régime, ils devaient
être naturellement tentés de lui imputer toutes les misères connues,
et cela d'autant plus qu'il s'agissait de misère ouvrière, et que le
régime se flattait de représenter la « classe moyenne », l'industrie,
les affaires. Mais il s'en fallait de beaucoup que toutes les dénoncia-
tions du mal social vinssent de l'opposition. Ni Villermé ni Adolphe
Blanqui ne lui appartenaient; bien mieux, ils avaient été incités à
l'étude du paupérisme par cette Académie des Sciences morales et
politiques dont la monarchie de Juillet avait voulu faire un centre
de hautes études, un véritable laboratoire de réflexion et de proposition. Nous disions tout à l'heure que l'histoire s'était retournée
contre le régime des historiens, on pourrait dire par un schéma
semblable que l'économie sociale se retournait contre le régime des
économistes. Il est classique de présenter Louis-Philippe comme
victime, à la fin des années 1840, de l'élan donné par son règne au
début des années 1830, à l'histoire nationale et au patriotisme; de
la même façon, le voici victime d'une autre de ses impulsions initiales, celle qu'il imprima aux études de toute nature, à l'administration positive qui observe et qui recense tout, du nombre de cotes
foncières à celui des enfants trouvés ou des indigents assistés, en
un mot, à la Statistique. Un fait est là : vers 1830-1831, au temps
premier des « missions » saint-simoniennes, au temps où Charles
Fourier vieillissait dans la solitude et où le jeune Auguste Blanqui
se dégageait à peine d'un jacobinisme de quartier Latin, l'idée
socialiste appartenait à une petite minorité d'excentriques. Dix ans
après, la question sociale avait envahi la presse et la littérature.
Encore cinq ans, et une grève générale des charpentiers de Paris
faisait figure d'événement, et le plus grand orateur de l'opposition, Berryer, naguère paladin de la duchesse de Berry, défendait
d'obscurs compagnons poursuivis devant les tribunaux pour délit
de coalition.

Le problème paysan.

Certes le prolétariat était trop minoritaire, et le mouvement ouvrier trop embryonnaire pour menacer les institutions en place. Mais la question sociale n'était pas circonscrite aux faubourgs des villes manufacturières, elle existait encore à la campagne. On répétera beaucoup, à la fin du siècle, un mot de Jules Ferry, impressionnant raccourci historique : la première République nous a donné la terre, la deuxième le suffrage, et la troisième le savoir.

Mais l'impression — déjà incomplète — de démocratie de paysans-propriétaires que pouvait donner la France de 1900 tenait en partie à l'œuvre de la Révolution (expropriation totale du clergé, et partielle des émigrés), et en partie aussi à toute une série de processus étalés sur tout le XIXᵉ siècle : érosion d'une bonne part de la grande propriété subsistante, et départ de la terre des paysans les plus pauvres. Or ces deux évolutions décisives sont à peine entamées en 1848 : il y a toujours beaucoup de grands domaines, qu'ils soient d'anciens nobles ou de nouveaux acquéreurs, et il y a toujours beaucoup de prolétaires au village. Peut-être même n'y en eut-il jamais un si grand nombre, car le début de migration vers les centres industriels ne compense pas la hausse démographique qui prolonge encore l'élan du XVIIIᵉ siècle. Ce qui est certain c'est que nos départements ruraux aujourd'hui les plus désertés sont alors au maximum de leur population.

Entre riches et pauvres, propriétaires et exploitants, « maîtres » et journaliers, la Révolution n'a pas non plus supprimé tout conflit, même pas tous les archaïsmes. Elle a bien pu abolir la « féodalité », mais elle n'a pas eu le temps d'élaborer de code rural. La question de la vaine pâture reste donc pendante; le mode d'exploitation des biens communaux est toujours une pomme de discorde; enfin, et surtout peut-être, le problème plusieurs fois séculaire des droits d'usage des communes rurales dans les forêts (ci-devant) seigneuriales continue à susciter des conflits de toute sorte, ici procès en règle, là épidémie de vols de bois, ailleurs balle sifflant aux oreilles du garde... On peut même se demander si, en quelques régions au moins, l'acuité de ce genre de litige n'atteint pas, elle aussi, son plus haut degré. Les paysans pauvres ont toujours autant besoin pour vivre de la masse des ressources d'appoint qu'offrent les bois ou les terres « vaines et vagues » : pacage, cueillettes diverses, prises gratuites de bois mort, ou de bois pour outillage, etc. Or ces contraintes sont de plus en plus insupportables aux grands propriétaires, qui sont de plus en plus épris d'agronomie rationnelle et de profit, à un moment surtout où — avant la diffusion aisée et générale de la houille par les chemins de fer — les combustibles locaux se vendent bien. La lutte des classes à l'état pur, Balzac, avec *les Paysans*, la situe dans la forêt, et non sans quelque raison.

La forêt domaniale et communale était aussi convoitée que la forêt privée par les paysans pauvres. Or dans ce domaine, la Révolution avait, sans le vouloir, donné satisfaction à leurs ancêtres en supprimant en fait toute répression. Un nouveau Code forestier, voté à la fin de la Restauration, avait rétabli une police rurale rigoureuse, et le régime de Juillet s'était employé à la faire respecter. C'est encore un aspect de la question paysanne en 1848 : paupérisme et archaïsme ruraux sont à peine atténués, tandis que les sujets de plainte sont nombreux et d'autant plus irritants qu'ils visent des personnages proches : le grand propriétaire, le garde, le percepteur.

A cette liste il faudra joindre l'usurier, car le capitalisme naissant, qui n'a pas encore établi de réseau de crédit satisfaisant pour l'industrie et le commerce urbains, est à plus forte raison étranger aux campagnes. On emprunte au riche voisin, au négociant qui achète les récoltes, ou bien on s'endette sur hypothèque.

Cependant, à la différence des maux du prolétaire, qui — répétons-le — sont de grande notoriété, et presque de mode, le malaise rural, plus diffus, plus lointain, et surtout infiniment diversifié, ne se révélera que par ses conséquences. Michelet, dans *le Peuple* (écrit en 1845-1846) a le sentiment d'être à contre-courant lorsqu'il écrit — contredisant explicitement les socialistes — que le paria social est encore le paysan plutôt que l'ouvrier.

3. Le romantisme et l'éducation du peuple

Toutefois, ouvrier ou paysan, « Le Peuple », précisément, était vu avec une faveur générale, où détonnait le pessimisme d'un Balzac. L'ambiance dominante dans le monde pensant était humanitaire, et c'est bien aussi un aspect des origines de la Révolution.

Romantisme et populisme.

Le romantisme est partout. On peut bien dire que, dans les années 1840, les grands poètes, Hugo, Lamartine, Vigny, Musset, ont jeté tous leurs feux, qu'ils s'assagissent ou se taisent, ou changent d'horizon, que la mode parisienne même se retourne contre l'auteur des *Burgraves*. Qui peut prévoir, à cette date, que le vicomte Hugo, membre de la Chambre des pairs, rencontrera dans quelques années une nouvelle inspiration populaire et un nouveau départ poétique ? Mais c'est le moment — avec le décalage de rigueur — où les romantiques triomphent dans la France profonde. Dans l'intelligentsia de province, où le poète amateur pullule, la génération des émules de Béranger, chansonniers de caveaux, voltairiens et sybarites, achève de céder la place à celle des jeunes hommes graves, qui dévident l'alexandrin en longues tirades lamartiniennes débordantes de sentiment. Parmi ces poètes figurent même quelques jeunes ouvriers (de métiers plutôt que d'usines, bien sûr) dont la vocation parut suscitée par un début d'intérêt porté à la question sociale ; en réalité la poésie ouvrière des années 1840 procédait plus sûrement sans doute de l'épanouissement du compagnonnage, de la lecture accrue des journaux dans les cafés, voire des premiers effets de la loi Guizot sur l'instruction primaire, bref de toute cette confuse montée des masses vers la culture, qui est le grand don de l'époque, et peut-être un peu du régime. Mais à Paris les écrivains romantiques et socialistes de l'entourage de Michelet, de George Sand ou de Pierre Leroux, se penchèrent avec émotion sur la muse prolétaire pour y saluer la promotion du peuple à l'âge adulte.

Tout poussait d'ailleurs l'élite intellectuelle à montrer dans le peuple un réservoir de forces neuves et saines. Reprenant des thèmes lancés à la fin du siècle précédent par le romantisme allemand, les inspirateurs et les dirigeants des mouvements nationaux en Europe centrale et orientale exaltent, pour combattre les cours et les aristocraties de culture cosmopolite, les vertus nationales des folklores, des chants et poésies populaires, de la santé primitive des masses. La France, certes, n'est pas dans la même situation, et le problème national y est tenu pour réglé. Mais les peuples et nationalités protestataires, de la Grèce à l'Irlande, de la Pologne à l'Italie, sont chéris par nos libéraux et nos républicains, et du coup l'idéologie vaguement populiste qui sous-tend les luttes européennes n'est pas sans imprégner leurs amis de France.

Découverte de la France.

Au reste, en France même, et sans que l'on en tire de conclusions politiques ou nationales directes, le folklore est découvert et goûté. En lui-même, il semble bien qu'il ait connu dans la première moitié du XIXe siècle, une sorte d'apogée; mais surtout il est certain que la classe cultivée en a fait alors la découverte, comme elle a fait celle de son pays. Dans les années 1830 et 1840, le long voyage en province a cessé d'être une rareté, une expédition exception-nelle, pour devenir — fort loin encore sans doute du tourisme moderne, mais au début de l'évolution qui y conduit — une forme du loisir cultivé. Cette découverte de la France par les meilleurs éléments de l'élite intellectuelle, découverte passionnée, passion-nante et — somme toute — heureuse, a accompagné le roman-tisme, l'a nourri et s'en est nourrie, et l'a aidé sans doute à débou-cher sur un populisme diffus. Bien des bourgeois de 1820 se repré-sentaient encore la France comme une minorité d'élites éclairées, constituées par les bourgeoisies instruites et les négociants des grandes villes, le tout en grand péril d'être submergé par une France des masses, encadrée par les hobereaux et les prêtres. Un quart de siècle après, ce manichéisme caricatural, qui justifiait — entre autres choses — des lois électorales extraordinairement oligar-chiques, n'est plus de mise; d'une nation dont on connaît mille fois mieux la richesse et la diversité, l'on peut envisager l'avenir avec plus de confiance.

Ainsi, plusieurs grands courants politiques ou spirituels nous paraissent mener vers la République de 1848 : le progrès de l'idée

républicaine, l'aspiration à l'amélioration sociale, l'ouverture
d'esprit enfin, la disponibilité, la générosité qui sont proprement
l'apport du romantisme à la vie collective.

Incertitude et confusions...

Ne soyons pas dupes, pourtant, de ces analyses dont l'évidence
tient à leur caractère rétrospectif. Nous trouvons des causes parce
que nous connaissons le fait. Gardons-nous, surtout, d'attribuer
à chaque porteur de ces courants de pensée la claire conscience de
leurs implications, et moins encore celle de leur convergence.

Tous les écrivains romantiques n'avaient pas évolué vers le
populisme, ni même vers la critique politique. Tous les républicains n'étaient pas acquis à la nécessité d'une transformation sociale.
Le Michelet du *Peuple* était ami du peuple, romantique et virtuellement républicain tout en étant explicitement antisocialiste.
Réciproquement, un Proudhon était socialiste sans s'intéresser
vraiment à la question du régime politique, et en tournant le dos
à la plupart des inclinations sentimentales du romantisme. A un
niveau spirituel moins élevé, on pourrait citer, dans une antithèse
semblable, le républicanisme non socialiste d'un Cavaignac, et le
socialisme [1] non républicain d'un Louis-Napoléon Bonaparte.

Bien des convergences (république - socialisme - romantisme)
qui nous paraissent aujourd'hui, à distance, et de haut, logiquement évidentes ne devaient s'opérer qu'après l'événement. A la
veille de celui-ci, vers la fin de 1847, quelles idées pouvaient être
communes à tous ceux qui allaient applaudir à la Révolution? La
conscience que le conservatisme résolu de Guizot était inadapté
à la complexité prodigieuse de la conjoncture économique, sociale
et politique; et sans doute aussi l'idée qu'il fallait rechercher le
remède dans l'élargissement des bases du pouvoir.

A d'autres époques, un gouvernement et une chambre jugés
incapables et corrompus susciteront la tentation d'un 18 Brumaire.
Or il ne semble pas que dans l'effervescence de l'hiver 1847-1848
personne ait envisagé de solution de type autoritaire. C'est chez
les hommes au pouvoir que l'on voyait de l'autoritarisme. Et le

---

1. Au sens large qu'avait ce mot pour les hommes de ce temps.

consensus qui se formait contre eux dans le pays était pour la reprise et l'accentuation du mouvement libéral auquel la monarchie de Juillet avait dû ses origines dix-huit ans plus tôt.

... Mais démocratisme diffus.

Le suffrage universel devait, on le sait, accompagner immédiatement la proclamation de la République et lui donner l'essentiel de son contenu politique. C'est qu'il était au terme logique de toutes les visées que nous avons dites. Il serait la traduction juridique de l'aspiration sentimentale diffuse à donner la parole « au Peuple », à lui reconnaître dignité et maturité. Il serait l'aboutissement normal du principe républicain qui voit un citoyen dans tout homme (et non pas seulement dans le propriétaire aisé et capable). Et pourquoi ne serait-il pas enfin la panacée sociale? On souffrait d'avoir une société égoïste et injuste, protégée par une législation toute bourgeoise. Quoi de plus naturel, puisque seuls les bourgeois votaient? Mais que demain la grande majorité ouvrière et paysanne reçoive le droit de vote, il s'ensuivra logiquement l'arrivée dans les chambres de vrais représentants du peuple; le travail fera entendre sa voix à côté de la fortune, et l'on pourra enfin harmoniser les intérêts.

Le fait que ce raisonnement ait été en quelques semaines (comme nous le verrons) démenti à l'épreuve de l'histoire ne doit pas nous faire oublier qu'il a été plus ou moins nettement à la base de l'immense et triple espérance - sociale, politique et morale - de 1848.

Il faut revenir un instant sur la montée de la revendication proprement politique tout au long du règne de Louis-Philippe. Celui-ci s'était ouvert sur la révision de la Charte, dont la disposition décisive était l'abaissement à 200 F du cens électoral législatif. Mais que valait, en logique et en morale pures, cette barrière de 200 F, et en quoi était-elle plus justifiée que celles de 1 000, ou de 300, ou que celles, plus anciennes, du « marc d'argent » ou des « trois jours de travail »? Elle n'avait de vertu qu'empirique, et chacun sait que l'empirisme, toujours suspect d'opportunisme, a par nature moins de séduction que les principes d'un extrémisme rigoureux. Le principe d'autorité, ou le principe du vote universel,

la tradition ou la Démocratie, peuvent être plus brillamment or-
chestrés, et passent infiniment mieux la rampe, que le moyen
terme prudent et pratique du vote censitaire. Le prosaïque du juste-
milieu est le handicap intellectuel classique de tout libéralisme
modéré; surtout lorsque, érigeant en dogme ses anciens compromis
empiriques, il se refuse à évoluer. On l'a bien vu tout au long du
règne : ce régime de professeurs et d'académiciens a fini par avoir
la majeure partie de la jeune intelligentsia contre lui.

Mais il faut se garder de réduire à ces considérations au demeu-
rant assez classiques, l'aspiration grandissante du pays à la démocratie. La Révolution de 1830 n'avait pas amené seulement l'abolition de l'article 14, l'abaissement du cens législatif et la suppression de l'hérédité de la pairie, elle avait suscité encore en 1831
deux lois fondamentales : l'une réanimait la garde nationale,
l'autre instituait l'élection pour la désignation des conseils municipaux. Or dans ces deux cas, la participation politique descendait
(dans l'échelle sociale), bien au-dessous du cens de 200 F. Toute
la petite bourgeoisie, et les éléments les plus aisés des classes populaires, exclus de l'élection des députés, étaient amenés à s'initier à
la politique en élisant leurs administrateurs locaux, et les officiers
de la « milice citoyenne ». C'était là un niveau de politique mineur
sans doute, mais suffisant néanmoins pour les arracher à l'ignorance et à la passivité. Or ces acquis étaient définitifs. Le régime
avait bien pu, à partir de 1834, étouffer presque complètement
l'intense vie d'associations et de presse nées de l'explosion libérale
de 1830; mais cette « réaction » spectaculaire ne saurait nous
faire oublier le maintien des conquêtes institutionnelles de 1831
et tout l'effet de démocratisation progressive de la vie du pays
qu'elles devaient avoir à terme.

En ce domaine en somme, comme en tant d'autres déjà évoqués
— patriotisme et labeur administratif, naissance de l'instruction
primaire publique et progrès des communications, premiers
élans industriels —, le régime né en 1830 avait suscité ou accéléré
une véritable maturation (faut-il aller jusqu'à dire acculturation?)
de la société française profonde, et cette croissance se retournait
contre lui, ou contre ce qu'il était devenu sous Guizot. La volonté
de Réforme en 1847 c'est l'aspiration élargie, renforcée, popu-
larisée, à ressusciter et prolonger le « mouvement » de 1830,

rompu à partir de 1832. De même l'Esprit de 1848 c'est une volonté
de ranimer l'esprit des révolutions de 1789, 1792, 1830 dont on sent
bien que tout le contenu humain virtuel n'a pas été encore mis au
jour.

4. Un « parti républicain »

L'aboutissement de toutes ces évolutions, c'est l'existence d'un
« parti républicain ».

« Parti républicain » — l'expression est consacrée, notamment
depuis la classique *Histoire du parti républicain en France (1814-
1870)*, de Georges Weill, vieille aujourd'hui d'un demi-siècle[1].
Mais qu'on ne s'y méprenne pas! C'est seulement l'histoire des
partisans de la République, et ces partisans étaient fort loin de
former un « parti » au sens que notre époque a donné à ce mot.
Aucune organisation commune stable ne regroupait alors les
tenants d'un même idéal politique, soit que l'idée d'action concertée
et disciplinée fût jugée incompatible avec une conception politique
qui plaçait très haut la responsabilité et la conscience individuelles,
soit — tout simplement — que l'on considérât l'obstacle légal,
car la liberté d'association n'existait pas. Il n'y avait donc de concertations qu'occasionnelles, informelles et partielles.

Trois centres d'attraction ou d'impulsion étaient possibles :
la Chambre, les journaux et les associations (ou ce qu'il en restait).
On peut tenter de les décrire, mais il sera plus malaisé d'évaluer
l'étendue et les modalités de leur rayonnement.

Des députés.

A la Chambre des députés, il n'y avait guère qu'une demi-
douzaine de républicains; encore ne pouvaient-ils s'intituler ainsi,
sous peine de poursuites, puisque l'allusion à la République était
une atteinte au principe des institutions existantes. C'est même
pour tourner cette difficulté qu'on les appelait parfois « radicaux »,
d'un terme emprunté au vocabulaire politique anglo-saxon, où

1. Biblio. n° 34.

il désignait la pointe extrême du libéralisme politique, celle qui va — selon l'étymologie — supprimer le mal ancien et susciter le progrès par la *racine* même, au lieu des procédés prudents de l'émondage ou de la greffe. Le plus en vue était Alexandre-Auguste Ledru-Rollin (né en 1807), qui avait été élu député du Mans en 1841 après la mort de Garnier-Pagès (aîné). On ne s'étonnera pas que la circonscription la plus solidement républicaine de France fût celle du chef-lieu de la Sarthe. Dans le monde bourgeois qu'était l'électorat censitaire, on se déterminait encore bien souvent en fonction des luttes historiques, et, aux confins de l'Ouest armoricain, face aux masses rurales où la chouannerie avait encore paru se réveiller après 1830, les villes étaient des bastions exigeants du parti bleu. On y était passé aisément du libéralisme avancé à la République, dès que l'on avait constaté la tiédeur du monarque à combattre l'adversaire blanc. Le Mans élisait donc fidèlement tous les grands hommes dont la Liberté voulait faire ses porte-parole au Palais-Bourbon, du Genevois Benjamin Constant au Marseillais Garnier-Pagès et enfin à Ledru-Rollin, bon bourgeois de Paris. Ledru-Rollin était avocat de profession, bon orateur, généreux de sentiments, et aussi de sa fortune, que le soutien à la presse républicaine devait écorner. Il était sincèrement et « radicalement » libéral en politique; il l'était aussi en économie, en ce sens qu'il ne fit jamais acte d'adhésion aux principes du socialisme; mais étant aussi libéral au sens moral du mot, c'est-à-dire généreux et humanitaire, il admettait du moins la nécessité de faire intervenir l'État dans la législation contre la misère, et cet interventionnisme suffisait alors à dresser contre lui l'égoïsme sacré de l'économie orthodoxe et bourgeoise. En bref Ledru-Rollin avait « le cœur à gauche », quelques principes solides, et une hostilité irréductible, et réciproque, le séparait des conservateurs. Et, tout comme Victor Hugo, encore que l'on en parle moins, il devait payer son attachement à la République de vingt ans d'exil hors de France. Sa mémoire est restée accablée jusqu'à nos jours tant par les sarcasmes de Marx que par les éloges de radicaux plus récents rarement dignes du grand ancêtre. Mais nous pensons qu'elle mérite mieux que cette conjonction d'avanies.

Si Ledru-Rollin offrait à la République son éloquence, François Arago lui apportait le prestige de sa renommée de savant. Déjà âgé, étant né en 1786, il était le plus illustre des physiciens et des astronomes français, et il siégeait à l'Institut. Chef d'une nombreuse famille bourgeoise d'Estagel (Pyrénées-Orientales), il était, au contraire de Ledru-Rollin, profondément enraciné dans son fief électoral; député de sa ville natale il représentait le cas, fréquent chez les conservateurs de toute nuance, plus rare chez les républicains, du grand bourgeois de province qui est l'élu « naturel » de son « pays », et qui en détermine l'opinion plus qu'il n'en est déterminé. Mais, répétons-le, François Arago avait en plus, à Paris, un éclat qui n'était dû qu'à ses travaux.

Les autres députés de l'extrême-gauche étaient plus obscurs, même s'ils portaient un nom déjà fameux, comme Hippolyte Carnot, fils du grand Lazare Carnot, ou Louis Antoine Garnier-Pagès, frère cadet de l'ancien leader républicain des années 1830. On peut encore citer Marie, qui avait fait son nom lui-même en plaidant comme défenseur dans les innombrables procès de journaux et de militants républicains. Carnot, Marie, Ledru-Rollin, étaient avocats, profession typique des familles riches et instruites de la bourgeoisie installée. Seul Garnier-Pagès était négociant; par un partage des tâches alors fréquent dans les familles qui n'avaient pas encore assuré complètement leur ascension du monde de la production à celui de la rente et du loisir cultivé, il avait continué à faire de l'argent dans les affaires pendant que son aîné se faisait un nom au barreau. Puis la mort de l'aîné l'avait fait inopinément chef de famille et, par la suite, homme politique; incapable d'apporter au parti une voix et un talent d'avocat (et c'est pourquoi l'on avait attribué à Ledru-Rollin le siège de son frère), il lui amenait du moins une compétence financière; à l'époque, on pensait encore que la comptabilité nationale et celle d'un banquier privé ne requéraient pas des apprentissages très différents.

Trop peu nombreux pour jouer un rôle appréciable dans les votes de la Chambre, ces quelques hommes n'y sont pourtant pas tout à fait isolés. Ils constituent un pôle d'attraction virtuel pour les élus qui se détachent du régime, soit qu'ils viennent de l'opposition dynastique comme Adolphe Crémieux, avocat israélite, tout naturellement fidèle aux principes libéraux de 1789 et de 1830, soit qu'ils viennent de la droite traditionnelle par le cheminement romantique, comme Alphonse de Lamartine. Mais enfin, au Palais-Bourbon, ils font surtout des proclamations de principe, qui orchestrent les grandes campagnes dont l'organisation est ailleurs.

Des journaux.

En effet, ce qui, à tout prendre, ressemblerait le plus à nos bureaux, comités ou états-majors de « partis » du XXᵉ siècle, c'était, tout au long du XIXᵉ, les salles de rédaction des journaux, rendez-vous permanents de discussion et, parfois, de concertation comme on l'avait bien vu en 1830.

Seulement — on l'a vu dans le volume précédent — la presse républicaine comprenait deux journaux principaux, qui n'avaient pas tout à fait la même ligne. *Le National* était le grand ancêtre, celui qu'avait fondé Armand Carrel, avec Thiers et Mignet, juste avant la Révolution de 1830, et pour donner à celle-ci l'impulsion décisive. Sous Armand Carrel, et maintenant, sous Armand Marrast, il était devenu puis resté républicain, et pouvait passer pour l'adversaire principal du régime de Juillet, qui reconnaissait sa vertu combative en l'accablant de procès, dont il sortait d'ailleurs souvent vainqueur devant les tribunaux.

Redoutable, *le National* l'était d'abord en ce sens que, bien rédigé, vivement polémique, railleur, il avait le succès qu'ont toujours les journaux de ce type : un grand nombre de lecteurs fidèles à leur ration périodique de rire ou d'émotion. Redoutable, *le National* l'était aussi par sa modération politique même : républicain libéral bien plus que socialiste, il avait assez de principes communs avec les libéraux dynastiques pour pouvoir pratiquer avec eux l'alliance tactique. Prônant en principe le suffrage universel, il ne dédaignait pas d'appuyer, dans le court terme, les campagnes des monarchistes de la gauche et du centre gauche en faveur d'une réforme électorale bien plus limitée, puisque c'est sur celle-ci que l'opposition efficace se comptait, et que le pouvoir était mis en danger.

Quant aux fondements de la société, *le National* ne les contestait guère. Loin de vouloir renoncer au libéralisme économique et social, il tendait plutôt à penser que le libéralisme n'avait pas encore appliqué tous ses principes (ce qui était vrai, en somme) et que si l'on accordait enfin la liberté de coalition ou la liberté d'association aux ouvriers, l'injustice sociale et la misère marqueraient déjà un recul. C'était rester bien en deçà du socialisme.

Et c'est précisément pourquoi beaucoup de républicains avaient cherché depuis longtemps à se donner un organe plus radical et plus social à la fois. On sait qu'ils l'ont trouvé, depuis 1843, dans *la Réforme*, grâce aux efforts de Godefroy Cavaignac, remplacé après sa mort (survenue en 45) par des militants plus obscurs, Baune, Ribeyrolles, Flocon, ce dernier étant rédacteur en chef en 1848. *La Réforme* était bien en effet, par opposition au *National*, le journal d'une opposition pure, moins portée à l'alliance tactique avec l'opposition dynastique, et le journal d'une opposition ouverte du côté du socialisme, accueillante aux formules de droit au travail ou d'organisation du travail, dont les implications sont déjà incompatibles avec la libre entreprise. Aussi bien accueillait-elle parfois des articles de Louis Blanc.

Cette exigence doctrinale donnait à *la Réforme* un caractère plus théoricien, plus grave, et, par là même, peut-être moins de mordant dans la polémique courante que n'en avait *le National*.

Il faudrait cependant se garder de voir entre les deux organes des oppositions trop tranchées. Nous les voyons mieux à distance qu'on ne les sentait à l'époque. C'étaient des questions de dosages différents dans le programme et les articles, des questions d'expression et de style, et bien entendu aussi des questions de personnes, qui séparaient les deux journaux républicains ; ce n'était pas exactement deux « partis » dans « le » parti ; et les députés gardaient des liens avec l'un comme avec l'autre.

Des associations ?

Quant aux associations, elles étaient plus éloignées de leur horizon.

Toujours juridiquement illégales (art. 291 du Code pénal), nombreuses et vivaces au lendemain de la Révolution de Juillet, poursuivies à nouveau énergiquement après avril 1834 et réduites à la clandestinité des sociétés secrètes, traquées davantage encore après le coup de main du 12 mai 1839, il n'en restait que des fragments réduits. A la veille de 1848, les grands rebelles sont en prison, sous le coup de condamnations à perpétuité, parfois brisés déjà dans leur santé, comme Auguste Blanqui (qu'on a dû transférer des cachots du Mont-Saint-Michel à l'hôpital de Tours), ou détruits dans leur dignité, comme Aloysius Huber (devenu protégé et indicateur de la police). En prison aussi Armand Barbès, Martin Bernard, et bien d'autres. Restent en liberté quelques hommes de second plan, qui réussissent, notamment à Paris, à maintenir des liaisons entre les obscurs réchappés des émeutes; il y a donc bien toujours quelques sociétés secrètes révolutionnaires, mais qui n'agissent plus depuis longtemps car à leur tête, à côté de quelques militants irréprochables comme l'ouvrier mécanicien Alexandre Martin, dit Albert, se sont glissés des traîtres, devenus agents de la police, comme Lucien Delahodde, qui se vantera plus tard d'avoir pu neutraliser les militants parisiens en leur prêchant la prudence et l'attente.

En province, les associations ont le même sort qu'à Paris, elles sont traquées. Quelques ouvriers convaincus paraissent s'être enfoncés dans les activités, rentables à plus long terme, du mutualisme professionnel. Quelques journalistes tentent parfois de lancer ou de réanimer une feuille locale, mais l'argent manque, et la police les suit pas à pas.

Toutefois, si l'association politique paraît efficacement contenue par la répression, il arrive en revanche que la politique se glisse dans les associations qui ne lui sont pas destinées. On ne saura jamais exactement combien de bourgeois républicains des petites villes de province ont pu se maintenir unis dans les « cercles » sous le couvert de l'amitié et de la sociabilité, de la conversation après boire ou du journal commenté en commun. On sait un peu mieux que la franc-maçonnerie a pu, en quelques lieux, servir également d'abri et de foyer commun aux républicains là où ils se trouvaient en nombre. La franc-maçonnerie était alors peu vivace; elle était tolérée parce que non politique; mais elle était, comme toujours, virtuellement libérale, étant un ferment de pensée rationaliste et de réflexion en commun. Aussi beaucoup de futurs militants de la République étaient maçons, et certains, comme à Beaune, à Chalon-sur-Saône, au Mans ou à Toulon, étaient à la tête de leur loge.

Mais enfin, aucune organisation ne couvrait d'un réseau complet et cohérent l'ensemble de la France, et ne se trouvait en état de relier tous les républicains. Ce qui, là encore, se rapprochait le plus du parti moderne, c'était la presse, au niveau de ses rédacteurs, nous l'avons dit, mais aussi de ses employés subalternes.

Instinctivement, bien des anciens combattants des sociétés secrètes s'étaient tournés vers elle comme vers la seule arme désormais efficace; c'est ainsi que le vieux militant lyonnais Marc Caussidière se trouvait maintenant commis-voyageur de *la Réforme* et ses tournées en province (particulièrement en 1846), ont pu contribuer, au-delà de la prospection et de la collecte des abonnements, à établir ou rétablir des liaisons sur un plan plus général. Ce rôle de la presse fait en somme un peu songer, par avance, à celui que décrirait Lénine un demi-siècle plus tard, lorsque, fondant un journal faute de pouvoir encore fonder un parti, il disait que la feuille périodique était un « organisateur collectif ».

Tels sont les éléments épars de ce qui n'était pas encore l'« appareil » du parti républicain.

Quelles voies d'influence?

Reste à savoir quelle en était l'influence.

Nous avons déjà indiqué qu'elle était appréciable dans les milieux intellectuels, littéraires, artistiques. A titre d'exemple on peut citer une revue non explicitement politique mais touchée par tous les courants de discussion littéraires, moraux et sociaux, comme *la Revue indépendante*, de George Sand et Pierre Leroux. On y est éclectique, puisqu'on y accueille aussi bien le libéralisme sentimental de Michelet que le socialisme de Louis Blanc, mais au-delà de ces divergences on est profondément acquis à l'opposition, et au peuple. Il y a aussi beaucoup de républicains dans le monde de la presse, et de l'édition. L'un des grands éditeurs de Paris, Pagnerre, est un vieux républicain qui a renoncé à la conspiration mais qui a conquis un nom et une influence.

La République a de nombreux adeptes au quartier Latin, dans « la jeunesse des écoles ». Là, se dire républicain signifie alors exactement ce que pourra signifier plus tard se sentir « de gauche », ou se sentir « révolutionnaire »; quelque chose de très confus, très divers, mais très profond et devenu quasi instinctif. Songeons au groupe de jeunes gens si différents et si unis à la fois que nous présente Flaubert au début de l'*Éducation sentimentale*.

Enfin la République est aussi le « parti » de la classe ouvrière, mais jusqu'à quel point? A Paris il est certain que la population ouvrière des quartiers de l'Est est très éveillée en politique. Elle s'est battue en 1830, en 1832, en 1834, en 1839, pour ne citer que les émeutes les plus importantes. Son détachement à l'égard de la monarchie ne fait guère de doute. La presse républicaine est connue et lue des ouvriers de Paris. Mais elle est déjà concurrencée dans leur esprit par la presse socialiste ou communiste, notamment *la Démocratie pacifique* de Victor Considérant, ou *le Populaire* de Cabet. Divergence ou convergence? Certes ces deux derniers journaux ne sauraient être dits monarchistes. Mais ils se consacrent avec tant d'insistance au problème de la critique économique et sociale qu'ils en arrivent à négliger presque totalement le problème du régime politique, et c'est à peine si on peut les dire républicains. Aussi, alors qu'en province bien des ouvriers sont encore en deçà de la prise de conscience politique et du républicanisme le plus élémentaire, à Paris toute une partie du monde ouvrier est déjà au-delà. Un seul organe, *l'Atelier*, de Buchez, journal rédigé par d'authentiques ouvriers d'ailleurs, et marqué de quelques influences chrétiennes, s'efforce de faire leur part à la République et au socialisme, et se rapproche ainsi de *la Réforme*.

Ouvriers et républicains.

Donc, dans la classe ouvrière parisienne, beaucoup de disponibilité, et beaucoup de divisions. Mais aussi beaucoup d'archaïsme. Gardons-nous de trop moderniser la conscience de classe des travailleurs de ce temps, et notons par exemple leurs rapports avec les républicains bourgeois. Ces derniers, souvent issus des professions libérales, sont aisés, et même, par rapport à la classe ouvrière, à une époque où l'éventail des ressources et des niveaux de vie est considérablement plus ouvert qu'aujourd'hui, sont franchement riches. Riches, et d'autre part humanitaires, ils sont tout naturellement philanthropes et bienfaisants. Ce serait un franc anachronisme que de se représenter, à cette époque, la charité et le paternalisme comme marqués à droite. C'est plus tard seulement que les milieux conservateurs les érigeront en panacée sociale, et qu'à l'inverse la gauche ne voudra plus se définir que par la justice, l'amélioration sociale institutionnalisée, et l'autonomie d'organisation des masses. En 1848, un républicain ne croit pas manquer à ses principes en faisant le bien autour de lui. Les médecins, en particulier, qui côtoient les pires misères, doivent souvent soigner les pauvres gratuitement; c'est ce que font, entre autres, les nombreux médecins républicains. A Paris, un Trélat ou un Raspail doivent leur popularité tout autant à leur vertu de « médecins des pauvres » qu'à leur passé de militants politiques des années 1830. Car la classe ouvrière est sensible à ces tendances, et elle y répond. Elle acclame volontiers (d'un terme bien de l'époque, et qui traduit peut-être des influences compagnonniques) le bourgeois qui s'est fait « le père des ouvriers », sachant très bien que le conservateur, alors, et à Paris surtout, est plutôt un gendarme qu'un « père ». Même les grands bourgeois républicains de la Chambre peuvent bénéficier de cette dévotion pour peu qu'ils disent un mot de pitié pour le peuple ou d'adhésion à l'idée de législation sociale. Arago reçut ainsi un jour une délégation d'ouvriers pour le féliciter. Ledru-Rollin, qui tonnait énergiquement contre le pouvoir, était gaillardement appelé « le dru » dans les quartiers.

En province, la situation était bien plus diverse. Lyon peut être tenu pour aussi politisé que Paris. Mais ailleurs on pouvait trouver encore des populations ouvrières en majorité encadrées par l'Église (Marseille), ou totalement inertes, ou encore éveillées à la politique mais dans le sillage de notables philanthropes (Toulon). Un peu partout, des groupes minuscules de « communistes », généralement icariens (disciples de Cabet).

Quant aux masses paysannes, la question est moins connue encore. De toute évidence, leur émancipation intellectuelle est infiniment plus en retard. En quelques régions, l'influence sociale du notable, qui est de règle à l'époque, joue en faveur de la République. Y a-t-il des régions où des cheminements souterrains d'esprit républicain ou révolutionnaire ont eu lieu contre les notables locaux (et non par eux)? C'est certainement plus rare encore. On devait bien s'en apercevoir par la suite, à l'épreuve de la liberté d'abord, et ensuite au jugement des urnes.

2

L'essai et l'échec d'un socialisme
(24 février-4 mai 1848)

Un régime politique dans la France contemporaine se donne toujours des règles de fonctionnement, sous la forme d'une Constitution. Mais comme il faut beaucoup plus de temps pour élaborer une constitution nouvelle qu'il n'en a fallu pour renverser le régime précédent, le régime nouveau ne peut atteindre sa phase constituée, régulière, légitime qu'après un temps plus ou moins long de fonctionnement provisoire. Ainsi vécurent la monarchie constitutionnelle de juin-juillet 1789 à octobre 1791, la Ire République du 10 août 1792 à octobre 1795, ainsi vivront la IIIe République du 4 septembre 1870 à décembre 1875, et la IVe d'août 1944 à décembre 1946. Notre seconde République ne fait pas exception à la règle. Elle aura une Constitution votée et promulguée en novembre 1848, et dont l'organe essentiel sera en place fin décembre après l'élection présidentielle.

La majeure partie de l'année 1848 est ainsi sous le signe du provisoire et du constituant, et s'oppose aux trois années de vie politique régulière de 1849, 1850 et 1851. Contraste juridique et formel, éclipsé par le contraste politique majeur qui coïncide avec lui dans le temps (1848 : la République sans Bonaparte, 1849 à 1851 : la République présidée par un Bonaparte), mais qu'il ne conviendrait pas de perdre de vue totalement.

On peut préciser l'analyse en la concentrant sur ces mois de 1848 qui sont, comme il arrive souvent dans ces phases antéconstitutionnelles, encore proches de la Révolution initiale, les plus riches en événements.

Au lendemain d'une Révolution démocratique, on n'improvise pas arbitrairement une Constitution comme on le fait au soir d'un coup d'État; on appelle le peuple à élire une assemblée. Cela aussi demande quelque temps, de sorte qu'avant l'entrée en scène de l'assemblée constituante-gouvernante, une petite phase de provisoire pur s'interpose nécessairement, où n'existe nul autre pouvoir que celui qui sortit de la Révolution même. Ainsi de la Ire République entre le 10 août et le 21 septembre 1792, ou de la IIIe entre le 4 septembre 1870 et le 8 février 1871.

Notre seconde République vivra ainsi du 24 février 1848 au 4 mai, jour où se réunira l'Assemblée constituante élue le 23 avril, et devant laquelle le gouvernement provisoire déposera aussitôt ses pouvoirs.

Considération formaliste, objectera-t-on encore? et coupure artificielle? n'est-il pas plus traditionnel de voir une montée des luttes populaires jusqu'à l'affrontement de juin, et de suivre une longue agonie de la démocratie et des espoirs populaires de juin 1848 à décembre 1851? et n'est-ce pas appliquer à ce déroulement historique un prisme plus révolutionnaire?

Cela n'est pas certain, et les considérations les plus politiques et politico-sociales ne sont pas si éloignées de coïncider avec la périodisation juridique présentée ici. Au lendemain des journées de Février en effet, deux choses sont éminemment révolutionnaires : le seul organe du pouvoir, le gouvernement provisoire, comprend deux adeptes du socialisme, tous deux très jeunes, et dont l'un, même, est ouvrier, nouveautés inouïes. D'autre part ce gouvernement a pour seul interlocuteur possible le peuple de Paris, un peuple debout, armé, non pas représenté mais présent lui-même en permanence sous les murs de l'Hôtel de Ville, occupant la place de Grève ou la réoccupant en manifestations impérieuses. Or c'est bien cette conjonction révolutionnaire qui va trouver sa fin avec les élections, fin avril-début mai. L'exécutif aura désormais, très classiquement, une assemblée pour partager le pouvoir, et cette assemblée aura pour premier soin d'épurer l'exécutif de son aile socialiste. Alors la phase révolutionnaire de la seconde République sera bien achevée. Elle aura duré soixante-dix jours. Voyons-les avec un peu plus de détails.

1. Le changement de régime

Il a eu lieu à Paris.

Les journées de février.

Les journées de février y sont issues directement de la campagne des banquets. On se souvient (voir le volume précédent de la même collection) que les partisans de la Réforme électorale et parlementaire (opposants dynastiques et républicains, tantôt coalisés et tantôt concurrents) avaient mené campagne en remplaçant les réunions impossibles par des banquets à participation massive, et dont les toasts tenaient lieu de discours. Dans le climat d'exaspération politique et de tension sociale suscité par les fautes du ministère Guizot comme par le marasme économique, cette campagne avait eu un grand succès. L'on pouvait attendre beaucoup du banquet final, prévu à Paris. C'est pourquoi, le 14 janvier 1848, Guizot résolut de l'interdire. Les organisateurs relèvent le défi en décidant que le banquet aura lieu tout de même, accompagné d'une manifestation, et, pour les mieux préparer, l'on en fixe la date au 22 février. On sauve d'ailleurs les apparences : les manifestants ne seront que des citoyens qui « accompagneront » les dîneurs jusqu'à la salle du repas... Le gouvernement n'est pas dupe, et le 21, renouvelle l'interdiction. Mis au pied du mur, le comité d'organisation cède et décommande le banquet.

Mais il est trop tard. Ouvriers et étudiants, qui se mobilisaient depuis plusieurs jours, refusent de capituler. Spontanément, c'est-à-dire à l'appel de dirigeants improvisés, et sans doute aussi de quelques cadres survivants des sociétés secrètes, ils afflueront le 22, des faubourgs de l'Est et du quartier Latin, vers la place de la Concorde (le banquet aurait dû en effet avoir lieu dans une salle des Champs-Élysées). L'ampleur de cette manifestation franchement illégale, son succès dans la population parisienne, font du 22 la première journée déjà révolutionnaire, même si les premières échauffourées qui ont lieu le soir tournent à l'avantage de la troupe.

Le 23, le peuple est toujours dans la rue. Le gouvernement décide pour rétablir l'ordre de recourir à cette garde nationale qui a tant réprimé d'émeutes sur ce même pavé de Paris. Mais les gardes nationaux de ce 23 février ne se voient plus dans le même rôle. Ils savent bien qu'il ne s'agirait pas ici de se battre pour défendre la propriété contre des « communistes » mais pour défendre Guizot contre des citoyens comme eux, partisans de la réforme[1]. Et ils refusent : en fraternisant avec la foule, en criant « Vive la réforme », et « Guizot démission » la milice citoyenne ouvre une crise de régime. Et d'abord elle ouvre les yeux du roi Louis-Philippe, qui ne croyait pas jusque-là à l'ampleur du mécontentement et à l'impopularité de son ministre. Au début de l'après-midi du 23, on apprend que le roi « accepte » la démission de Guizot, chargeant le comte Molé de former un nouveau ministère.

Cette victoire considérable de la campagne réformiste se traduit par une explosion de joie. Dans l'après-midi du 23, c'est pour fêter le succès en réclamant la classique illumination des rues que les manifestants circulent. Mais du succès même va sortir le drame et le rebondissement. Ne va-t-on pas réclamer « des lampions » sous les fenêtres de Guizot, au ministère des Affaires étrangères, alors boulevard des Capucines? Le poste de garde se croit menacé; bousculade, bataille, coups de feu enfin. Plusieurs manifestants sont tués. Dès lors la colère va aisément radicaliser l'exigence. Les morts chargés sur des charrettes sont traînés dans les rues de Paris en un spectaculaire appel aux armes (« la promenade des Cadavres ») et sur les nouvelles barricades qui se dressent dans la nuit du 23 au 24 l'on est résolu à la Révolution.

La journée du 24 verra le sort des armes décider du conflit ainsi noué. Le roi n'a plus de gouvernement : Molé, puis Thiers, se dérobent, Odilon Barrot n'a pas le temps de constituer et d'installer une équipe. En outre, le roi, par des impulsions contradictoires, en même temps qu'il appelait Barrot, dont le nom était bien une concession à la réforme, avait nommé à la tête des troupes de Paris le maréchal Bugeaud, dont le nom signifiait répression. Or Barrot est moins efficacement apaisant que Bugeaud n'est provocant.

---

1. Entendons bien, ici, la « réforme » politique et parlementaire, mot d'ordre général de l'opposition, et non la *Réforme*, journal.

Dans la matinée du 24, l'on se bat avec résolution en plusieurs points de Paris (notamment place du Château-d'Eau, aujourd'hui de la République) et enfin vers midi le palais des Tuileries, résidence du roi, est attaqué. Dès lors Louis-Philippe, complètement démoralisé à l'idée de finir ainsi « comme Charles X », fait cesser la résistance et abdique en faveur de son petit-fils le comte de Paris.

La formation du gouvernement provisoire.

Un nouveau règne, inauguré dans ces conditions (et, de plus, assorti d'une régence, car le petit roi avait neuf ans) ne pouvait se passer d'une sorte d'investiture parlementaire, qui eût été d'ailleurs conforme aux principes libéraux de la duchesse d'Orléans. La candidate-régente, tenant son fils par la main, se dirige donc bravement des Tuileries vers le Palais-Bourbon. Mais les députés n'y sont déjà plus seuls. Une partie des insurgés, après leur victoire des Tuileries, a envahi la salle des séances. La pression populaire qu'ils représentent fait définitivement pencher vers la République les quelques élus de l'opposition comme Lamartine dont le prestige aurait pu en d'autres moments servir la régence. Autour des députés républicains, on se met à dresser la liste d'un gouvernement provisoire.

Mais bien vite la nouvelle se répand qu'un autre gouvernement se forme à l'Hôtel de Ville, lieu symbolique où le régime précédent avait lui-même reçu le baptême de juillet 1830. En ce vrai cœur du Paris insurgé, le gouvernement qui va naître a toutes chances d'être plus avancé que celui de l'extrême-gauche parlementaire. Lamartine, Ledru-Rollin et leurs collègues quittent donc en hâte le Palais-Bourbon pour l'Hôtel de Ville, et c'est là que, dans la soirée du 24, la liste définitive du gouvernement provisoire de la République va être dressée. Elle est le résultat d'un compromis entre les deux tendances virtuelles que nous avons décrites dans le parti républicain, celle des libéraux *non* socialistes, députés, rédacteurs du *National*, et celle des démocrates plus ou moins ouverts à l'idée socialiste, et mieux représentés par *la Réforme*. Les premiers voulaient se borner à une liste de députés et anciens députés (Dupont de l'Eure, Arago, Lamartine, Crémieux, Ledru-Rollin, Marie, Garnier-Pagès) flanqués des rédacteurs en chef des deux grands journaux, Marrast pour *le National* et Flocon pour *la Réforme*. Les démocrates acceptaient bien de se reconnaître dans Ledru-Rollin et Flocon, mais ils étaient fort réticents à l'égard des sept autres. Ils obtinrent seulement, pour faire contrepoids à ces derniers, et pour représenter leur propre tendance, l'adjonction de deux nouveaux noms hautement symboliques, celui de Louis Blanc, théoricien socialiste, et celui d'Albert, leader de société secrète. Ainsi fut arrêtée la liste des onze.

Mais qu'est-ce qu'un gouvernement provisoire? Remplace-t-il le roi? ses ministres? ou le tout à la fois?

Souverain collégial, chef d'État à onze têtes, le gouvernement provisoire l'est incontestablement; ses grandes décisions seront signées des onze noms, généralement non suivis de titres, à deux exceptions près, destinées à marquer avec éclat l'ampleur de l'unanimité acquise : « Arago, de l'Institut », et « Albert, ouvrier ». Par ailleurs, le gouvernement provisoire était aussi une équipe ministérielle, mais cela il l'était inégalement. On ne se résolut en effet ni à choisir les ministres en dehors des onze, suivant le système du directoire de la Ire République, ni à répartir les ministères entre les onze, comme on fera dans les gouvernements de la IIIe.

La solution bâtarde adoptée le 24 février aboutit ainsi à faire trois catégories de dirigeants. Des membres du gouvernement ministres, des membres du gouvernement non ministres, et des ministres non membres du gouvernement. Les plus favorisés étaient les membres du gouvernement provisoire qui étaient aussi ministres : Lamartine aux Affaires étrangères, Crémieux à la Justice, Ledru-Rollin à l'Intérieur, Arago à la Marine, Marie aux Travaux publics; dans la même catégorie, on peut ranger Garnier-Pagès, d'abord nommé maire de Paris, qui prendra très vite le ministère des Finances et A. Marrast qui le remplacera comme maire de Paris.

Moins favorisés, les membres du gouvernement provisoire qui n'ont pas de ministère à diriger personnellement : ce sont Dupont (de l'Eure), trop âgé pour assumer autre chose qu'une prééminence honorifique, et surtout Flocon, Louis Blanc et Albert, tenus à l'écart à raison de leur tendance. C'est ici qu'on vit bien l'inégalité non seulement quantitative mais qualitative, du rapport de forces instauré à l'intérieur de l'équipe.

Enfin, troisième catégorie, les quelques ministres qui ne sont pas du gouvernement provisoire : Bethmont au Commerce, Carnot à l'Instruction publique, le général Bedeau à la Guerre, ainsi que deux sous-secrétaires d'État désignés un peu plus tard, le colonel Charras pour la Guerre et Victor Schœlcher pour la Marine.

On pourvoit en même temps quelques postes essentiels. La direction des Postes, clef des communications avec la province, est confiée à Étienne Arago, frère de François, et la préfecture de police est attribuée (ou plutôt laissée, car il s'y était installé lui-même) à Marc Caussidière. Le premier était plutôt rassurant pour l'opinion républicaine modérée, le second plutôt effrayant.

Une république à visage humain.

Du même élan, dans cette même soirée du 24, et dans les mêmes conditions d'enthousiasme et de tension à la fois, en cet hôtel de ville toujours plein à craquer d'une foule chaleureuse et vigilante, où les onze ont peine même à trouver une salle pour délibérer seuls, quelques décisions de principe sont prises, qui engagent autant que le choix des hommes.

D'abord on proclame ou plutôt on déclare « vouloir » la République. Cela allait de soi? non point. En 1792, on n'avait pas proclamé la République au soir du 10 août, la décision avait été laissée aux représentants du peuple, et prise seulement le 21 septembre (première séance de la Convention). On aurait pu en faire autant et réserver la question du régime jusqu'à la réunion d'une Constituante. En fait, un scrupule de ce genre aurait passé pour un atermoiement inacceptable. On gardait trop, à Paris, le souvenir d'une autre victoire populaire, celle de juillet 1830, où à l'Hôtel de Ville, pour n'avoir pas imposé la République, on avait vu surgir un nouveau roi. La République sera donc aujourd'hui annoncée sans attendre, dans l'odeur de la poudre, et ratifiée par les acclamations des cent mille témoins qui couvrent la place de Grève.

Cette République sera démocratique : c'est le suffrage universel.

Elle sera généreuse ou, tout simplement, humaine : dans peu de jours l'esclavage sera aboli dans les colonies.

Elle répudiera tout système et toute tentative de terreur : la peine de mort est abolie en matière politique. Car cette décision est bien plus qu'un reproche indirect aux trois règnes précédents, où l'on avait vu le martyre des quatre sergents de la Rochelle, et failli voir le supplice d'Armand Barbès, grâcié seulement au terme d'une longue campagne d'opinion. La suppression de l'échafaud politique est davantage encore un désaveu du tribunal révolutionnaire de 1793 an II, dont l'image obsédante couvrait celle de la République pour la majorité des Français de ce temps. Pour rendre la nouvelle République acceptable, on jurait qu'elle serait girondine, ou, tout simplement, libérale. Telle est la part de calcul politique que comporte cette décision. Mais cette part est-elle la plus grande? et le motif principal n'en est-il pas finalement l'humanitarisme sincère d'où procèdent à la fois toutes les aspirations diffuses des vainqueurs : démocratie, pitié et générosité pour les humbles, justice sociale par la conciliation, fraternité réalisée?

L'accueil en province. Facilité politique...

La province fut informée très vite. Le télégraphe optique permettait d'atteindre les principales villes en quelques heures. En revanche, les émissaires des nouvelles autorités devaient mettre bien plus de temps pour venir s'installer dans les préfectures; il fallait d'abord qu'ils fussent désignés, et Ledru-Rollin n'avait pas de liste toute prête de commissaires de la République à envoyer dans les départements; il fallait ensuite que ceux-ci fissent le voyage, et sur la plupart des itinéraires on n'avait encore rien de plus rapide que le trot soutenu des chevaux de la malle-poste. Émile Ollivier arriva à Marseille le 29 février, Marion à Grenoble le 1er mars, Chevallier à Bordeaux le 7 mars seulement. Il y eut ainsi un peu partout, entre l'annonce du nouveau régime et l'entrée en action sur place de ses nouveaux fonctionnaires, une vacance de quelques heures ou de quelques jours, pendant laquelle le pouvoir ne fut exercé que par des préfets ou sous-préfets virtuellement révoqués, ou par les municipalités bourgeoises issues du vote censitaire. C'est dire qu'il ne le fut guère. Ces anciens pouvoirs non encore remplacés parfois s'effacèrent complètement, parfois se déclarèrent prudemment ralliés à la République, plus souvent lancèrent des appels au calme, à l'ordre et à l'union. Mais ils ne pouvaient guère prendre de responsabilité active, et surtout pas répressive.

Or il y a des mouvements. Non pas, certes, de résistance de la part des partisans de la monarchie déchue. Étant un empirisme bien plus qu'un vrai système de principes et de sentiments, l'orléanisme ne pouvait guère susciter de défenseurs fanatiques; les gens qui le soutenaient appartenaient aux éléments les plus circonspects des classes moyennes, pour qui le risque du désordre est le pire qui soit, disposition d'esprit qui n'incite guère à la bataille. Il y avait bien les légitimistes, ou du moins ceux d'entre eux que Guizot n'avait pas réussi à rallier. Ceux-là, gens de principe, pouvaient être plus combatifs. Mais ils haïssaient Louis-Philippe et dans l'immédiat leur joie de le voir tomber l'emportait sur l'inquiétude que pouvait leur inspirer la République réapparue. Quant aux républicains, ils étaient heureux, le pouvoir tombait dans leurs mains, ils n'avaient pas à manifester, sinon en rites euphoriques (« promenades », lampions, « sérénades »), ou pour aller faire ouvrir — sans résistance — les portes des prisons où ils comptaient des militants. Tout ceci dans ce qu'on pourrait appeler la classe politique.

... Et difficultés sociales.

Le peuple, lui, fut beaucoup plus agité, mais de mouvements tenant essentiellement à la lutte économique et sociale. Dans la banlieue même de Paris, deux hauts lieux symboliques de la richesse, le château de Louis-Philippe à Neuilly, celui de Rothschild à Suresnes, sont forcés et pillés. Encore ces symboles sont-ils au moins autant politiques que sociaux, et peut-être faut-il y voir davantage des échos ou répliques du sac des Tuileries, où il y avait eu plus d'outrage et de dérision que de véritable pillage?

Mais en province il ne s'agit plus d'exécution politique; on règle des comptes très matériels.

A Lyon, les canuts attaquent les couvents, parce qu'ils pâtissaient de la concurrence du travail à bas prix fait par les pensionnaires de ces maisons (vieillards assistés, orphelines, etc.); à Limoges, des ouvriers en grève s'en prennent aux patrons, ailleurs on brise des mécaniques nouvelles, réputées cause de chômage. Mais cette effervescence typiquement ouvrière est moins répandue que le mouvement populaire de type classique et même — nous semble-t-il aujourd'hui — archaïque : ici c'est une barrière d'octroi qui flambe parce que ces taxes municipales à la consommation étaient gênantes dans la vie pratique et contribuaient à élever le coût de la vie ; là c'est un bureau des contributions indirectes qui est forcé, et les registres de l'impôt des boissons détruits ; ailleurs mariniers ou voituriers essaient de détruire les chantiers de chemins de fer, où ils pressentent une cause de concurrence et bientôt de chômage.

Plus significatifs encore sont les mouvements ruraux. Les hostilités suscitées par le Code forestier, qui avaient déjà explosé après juillet 1830 dans des circonstances semblables, et qui avaient été tant bien que mal contenues par la suite, explosent à nouveau. En Alsace, dans les Alpes du Sud, dans les Pyrénées, ailleurs encore, les villageois vont « faire du bois » dans les forêts domaniales ou communales, parfois molestent et chassent du pays les gardes forestiers. En d'autres lieux, on s'en prend aux forêts privées quand elles étaient l'enjeu de conflits pour droits d'usage, ce qui amène des troupes de paysans pauvres à s'attaquer aux biens de riches particuliers (et non plus seulement à l'État et à ses fonctionnaires). Ainsi dans des villages situés un peu partout en France, de la Seine-et-Marne au Var. Il arrive même enfin que le gros propriétaire rural soit visé en tant que tel, s'il s'est livré au prêt usuraire, et les agressions contre les juifs en Alsace s'expliquent ainsi.

Problèmes d'interprétation.

Certes, il ne convient pas d'exagérer l'importance de ces troubles, et d'imaginer une France à feu et à sang. Les incidents furent sporadiques, et au total minoritaires. En outre il y eut extrêmement peu de voies de fait contre les personnes, s'il y en eut davantage contre les choses, les institutions et les biens. Le changement de régime en province fut au total et en gros, une transition pacifique, mais non pas une paix de totale passivité populaire. Tout au contraire, un climat d'attente effervescente. Cette évocation nous aide à nous souvenir d'abord que la République est survenue à court terme sur un fond de dépression économique grave, et, à long terme, dans une France encore « ancienne » : campagnes lourdes de problèmes agraires non résolus, petit peuple encore indocile aux institutions fiscales du siècle, etc. Réalités trop aisément maintenues dans l'ombre par la présence à Paris d'un problème ouvrier déjà moderne d'allure.

On peut aussi se demander, plus profondément, quels rapports réels ces mouvements populaires d'apparence infrapolitique entretenaient avec l'événement du 24 février. A coup sûr, ils l'ont suivi, ils ont été déclenchés par lui. Le rapport du social au politique est ici de l'ordre du choc en retour : loin qu'il y ait eu des luttes sociales que la victoire politique serait venue couronner comme un aboutissement, on a, bien au contraire, une victoire politique (la République du 24 février) qui entraîne la lutte sociale, comme un signal et une permission. Ainsi, en des temps plus proches de nous, la victoire politique du Front populaire au début de mai 1936 entraînera — et non pas suivra — les grèves de juin.

Reste à savoir par quel biais, et par quel type de raisonnement collectif.

Il se pourrait que les masses pauvres et revendicatrices de 1848 aient été seulement sensibles aux conditions d'interrègne, de vacance ou du moins d'affaiblissement des autorités, occasion propice pour régler des comptes ou s'assurer des avantages avec le plus de chances d'impunité. Les premiers jours de République ne seraient appréciés dans cette hypothèse que comme une heureuse défaillance de l'État.

Mais il se pourrait aussi — et l'étude détaillée des mouvements ouvriers et même de certaines émeutes paysannes le prouve — que l'idée de République ait eu dans d'autres cas un contenu plus positif, encore que confus : l'idée qu'arrivait un régime bon et juste en son principe, donc nécessairement favorable aux petites gens, et porteur de satisfactions sur lesquelles on pouvait dans l'euphorie de l'avènement, anticiper quelque peu.

Bien des fonctionnaires républicains, d'ailleurs, n'hésiteront pas, pour apaiser les troubles, à promettre au nom de la République que les bonnes lois ne sauraient tarder et qu'il convenait donc de savoir les attendre avec calme, comme il convient à des Français nouvellement promus à la dignité de citoyen à part entière. Et le calme reviendra en effet très vite à peu près partout, aux premiers jours du mois de mars.

Le ralliement d'Alger et ses perspectives.

Au-delà des mers, cependant, l'Algérie aurait pu être un objet d'inquiétude pour le nouveau régime. N'y avait-il pas là-bas une forte armée, sous l'autorité du quatrième fils de Louis-Philippe, le duc d'Aumale, qui avait six mois plus tôt remplacé Bugeaud comme gouverneur général? Crainte vaine. Aumale se révéla plus militaire que royaliste et se conforma au loyalisme général de l'armée, satisfaite puisque le drapeau tricolore n'était pas mis en cause. Aumale, comme son frère l'amiral prince de Joinville, partit donc dignement pour l'Angleterre après avoir fait son rapport et passé ses pouvoirs. Dès le 25 février le gouvernement provisoire lui avait donné pour successeur Cavaignac, qui était sur place, et qui unissait à un républicanisme sincère une compétence d'« Africain » parfaitement accordée à celle de ses camarades. Un autre « Africain », le général Bedeau, était appelé au ministère de la Guerre. Ainsi, dès l'origine, la République française paraissait mettre sa politique militaire et sa politique algérienne entre les mains des généraux; du moins sa « politique indigène », car les nègres esclaves (il y en avait un certain nombre, domestiques dans les grandes familles musulmanes) allaient être affranchis, et les colons allaient être dotés du suffrage universel. Mais à l'égard de l'Arabe, les Cavaignac n'étaient pas, et ne seraient pas, moins durs que les Bugeaud. Sur ce point il faut bien reconnaître que ce n'est pas Lamartine qui donnait le ton au gouvernement provisoire. Le poète, dans les débats parlementaires d'avant 1848, avait dénoncé les atrocités de l'armée d'Algérie et pris la défense de l'humanité à l'égard des Arabes. Ceci expliquera qu'au début de mars 1848, le plus lamartinien des commissaires de la République, le jeune Émile Ollivier, titulaire des Bouches-du-Rhône et du Var, se rende à Toulon où Abd el-Kader était détenu dans un fort, prisonnier, en dépit des promesses faites lors de sa reddition, et qu'il croie pouvoir lui promettre que le nouveau régime lui serait généreux ou, tout simplement, loyal. Il n'en sera rien : Abd el-Kader devait rester détenu jusqu'à ce qu'en 1852 le prince-président, ayant renversé la République, se montre plus juste qu'elle en ce domaine. Ce souvenir n'aura-t-il pas pesé, douze ans plus tard, dans le ralliement d'Émile Ollivier à l'Empire[1]?

Mais n'anticipons pas. Entrevoyons seulement pour l'instant qu'un esprit Cavaignac risque déjà de s'opposer, au sein de la République, à l'esprit Lamartine.

2. Le gouvernement provisoire à l'œuvre

Revenons à Paris, où nous avons laissé l'Hôtel de Ville au soir du 24.

Le gouvernement provisoire va y siéger à peu près en permanence, travaillant sans grande méthode, constamment interrompu par des visites de délégations, soit qu'elles amènent des adhésions solennelles à la République, soit qu'elles présentent des revendications ou des plaintes. Ces dernières peuvent être inquiétantes, quand la délégation est assez nombreuse pour que ses accompagnateurs aient allure de manifestants. Alors la visite est une sorte d'événement politique ; ces séries de visites, qui vont être progressivement plus discontinues, plus organisées et plus massives, ressembleront de plus en plus à de classiques « journées » dans la tradition parisienne des temps de révolution.

Mais comment se présente, à l'expérience, le gouvernement qu'elles affrontent ?

Ses tendances diverses.

Il n'est pas homogène.

Les plus avancés étaient les deux socialistes Louis Blanc, théoricien, et Albert, ouvrier ; c'était aussi les deux plus jeunes. Peut-être peut-on leur adjoindre Flocon, malgré son légendaire mutisme (pour la caricature, qui s'empara très vite des nouveaux maîtres de l'heure, Flocon n'était rien d'autre qu'une pipe...). On a déjà dit qu'ils n'avaient pas de portefeuille ministériel ; ils avaient en

1. Émile Ollivier a raconté cela lui-même dans *l'Empire libéral*, t. III, p. 597-615.

revanche, dans les premiers temps du moins, un pouvoir d'une autre nature, la confiance des masses, dont Louis Blanc pouvait passer pour le porte-parole et l'ambassadeur au sein même du gouvernement; c'était un lien, que la majorité de ses collègues devaient, au gré des circonstances, trouver tantôt menaçant, et tantôt bien utile.

A l'opposé, Marie, Crémieux, Arago, Garnier-Pagès et Marrast, les hommes du *National*, comme on disait, formaient un bloc à peu près homogène, celui des républicains libéraux, c'est-à-dire nettement opposés au socialisme, résolus à ne rien sacrifier des valeurs d'ordre, de propriété, et de ce qu'on tenait alors pour l'orthodoxie économique. Ils pouvaient d'ailleurs y veiller d'autant plus sûrement que deux d'entre eux tenaient, nous le savons, les ministères à compétence économique : Finances et Travaux publics.

Entre ces deux ailes gauche et droite du gouvernement, Lamartine et Ledru-Rollin formaient à eux deux un centre. Non pas qu'ils fussent très liés l'un à l'autre, ou même en termes amicaux. Mais ils avaient en commun une volonté de conciliation, le souci de ne pas se couper de l'opinion démocratique, de ne pas heurter les masses populaires, d'empêcher si possible le heurt des classes dont ils pressentaient l'approche derrière l'unanimité républicaine. Depuis Karl Marx, qui fut l'un des premiers analystes de cette époque, en un livre qu'on dirait aujourd'hui « d'histoire immédiate » (*les Luttes de classes en France*[1]), ce centrisme est durement jugé : on y diagnostique la tendance invincible du « petit-bourgeois » à osciller entre les grandes forces sociales en présence, et parfois l'on dénonce dans ces politiques de conciliation une volonté consciente de désamorcer la lutte ouvrière et comme une façon particulièrement insidieuse de lui faire obstacle. Le fait que, par la suite, un Ledru-Rollin ait été reconnu hautement comme précurseur, ancêtre et modèle par le parti radical renforce cette interprétation, péjorative dans de larges secteurs de l'opinion contemporaine. Nous oserions, pour notre part, être moins sévère, tant pour la République réformiste, dont l'apport au bonheur commun n'est à tout prendre pas si mince, que pour Lamartine et Ledru-Rollin

1. Voir Biblio. nº 24.

qui se sont engagés tout entiers dans cette aventure et qui allaient y perdre en réputation immédiate, en fortune, en satisfaction personnelle, bien plus qu'ils n'y gagneraient.

Lamartine, la paix et le drapeau.

Favorisés par leur position-charnière dans le gouvernement, les deux hommes l'étaient aussi par l'attribution qui leur avait été faite des deux ministères principaux, l'Intérieur et les Affaires étrangères. Ce dernier, traditionnellement le plus prestigieux, faisait de Lamartine le véritable chef du gouvernement, en dépit de la prééminence officielle de Dupont de l'Eure, exactement comme Guizot, ministre aussi des Affaires étrangères, avait été longtemps le chef réel du ministère présidé par le vieux maréchal Soult. A cette haute fonction, Lamartine joignait évidemment un prestige tout personnel. Il était le seul de ses collègues, avec le savant Arago, dont une part de la notoriété ne doive rien à la politique. Il était diplomate de métier, aristocrate, homme du monde et académicien. Il était le grand écrivain, que le public cultivé lisait avec émotion, et que les jeunes rimeurs de province, alors innombrables, imitaient à l'envi ; car l'esthétique facile de Béranger était déjà un peu surannée, la puissante originalité de Hugo ne s'était pas imposée encore, et entre ces deux gloires, celle du début et celle de la fin du siècle, c'était bien l'heure, plus fugitive, de Lamartine. Peut-être aussi lui savait-on gré d'être venu à la République de plus loin. Royaliste sous la Restauration, jusqu'en 1830 et même un peu au-delà, il s'était rallié par raison à l'orléanisme mais sans avoir jamais profondément adhéré aux valeurs de strict rationalisme, ni à l'orthodoxie économique libérale qui le sous-tendaient. Comme beaucoup d'hommes de formation traditionaliste, Lamartine était d'autant plus disposé à prendre une position critique à l'égard du système bourgeois qu'il avait été intellectuellement formé en dehors de lui ; il y a chez le poète quelque chose de ce que Marx venait d'appeler (en l'appliquant à d'autres) le « socialisme féodal », c'est-à-dire des traces d'anticapitalisme d'origine passéiste, mais plus susceptible qu'un procapitalisme invétéré de se convertir quelque jour en réformisme humanitaire. Henri Guillemin n'a pas eu tort de nous proposer implicitement, tout au long de ses nom-

breux écrits sur ce moment de notre histoire, Lamartine comme une
exacte antithèse d'Adolphe Thiers, bourgeois orléaniste chimi-
quement pur.

Lamartine, diplomate et député, savait en tout cas la politique
de longue date. Ce serait une erreur de voir en lui, suivant le cliché
trop facile, un « poète égaré » dans les sphères du pouvoir. Il ne
manquait ni de compétence, ni même d'habileté. Comme Ledru-
Rollin, il saura non seulement louvoyer entre Louis Blanc et le
groupe Marie-Arago, mais encore jouer des forces extra-gouver-
nementales, et par exemple profiter, ou tenter de profiter (simple
velléité, d'ailleurs) de l'hostilité de Blanqui contre Louis Blanc.
Mais toutes ces manœuvres extrêmement complexes, et dans le
détail desquelles on ne saurait entrer ici, allaient au même but,
maintenir la République de février dans son ambiguïté assumée :
ni socialisme pur, qu'il jugeait utopique, ni réaction conservatrice,
qu'il jugeait inhumaine. Et point de jacobinisme non plus.

Car Lamartine, comme chef de la diplomatie de la République,
eut à définir les principes de la politique étrangère. Il le fit par la
fameuse circulaire du 4 mars qui était en somme pacifique et rassurante. La France se ferait respecter, veillerait à l'équilibre des
influences en Italie, mais elle n'exporterait pas la Révolution et
ne s'engagerait pas à soutenir toutes les révoltes. C'est ainsi qu'un
faible coup de main sur la frontière belge fut désavoué. Et si les
Polonais de Paris purent se former en légion et partir vers l'Est
en grande pompe, ce fut très pacifiquement, et avec l'aide des
patriotes allemands, qu'ils passèrent le Rhin. C'était prendre
quelque distance avec la politique traditionnellement préconisée
par *le National*; c'était surtout apprécier de façon réaliste les
moyens d'une France encore incertaine de son équilibre intérieur;
on peut aussi considérer que c'était exorciser une seconde fois les
démons de l'an II : comme on avait renoncé à la guillotine, on
renonçait aux guerres de conquête; on ferait une République aux
mains propres.

C'est également l'évocation répulsive de la violence, du sang
versé en un jour d'émeute, qui servit à Lamartine pour faire repousser, dans un mouvement d'éloquence resté fameux, le drapeau
rouge que des manifestants voulaient substituer au tricolore.
Pourquoi le drapeau rouge? l'identification de cette couleur écla-

tante avec la révolution sociale était d'origine récente, et d'ailleurs obscure. En revanche, l'idée de changer de drapeau lorsqu'on changeait de régime paraissait alors toute naturelle. N'est-ce pas ce qui s'était produit en 1789, en 1814, deux fois en 1815, et enfin en 1830? Pourquoi pas en 1848, puisqu'on remplaçait une monarchie par une république? Ce que Lamartine fit ici prévaloir c'est la thèse aujourd'hui devenue banale mais alors assez neuve, d'après laquelle l'emblème aux trois couleurs n'était pas celui d'un régime mais celui de la nation en sa continuité. Quant au régime né de février, pour en marquer l'intention populaire, il suffirait d'adjoindre une rosette rouge à la hampe du drapeau... Ainsi le gouvernement provisoire, par la voix de Lamartine, arrivait-il à canaliser la confuse poussée populaire et à maintenir un État debout.

Cette affaire est un bon exemple de la succession de difficiles dialogues alors engagés entre les hommes au pouvoir et les foules parisiennes; on peut l'ordonner autour de quelques séries de problèmes, que l'on verra désormais synthétiquement, quitte à s'écarter quelque peu d'une chronologie bien touffue.

Les grandes décisions économiques.

La Révolution était, pour une bonne part, née de la crise industrielle et commerciale, et celle-ci se poursuivait, aggravée même par les événements. Par crainte des désordres, voire du « socialisme », du « communisme » ou de l'« anarchie », les entrepreneurs hésitaient à rouvrir chantiers et ateliers, la clientèle à passer des commandes. Comme on disait alors, les « riches resserraient leurs capitaux ». Ces difficultés n'étaient que le paroxysme du malaise général, nous dirions structurel, de l'économie du temps, trop pauvre en moyens de paiement et en facilités de crédit. C'est là-dessus que le gouvernement provisoire entreprit d'abord d'agir : les billets de banque eurent cours forcé, la Banque de France créa des petites coupures (100 F, alors que jusque-là le plus petit billet était celui de 500 F), la fondation de Comptoirs d'escompte fut encouragée dans les villes de province. Utiles mesures, dans l'ensemble.

Mais la crise économique menaçait aussi, par ses conséquences indirectes, les ressources de l'État, le trésor public était en difficulté. Le gouvernement provisoire choisit ici la solution techniquement facile mais qui devait s'avérer politiquement périlleuse, celle d'augmenter de 45 % tous les impôts directs (les fameux « quarante-cinq centimes », sous-entendu : par franc d'imposition).

Les ateliers nationaux.

Enfin et surtout la crise économique se traduisait par le chômage, devenu — depuis que la flambée des prix était éteinte — la source principale de la misère populaire. A Paris, des dizaines de milliers d'hommes étaient sur le pavé. Ici aussi il fallait agir. Deux solutions s'offraient : celle des « ateliers de charité », que tous les régimes précédents avaient connue, et qui consistait à ouvrir des travaux publics d'importance secondaire, tels que réfection de la voirie, nivellement et plantation de terrains vagues, afin que les chômeurs soient occupés et quelque peu rémunérés par l'État, en attendant que la crise passe et les ramène à leurs emplois privés normaux. L'autre solution était celle des « ateliers sociaux », exposée naguère et préconisée aujourd'hui par Louis Blanc : devant la défaillance de l'industrie privée, l'État encouragerait les ouvriers à prendre en main eux-mêmes, secteur par secteur, l'activité économique en formant des coopératives de production. Louis Blanc avait d'ailleurs donné ici la théorie d'une pratique ouvrière qui s'était rencontrée quelquefois dans les grèves des années 1830 et 1840 : lorsqu'un patron ne voulait pas céder à une revendication, il arrivait que les ouvriers s'entendissent pour se passer de lui en formant une « association ». Quoi qu'il en soit, « l'atelier social » avait le mérite d'être applicable en principe à tous les travailleurs (tandis que l'atelier de charité transformait tout le monde en terrassier). Mais il avait le tort de porter atteinte à la propriété privée. Aussi, sous le nom d'*ateliers nationaux*, c'est l'atelier de charité qui prévalut en fait. L'organisation étant confiée à Marie, comme ministre des Travaux publics, on avait la garantie que l'entreprise ne serait pas socialiste. Marie, et son collaborateur l'ingénieur Émile Thomas, enrôlèrent largement les chômeurs et les encadrèrent strictement par des chefs de groupe recrutés parmi les élèves de l'École centrale. Ainsi pensait-on à la fois pallier l'essentiel des maux sociaux de la crise et retenir les ouvriers

qui pourraient être tentés de battre le pavé, de hanter les clubs
et de grossir les manifestations.

La question du socialisme.

C'était une déception, et même un échec, pour les partisans du
socialisme. Oui ou non la République nouvelle ferait-elle quelque
chose de décisif en faveur du peuple travailleur ? C'est pour l'exiger
que dès le 28 février la première manifestation importante était
venue déferler à l'Hôtel de Ville. Elle réclamait en premier lieu la
création d'un ministère du Travail, et le sens de ce vœu était clair :
comme il existait déjà deux ministères à vocation économique
(Commerce et Agriculture, et Travaux publics), l'objet du ministère
nouveau ne pourrait être que social ; le créer signifierait que l'État
mettait explicitement le bien-être ou du moins la protection et
l'amélioration sociales au nombre de ses attributions. Cette idée
qui nous paraît aller de soi aujourd'hui paraissait alors le principe
même du socialisme, une révolution immédiate.

La discussion fut rude, et s'acheva par un compromis. Il n'y
aurait pas de ministère du Travail, mais on créerait une « Commiss-
sion du gouvernement pour les travailleurs », pour étudier le problème, avec la participation de délégués élus des divers corps de
métier, et sous la présidence de Louis Blanc, assisté d'Albert,
hommes d'État de haut rang en même temps que spécialistes
convaincus... Pour les travailleurs c'était une promesse, en même
temps qu'une satisfaction honorifique, soulignée encore par le fait
que cette Chambre du travail, à majorité ouvrière, siégerait au
palais du Luxembourg, sur les fauteuils des ci-devant pairs du
royaume. Promesse, honneur, donc viande creuse ? Pour exprimer
cette idée Karl Marx devait bientôt user d'une autre image, qui
est restée célèbre : « Pendant qu'au Luxembourg on cherchait
la pierre philosophale, on frappait à l'Hôtel de Ville la monnaie
qui avait cours. »

En fait c'était à l'avenir de décider si la création de la Commiss-
sion du Luxembourg serait une manœuvre dilatoire ou le point de
départ du progrès demandé. Rien n'était joué sur le moment.
Et les ouvriers obtenaient d'autre part, et du même coup, une
satisfaction considérable, à la fois sur le terrain des principes et

sur celui de la vie sociale concrète : un décret du gouvernement provisoire fixait la durée maximale de la journée de travail en usine à 10 heures (à Paris) et 12 heures (en province), alors que jusque-là elle n'était ni réglementée en droit ni limitée en fait. Quant au Luxembourg, il se mit au travail très vite, réglant par arbitrage un certain nombre de conflits sociaux, et examinant avec sérieux les divers systèmes socialistes possibles. Ce qui, à certains égards, faisait de lui un club, et même un super-club, sous estampille officielle.

Les grandes décisions politiques. Liberté et égalité.

Cependant ces affrontements entre républicains libéraux et républicains socialistes (entre gens du *National* et gens de *la Réforme* si l'on veut), sur le drapeau, sur les ateliers nationaux, sur « l'organisation du travail », ne doivent pas nous faire oublier l'unanimité profonde dans laquelle on jouissait de la liberté retrouvée.

Dans l'ordre politique, le premier apport de l'œuvre du gouvernement provisoire avait été avant tout une libération. Au soir du 25 février, écrit l'historien Georges Weill, « le directeur de la prison (de Doullens) vint, très ému, causer avec Martin Bernard; un prisonnier demande à travers le mur le motif de cette visite, et son compagnon lui répond : « C'est l'une et indivisible qui est arrivée...[1] »

A peine libres, les militants avaient ainsi afflué à Paris, venant des cachots de Doullens, de l'hôpital de Tours ou des forts de Belle-Isle. Mais, à l'inverse, des dizaines et des dizaines de jeunes hommes, étudiants ou anciens étudiants, qui avaient fui l'atmosphère étouffante de leur province pour mener à Paris une vie pauvre sans doute mais moins contrainte, voient venu le moment d'aller émanciper leur petite ville, et ils s'y précipitent. C'est ainsi sur les routes de France tout un chassé-croisé de citoyens qui courent à leur poste de combat, ou de service, voire de carrière espérée...

Dans l'ordre du protocole et du symbole, l'égalité refleurit. On s'interpelle « citoyen », on termine les lettres officielles par « Salut et fraternité ». Dans l'armée, les officiers généraux ne s'appelleront

1. Voir Biblio. n° 34, p. 137.

plus « maréchal de camp » et « lieutenant-général » comme sous les monarchies, mais « général de brigade » et « général de division » comme au temps de la Révolution et de l'Empire.

A grand-hâte on annule les mesures spectaculaires de répression prises par Guizot à la fin de son « règne », et qui n'avaient pas peu contribué à exaspérer l'opinion. Suspendu le 2 janvier 1848, Michelet remonte triomphalement le 6 mars dans sa chaire du Collège de France. Expulsé vers Bruxelles depuis décembre 1845, Karl Marx regagne Paris aussi dans le courant de mars.

Paris libre[1]. *Les clubs.*

Plus généralement, tout le système de contrainte établi en 1835 est tenu pour aboli. C'est à qui, sans formalités, ouvrira un club, lancera un journal. Paris est à l'heure du meeting permanent, de l'effervescence passionnée de lecture et de discussion, de la détente et de la joie. Laissons-le évoquer par Flaubert.

« Comme les affaires étaient suspendues, l'inquiétude et la badauderie poussaient tout le monde hors de chez soi. Le négligé des costumes atténuait la différence des rangs sociaux, la haine se cachait, les espérances s'étalaient, la foule était pleine de douceur. L'orgueil d'un droit conquis éclatait sur les visages. On avait une gaieté de carnaval, des allures de bivouac; rien ne fut amusant comme l'aspect de Paris, les premiers jours.

« Frédéric prenait la Maréchale à son bras; et ils flânaient ensemble dans les rues. Elle se divertissait des rosettes décorant toutes les boutonnières, des étendards suspendus à toutes les fenêtres, des affiches de toute couleur placardées contre les murailles, et jetait çà et là quelque monnaie dans le tronc pour les blessés établi sur une chaise au milieu de la voie. Puis elle s'arrêtait devant des caricatures qui représentaient Louis-Philippe en pâtissier, en saltimbanque, en chien, en sangsue. Mais les hommes de Caussidière, avec leur sabre et leur écharpe, l'effrayaient un peu. D'autres fois, c'était un arbre de la Liberté qu'on plantait.

« MM. les ecclésiastiques concouraient à la cérémonie bénissant la République, escortés par des serviteurs à galons d'or; et la mul-

---

1. Rendons à J. Rougerie le mérite d'avoir récemment popularisé l'expression, à propos de la Commune.

titude trouvait cela très bien. Le spectacle le plus fréquent était celui des députations de n'importe quoi, allant réclamer quelque chose à l'Hôtel de Ville — car chaque métier, chaque industrie attendait du gouvernement la fin radicale de sa misère. Quelques-uns, il est vrai, se rendaient près de lui pour le conseiller, ou le féliciter, ou tout simplement pour lui faire une petite visite, et voir fonctionner la machine. »

Et, le soir, le spectacle était dans les clubs. On nous pardonnera d'emprunter encore à Flaubert, et par exception, une autre longue page située quelques semaines plus tard ; mais comment rendre une atmosphère mieux qu'en écoutant un témoin, un témoin au style admirable, et plus admirable encore par son aptitude à percevoir, après vingt ans de déception politique, derrière les naïvetés qui l'ont navré, les élans qui l'avaient ému.

« Ils les visitèrent tous (les clubs), ou presque tous, les rouges et les bleus, les furibonds et les tranquilles, les puritains, les débraillés, les mystiques et les pochards, ceux où l'on décrétait la mort des rois, ceux où l'on dénonçait les fraudes de l'épicerie ; et, partout, les locataires maudissaient les propriétaires, la blouse s'en prenait à l'habit, et les riches conspiraient contre les pauvres. Plusieurs voulaient des indemnités comme anciens martyrs de la police, d'autres imploraient de l'argent pour mettre en jeu des inventions, ou bien c'était des plans de phalanstère, des projets de bazars cantonaux, des systèmes de félicité publique ; puis, çà et là, un éclair d'esprit dans ces nuages de sottise, des apostrophes, soudaines comme des éclaboussures, le droit formulé par un juron, et des fleurs d'éloquence aux lèvres d'un goujat, portant à cru le baudrier d'un sabre sur sa poitrine sans chemise. Quelquefois aussi figurait un monsieur, aristocrate humble d'allure, disant des choses plébéiennes, et qui ne s'était pas lavé les mains pour les faire paraître calleuses. Un patriote le reconnaissait, les plus vertueux le houspillaient ; et il sortait, la rage dans l'âme. On devait, par affectation de bon sens, dénigrer toujours les avocats ; et servir le plus souvent possible ces locutions : « Apporter sa pierre à l'édifice, problème social, atelier... »

Tout cela dans la plus totale liberté d'expression. Redisons-le, la liberté absolue de propagande est le premier poste, et le plus important, du bilan politique du gouvernement provisoire.

Réapparition de la lutte des classes. Blanqui.

Mais cette liberté, en quelques semaines, porte ses fruits; elle dissipe vite — Flaubert vient de le noter — l'euphorie conciliatrice des tout premiers jours. La propagande révolutionnaire qui rayonne des clubs effraye l'opinion bourgeoise et suscite très tôt des désirs de réaction, mais à l'inverse elle gagne du terrain dans le prolétariat parisien. Au début de mars on pouvait considérer que l'influence dominante dans les masses populaires était celle de Louis Blanc et des socialistes du Luxembourg; à la fin du mois, ce n'est plus si sûr, l'heure est venue des hommes des clubs, de Cabet, de Raspail, et peut-être surtout de Blanqui.

Auguste Blanqui émerge en effet par le prestige de ses souffrances, et par l'originalité imposante de son comportement, tout à rebours de la déclamation lyrique à la mode. Victor Hugo l'a vu ainsi, à cette époque[1].

« Il en était à ce point de ne plus porter de chemise. Il avait sur le corps les mêmes habits depuis douze ans, ses habits de prisons, des haillons qu'il étalait avec un orgueil sombre dans son club. Il ne renouvelait que ses chaussures, et ses gants qui étaient toujours noirs...

« Les privations, le dénuement, les fatigues, les complots, les cachots l'avaient usé. Il était pâle, de taille médiocre et de constitution chétive. Il crachait le sang. A quarante ans il avait l'air d'un vieillard. Ses lèvres étaient livides, son front était ridé, ses mains tremblaient, mais on voyait dans ses yeux farouches la jeunesse d'une pensée éternelle... (En séance au club) il avait, au milieu des rumeurs furieuses, une attitude réfléchie, la tête un peu inclinée, laissant pendre ses mains entre ses genoux. Dans cette posture, et sans hausser la voix, il demandait la tête de Lamartine, et il offrait la tête de son frère... » (Adolphe Blanqui, économiste libéral et académicien).

Dans la dernière phrase de ce passage des *Souvenirs*, le grand reporter et « dessinateur » qu'était Hugo laisse la place au bourgeois effrayé qu'il y avait encore en lui à l'époque. Mais cela aussi

1. Voir Biblio. n° 28, p. 167-170.

est significatif. Un mois à peine après les embrassades de février, le spectre de la lutte des classes est réapparu.

Le problème de la force armée. Journées de mars.

Aussi, assez vite, la tension politique remonte-t-elle, et le gouvernement devra se préoccuper des moyens de maintenir l'ordre public sinon encore de se défendre. Il n'était plus question des agents de police municipaux, fort impopulaires, et d'ailleurs peu nombreux; ni de l'armée, qui s'était repliée hors de Paris depuis la victoire populaire du 24 février. A la préfecture, Caussidière avait improvisé une police avec des volontaires puisés parmi les combattants des barricades, les « montagnards »; avec l'écharpe rouge qui leur tenait lieu d'uniforme, ils effrayaient bien un peu le bourgeois — comme on l'a vu — mais ils firent un service d'ordre honnête et débonnaire. De toute façon, ils étaient peu nombreux, face à l'immense capitale. L'essentiel restait la garde nationale, milice citoyenne plus que jamais à l'ordre du jour, dont la Révolution devait même en principe aboutir à démocratiser encore le recrutement, mais qui devait naturellement refléter dans son esprit celui des quartiers et des classes diverses desquels elle provenait.

Aussi le gouvernement jugea-t-il habile de créer une « garde nationale mobile », qui, à la différence des compagnies normales de la garde nationale, serait permanente, et par conséquent soldée. Bien des jeunes chômeurs y affluèrent, de sorte qu'elle remplit, en même temps qu'un rôle de police, un rôle second un peu analogue à celui des Ateliers nationaux : le chômeur y était payé, soustrait à la misère, mais écarté aussi des séductions des clubs. Bien entendu la garde nationale mobile attira surtout les ouvriers les plus jeunes les moins qualifiés, et les moins conscients. Marx et Engels, bons observateurs, et toujours enclins à ériger leurs observations en théorie, élaborèrent en présence de ce phénomène la notion de « lumpen-prolétariat », « prolétariat en haillons » considéré comme distinct du prolétariat tout court, et voué à servir de réserve à la contre-révolution plutôt qu'à la Révolution. Juin devait les confirmer dans cette vue pessimiste.

Cependant le gouvernement ne renonçait pas à démocratiser la garde nationale proprement dite. Le 14 mars, il décrétait la dissolution des compagnies d'élite, qui, avant la Révolution, étaient recrutées dans les quartiers bourgeois, et mieux équipées. Celles-ci protestent, et le 16 mars, leur manifestation dite « des bonnets à poil », est la première démonstration de rue à caractère d'opposition de droite. En réplique, dès le 17, les masses populaires se mobilisent en une grande manifestation de soutien au gouvernement et à l'esprit de la Révolution de Février. C'est l'occasion pour les leaders de la manifestation, dont Blanqui, de poser aux gouvernants une autre revendication, celle du report de la date des élections.

Le problème des élections. Le 16 avril.

C'est en effet le troisième grand problème politique de la période. Chacun a bien compris qu'entre les deux camps, libéral et socialiste, ou si l'on préfère, bourgeois et populaire, qui se partagent Paris et même le gouvernement, c'est la province qui arbitrera par son vote. Or il est facile de pressentir que ce vote ne sera pas révolutionnaire, et que l'arbitrage sera rendu, contre le socialisme, par une majorité rurale inculte, ou guidée par des notables. Le mot d'ordre de la Révolution devient donc : retarder les élections pour laisser au peuple des campagnes le temps de s'éveiller. Elles étaient prévues pour le 9 avril. Le 17 mars, le gouvernement, à la demande de la délégation conduite par Blanqui, accepte un report, mais dérisoire : jusqu'au 23 avril.

Blanqui reviendra à la charge. Mais il est apparu dès le milieu de mars comme le leader révolutionnaire le plus redoutable. C'est sans doute pourquoi le gouvernement, qui a appris à manier tous les ressorts de la police, exhume le 31 mars des dossiers du régime précédent le document connu sous le nom du publiciste Taschereau, document d'après lequel un leader emprisonné après l'affaire de 1839 aurait fait des révélations sur l'organisation des sociétés secrètes républicaines. Ce fameux XXX, non autrement désigné, fut identifié avec Blanqui par les commentateurs officieux, et aussi, hélas! par Barbès, qui était brouillé avec son ancien compagnon de lutte et avait perdu à son profit son ancien prestige populaire. Blanqui se défendit hautement, et sa réplique a paru convaincante à la plupart des historiens ultérieurs, et en tout cas sur-le-champ à la masse des ouvriers parisiens.

Dès le 16 avril il était encore à leur tête. S'agissait-il à nouveau d'exiger le report des élections? En fait la journée du 16 avril est un des plus complexes épisodes qui soit, un entrelacement de réunions à buts divers et d'intrigues parfois tortueuses. Les ouvriers furent dans la rue, sans but précis, tandis que le gouvernement provisoire cette fois avait pris ses précautions et mobilisé pour couvrir l'Hôtel de Ville un nombre suffisant de gardes nationaux des quartiers bourgeois. Ceux-ci fort résolus, acclamèrent la République et le gouvernement, qu'on disait menacés, on ne sait trop par qui, et il crièrent aussi « A bas les communistes! » Déconcertés, les ouvriers évitèrent l'affrontement et la journée s'acheva sans effusion de sang sur un succès pour le gouvernement provisoire. Il se jugea même assez fort pour commencer à réintroduire dans Paris quelques groupes de garnison. Quant au vote, il aurait lieu, comme prévu, le 23 avril. La province allait juger Paris, ou en tout cas remettre son œuvre en chantier.

La province sous les commissaires de la République.

Pendant ces deux mois de mars et d'avril, les départements avaient été pris en charge par les commissaires de la République. Ces personnages devaient remplacer les préfets de la monarchie mais ils jouissaient, du fait des circonstances, de pouvoirs plus étendus, qui faisaient presque songer à ceux des représentants en mission de la grande époque. Ledru-Rollin, qui, comme ministre de l'Intérieur, eut le principal rôle dans leur désignation, ne voulut prendre que des républicains convaincus, ce qui l'obligea à utiliser bien des hommes dont la compétence et l'expérience n'égalaient pas la conviction. Émile Ollivier, envoyé à Marseille, avait à peine vingt-trois ans. Encore ce choix était-il bon, en lui-même. A ce futur ministre de l'Empire libéral faisait pendant, à l'autre bout de la France, Charles Delescluze, commissaire à Lille, et futur dirigeant de la Commune. Ces hommes ont à faire face aux incidents locaux dont nous avons parlé; ils ont à prendre les mesures d'urgence qu'appelle la détresse économique (beaucoup ouvrent ainsi des ateliers nationaux, sur le modèle de Paris); ils ont surtout à installer la République dans l'administration, en renouvelant les sous-préfets, et en remplaçant au moins dans les principales communes les conseils municipaux par des commissions municipales provisoires, de recrutement plus populaire. Dans les autres branches de la fonction publique, ils n'avaient pas à procéder à de telles épurations, et d'ailleurs tout le monde s'y déclarait républicain. C'est alors qu'apparaît dans le langage politique la distinction entre les « républicains de la veille » (ceux qui se sont déclarés et qui ont lutté avant la révolution de février) et les « républicains du lendemain ». Au premier rang de ces ralliés figure le clergé catholique. On le voit bien à l'occasion des fêtes qui marquent un peu partout l'installation de la République. En bonne place dans ces cérémonies figure généralement la plantation d'un arbre de la liberté ; avec les défilés, les chants et les discours, a lieu une bénédiction de cet emblème par le prêtre du pays. Le contraste est ici complet avec les lendemains de la révolution de juillet 1830, où l'on avait aussi planté des arbres, mais sans prêtre, et plutôt comme un symbole laïque opposé consciemment aux érections de croix de mission d'avant 1830. En 1848 au contraire l'arbre n'est plus une anticroix, il en serait plutôt, si l'on ose dire, une esquisse, une approche. Le changement s'explique, d'ailleurs. L'Église en 1848 bénéficiait des quelques tracasseries qu'elle avait subies sous la monarchie de Juillet ; certains de ses membres avaient su dénoncer le scandaleux accroissement de la misère ouvrière ; et surtout, du côté des jeunes républicains passés par le romantisme, un vague spiritualisme déiste avait souvent recouvert la culture voltairienne reçue de la génération précédente. Plus d'un aurait volontiers prolongé les fraternisations politiques de février par un vrai syncrétisme idéologique. Moment fugace...

La province et ses tensions sociales.

Tous les commissaires cependant n'ont pas les mêmes réactions, et l'expérience révèle finalement en eux un personnel assez peu homogène. Un premier test est fourni par la place qu'ils croient devoir accorder (ou refuser) aux « républicains du lendemain » dans leurs diverses nominations. Tandis qu'à Marseille Émile Ollivier fraternise avec l'évêque et réduit au minimum les changements administratifs, à Lyon Emmanuel Arago (fils du grand Arago) prend des allures de dictateur populaire, expulse jésuites et capucins, réquisitionne et taxe la richesse. Le principal critère est en effet du domaine social; dans les villes où existe une population ouvrière, et des clubs socialistes de quelque importance, le commissaire peut les protéger, comme ailes marchantes ou enfants de prédilection de la nouvelle république sociale; ou bien il peut les combattre (discrètement encore, en leur suscitant des concurrents) au nom de l'ordre, maître mot déjà bien souvent prononcé. D'où un fourmillement de situations régionales fort diverses, parfois des conflits et même des révocations.

Mais très vite, comme à Paris, l'approche des élections envahit l'horizon politique.

Ledru-Rollin donne à ses commissaires, dont la tâche d'installation de la république s'était en somme terminée au mieux, une sorte de prolongement à leur mission, en les invitant, par une circulaire fameuse en date du 8 avril, à éclairer l'opinion, et (pratiquement) à favoriser l'élection de républicains de la veille. On sut ainsi bien clairement ce que le gouvernement souhaitait : contre les faubourgs, pas de socialisme, mais contre la province rurale, pas de réaction monarchiste. De sorte que Ledru-Rollin, au moment même où il était tenu par les leaders ouvriers de Paris pour un défenseur de l'ordre établi, passait aux yeux des bourgeois de province pour un dictateur démagogue. Ambiguïté significative. En fait les propagandes électorales furent parfaitement libres, et c'est même dans une véritable profusion que chaque journal, chaque club, chaque groupement qui le voulut lança et diffusa des listes, où souvent d'ailleurs revenaient les mêmes noms.

3. Le conflit se noue

L'élection de la Constituante.

Pour rompre avec la politique de clocher et de coterie, la nouvelle loi électorale avait renoncé au vote uninominal effectué au niveau de l'arrondissement. On va voter dans le cadre du département, donc pour une liste de noms (mais la liste n'est pas

« bloquée » : le décompte des voix restera individuel), et ces noms seront nombreux, car l'Assemblée aura quelque 900 membres, comme au temps de la Révolution. Autre signe d'esprit révolutionnaire : l'élu ne sera plus appelé « député » mais « représentant du peuple ». Et surtout il sera effectivement l'élu de tout le peuple (masculin) âgé d'au moins vingt et un ans. On n'a pas osé encore pousser la logique de la démocratie jusqu'à faire voter à la commune même : il faut se rendre au chef-lieu de canton (ou tout au plus dans une commune choisie comme chef-lieu d'une section de canton); mais en ce temps les hommes sont grands marcheurs, et si l'on émet quelques plaintes ce n'est pas pour le fait d'avoir à cheminer deux heures, mais parce qu'ici ou là un pont manque sur un torrent. On fait la route ensemble; ce 23 avril est précisément le dimanche de Pâques, journée où la grand-messe a rassemblé tout le village. Le curé est d'ailleurs parfois avec le maire à la tête du cortège des villageois qui vont au bourg faire le premier usage de la Liberté, parfois aussi il y a le châtelain, comme Alexis de Tocqueville qui se souvient d'avoir ainsi conduit aux urnes « ses » paysans normands. Mais on ne sentit point trop les contraintes sociales en ce printemps souvent encore conciliant. Les résultats sont difficiles à interpréter, précisément parce qu'il n'y avait guère encore de partis bien tranchés, du moins à l'échelle de la France entière. Des minorités se dégageront dans la nouvelle Assemblée, dite nationale et constituante : à droite des conservateurs, souvent restés en réalité monarchistes, souvent d'ailleurs anciens députés des chambres censitaires; à gauche des socialistes. Mais il y a des échecs significatifs : à droite, celui de Thiers, à gauche ceux de Raspail, Blanqui, Cabet. Barbès, il est vrai, est élu, mais dans l'Aude, son pays d'origine, et pour sa notoriété familiale plus que pour ses idées. La France a voté conformément à la ligne de la majorité du gouvernement provisoire : République libérale, sans Révolution sociale ni réaction monarchique. Dans la Seine, les membres du gouvernement sont tous élus, Lamartine recueillant le plus de suffrages, suivi de ses collègues modérés qui devancent eux-mêmes Ledru-Rollin et les socialistes. Cette ligne étant aussi celle du journal *le National*, ce nom sert quelquefois à désigner le groupe politique ainsi vainqueur des élections, et qui va gouverner la France pendant plusieurs mois. Parmi les élus de province, on remarque un grand nombre de commissaires de la République, comme il est naturel puisqu'ils représentaient — ou du moins la plupart d'entre eux — à la fois l'administration en place et l'idéal de République rassurante. Les listes officieuses qu'ils conduisaient avaient cru devoir faire place à des ouvriers, pour symboliser jusqu'au bout la fraternité triomphante. Toutefois ce symbolisme était prudent : on ne mettait guère plus d'un prolétaire par liste, et encore l'avait-on choisi parmi les ouvriers qui s'étaient un peu distingués de leur classe : tel théoricien d'un compagnonnage rénové, tel contremaître mécanicien autodidacte, tel portefaix-poète, gens dont la notoriété tenait aux voies de la promotion, non à celles de la lutte des classes. Georges Duveau en a déjà fait la remarque : dans l'assemblée élue le 23 avril, la plupart des représentants d'origine ouvrière siègent au centre-gauche (comme nous dirions) auprès des innombrables avocats, médecins ou journalistes qui ont bien voulu les adopter. L'extrême-gauche par contre a beaucoup moins d'ouvriers que d'intellectuels, parmi ces derniers, on remarque Lacordaire, mais pour peu de temps.

La première effusion de sang (*Rouen*).

Le lendemain des élections voit les premières effusions de sang. Cela se produit, comme il est naturel, dans une grande ville industrielle ravagée par la crise : Rouen; le chômage y était total et massif. Le commissaire de la République, Deschamps, qui avait organisé des ateliers nationaux pour secourir les ouvriers, était populaire parmi eux, et il était de ceux, rares, qui inclinaient au socialisme; la bourgeoisie dont le chef de file était le procureur général Sénard, républicain de la nuance du *National*, était exaspérée par les impôts nouveaux qui servaient à couvrir la dépense — à la vérité peu productive, sinon comme charité — des ateliers nationaux. Le compte se règle lors des élections : Sénard et les siens sont élus, Deschamps et ses amis battus, les votes de l'ensemble du département ayant aisément submergé ceux de la ville chef-lieu. Le 26, les résultats connus, une manifestation ouvrière se déroule devant la mairie. Les travailleurs voulaient-ils, comme on l'a dit, contester l'issue du scrutin, voire imposer la nomination de Deschamps? ou, plus probablement, rappeler leurs besoins,

et protester préventivement contre la suppression des ateliers
nationaux (leur unique ressource), suppression que la victoire des
hommes d'ordre laissait prévoir? Ils sont repoussés rudement par
la garde nationale, restée de composition bourgeoise. Les coups
confus portés dans la bousculade, puis les charges de cavalerie
sont sentis comme une provocation par les ouvriers, qui, achevant
alors leur manifestation centrale, refluent dans leurs quartiers
où ils élèvent des barricades. Le soir et le lendemain, Sénard
requiert la troupe, et même le canon, et les barricades sont balayées,
sans perte pour les forces de l'ordre, mais au prix de quelques
dizaines de morts ouvriers.

Notre attention à cet événement n'est pas aussi disproportionnée
qu'il paraît. D'abord, il n'est pas isolé. A Limoges aussi une situation politique et sociale tout à fait analogue a, au même moment,
entraîné une émeute, mais ici sans mort d'hommes. Ce sont des
choses importantes en elles-mêmes, non pas certes comme premiers
conflits entre républicains (le 16 avril à Paris en était bien un)
mais comme premier conflit sanglant, qui rompe sur une ligne de
lutte de classes l'euphorie de la fraternité nouvelle. Et c'est important aussi — on peut le dire par anticipation — parce que ce conflit
né autour des ateliers nationaux préfigure celui qui va naître à
Paris, et se conclure de semblable façon, à la dimension près.
Au lendemain des élections, fin avril, c'est bien une période de la
République qui s'achève, la période heureuse et conciliante.

Le 4 mai, naissance officielle.

C'est une fin aussi, à d'autres égards, celle du régime provisoire.
Car, avec les élections universelles et libres, une régularité et même
une légitimité républicaine sont fondées. Aussi quand se réunissent
à Paris le 4 mai, pour leur première séance, les représentants élus
le 23 avril, ils se croient tenus de proclamer à nouveau la République. C'était d'ailleurs conforme — nous l'avons dit — au précédent de la Convention. Ils le font unanimement dans leur salle,
un immense bâtiment provisoire, hâtivement construit dans la
cour du Palais-Bourbon; et même ils le refont ensuite, sur les
marches de leur palais, « à la face du soleil ». On assure que le cri
de « Vive la République » y fut poussé en chœur jusqu'à dix-sept

fois de suite. L'anecdote est connue. Ce qu'on sait moins, c'est l'importance qui devait être ultérieurement accordée à cette date. En 1849, 1850 et 1851, la fête officielle de la République sera célébrée le 4 mai, et non pas le 24 février. Toute une philosophie politique est incluse dans cette substitution : le régime veut être né dans une assemblée régulièrement élue, et non pas sur des barricades.

A distance on peut y voir une indication sur l'esprit du nouveau pouvoir.

3

Le rétablissement de l'ordre
(mai 1848-juin 1849)

Nous l'avons assez dit, la réunion de la Constituante au début du mois de mai 1848 marque la fin de la période vraiment révolutionnaire, et la mise en échec des leaders populaires. La République qui s'installe est de plus en plus hostile au socialisme, en attendant de devenir franchement conservatrice et même réactionnaire. Dans ce cheminement qui mène, en somme, jusqu'au coup d'État du 2 décembre, il y eut évidemment des étapes. Pourquoi faire un sort, pour clore le présent chapitre, à l'épisode de juin 1849? La sortie de scène de Ledru-Rollin pourrait presque le justifier à elle seule. Mais davantage encore le fait que le 13 juin 1849 a été la dernière tentative d'une opposition de gauche pour obtenir un résultat politique à Paris par la rue. Après l'échec de ce dernier sursaut, bon gré mal gré la gauche s'accommodera du fonctionnement normal des institutions; mieux : elle prendra conscience des chances de succès qu'elle pourra en tirer à terme. En forçant un peu la note on pourrait presque dire que jusqu'en juin 1849 ce sont les conservateurs qui exigent la légalité stricte contre des démocrates dont on redoute le soulèvement, tandis qu'après juin 1849 les seconds passeront leur temps à plaider la légalité et le droit, contre les premiers, de plus en plus disposés à les enfreindre. Il va de soi que nous aurons à nuancer tout cela en temps voulu.

Du point de vue des institutions, les treize mois que nous allons raconter comportent évidemment trois phases. Les deux premières sont encore préconstitutionnelles, l'Assemblée constituante est seule source de pouvoir et l'exécutif émane d'elle; mais les péripéties de la politique firent qu'il y eut en réalité deux exécutifs qui se succédèrent, la Commission, puis Cavaignac. Quant à la phase suivante, elle appartient au contraire à la période de la République constituée et fonctionnant régulièrement, avec les débuts du gouvernement présidentiel.

1. La Commission exécutive (5 mai - 24 juin 1848)

Après le moment d'émotion où elle s'est offert l'honneur de proclamer la République une seconde fois, l'Assemblée a pour première tâche d'organiser et de rationaliser le pouvoir, que le gouvernement provisoire a déposé entre ses mains.

La Commission exécutive et le nouveau ministère.

C'est d'abord l'occasion d'en finir avec la confusion de fonctions qui existait dans celui-ci entre cosouverains et ministres. On va revenir au système de l'an III, où une présidence collégiale de cinq directeurs trônait au-dessus des sept ou huit ministres. Les cinq, ici, s'appelleront simplement Commission exécutive. Il paraissait naturel et décent de les choisir parmi les membres du gouvernement provisoire sortant, la réduction de nombre permettant de faire entre ces derniers un choix qui serait politiquement significatif. Louis Blanc et Albert, bénéficiant de leur qualité de gouvernants, avaient personnellement été élus membres de l'Assemblée, mais le socialisme globalement était en échec, et la majorité des représentants ne voulaient plus de leur présence au pouvoir. La plupart auraient même éliminé volontiers Ledru-Rollin à qui ils reprochaient soit les tumultes mal contenus de Paris, soit la fameuse circulaire, soit les initiatives de tel ou tel de « ses » commissaires. Mais ici intervint Lamartine. Le prestigieux poète était, à titre personnel, le grand vainqueur des élections, si l'on considère qu'il avait été porté à la représentation par dix départements, et élu dans celui de la Seine avec le plus grand nombre de voix. On ne pouvait pas ne pas le porter à la Commission exécutive, à peine de renier trop ouvertement et Février et le vœu populaire. Lamartine sentit sa force et s'en servit : il fit de l'élection de Ledru-Rollin la condition de sa propre acceptation. Le poète se définissait par cet acte mieux que par tout discours. N'ayant jamais cru le socialisme possible, il séparait sans peine son sort de celui de Louis Blanc. Mais il croyait à la démocratie, à des réformes généreuses, libérales, humanitaires, et Ledru-Rollin symbolisait assez bien pour lui ce « progressisme » avant la lettre dont la République ne pouvait se couper sans renier son principe même et son inspiration essentielle. Lamartine l'emporte donc, quoique difficilement. L'Assemblée élit les cinq, dans l'ordre suivant, bien significatif : Arago, Garnier-Pagès, Marie, puis Lamartine, enfin Ledru-Rollin.

Armand Marrast, qui appartient, on le sait, à la même tendance que les trois premiers nommés, conserve la mairie de Paris, mais surtout, de son siège de représentant il va de plus en plus faire figure de chef de file et de principal manœuvrier des hommes du *National* au sein de l'Assemblée. Un véritable leader du parti, avant la lettre. A la présidence de l'Assemblée, la majorité porte le vieux Buchez, ancien carbonaro, républicain authentique, très vaguement socialiste et surtout catholique affirmé. C'est un homme de bonne volonté, symbole de l'esprit de 1848 plutôt que partisan. Mais parmi les vice-présidents dont on l'entoure figure Sénard, le « vainqueur » de Rouen. Comme on le voit, au triomphe des hommes du *National* s'ajoute une touche symbolique de revanche anti-ouvrière.

Le ministère est composé à l'avenant. Bastide aux Affaires étrangères, Recurt à l'Intérieur, Trelat aux Travaux publics, Cavaignac à la Guerre remplacent respectivement Lamartine, Ledru-Rollin, Marie et Arago[1]. Crémieux garde la Justice, Bethmont le Commerce. Duclerc, qui avait été sous-secrétaire d'État sous Garnier-Pagès, prend les finances. Ce sont des gens du *National*, plus ou moins antisocialistes. Seul le maintien de Carnot à l'Instruction publique et l'affectation de Flocon à l'Agriculture sont des concessions au courant le plus avancé.

---

1. Qui avait remplacé Bedeau et qui cumulait donc, depuis mars, la Guerre et la Marine.

Le 15 mai et ses problèmes.

Cette série de votes et de désignations confirment et même accentuent la défaite que les élections du 23 avril ont représentée pour les révolutionnaires. Faut-il penser que leurs leaders ont voulu rééditer Février, ou refaire contre l'Assemblée constituante l'opération de pression-épuration que les sans-culottes firent le 31 mai 1793 contre la Convention à majorité girondine? C'est ici que se pose l'énigme du 15 mai.

Divers clubs d'extrême-gauche appellent le Paris populaire à manifester en faveur de la Pologne. C'était en effet, comme en 1830 et 1831, un des griefs des révolutionnaires contre le pouvoir que l'absence d'aide aux peuples européens opprimés. Très naturellement, l'aspiration à la Justice et à la Liberté était perçue comme universelle, et sentie comme solidaire par-delà les limites d'État. Et, non moins naturellement, les gouvernants, conscients des difficultés internes et externes, étaient fort circonspects. Lamartine, dans un de ses derniers actes diplomatiques (le 7 mai) avait fait une démarche, toute platonique, auprès du roi de Prusse en faveur des Polonais. Son successeur Bastide n'en fera pas autant, et sera même fort réticent à l'égard du mouvement national germanique que l'extrême-gauche voyait avec sympathie.

On peut penser d'ailleurs qu'au-delà du cas de la Pologne, prise comme exemple et symbole, la manifestation voulait se prononcer contre le cours rétrograde que prenait la politique de mai, et pour un retour aux aspirations de février. Mais jusqu'où voulait-on aller dans l'expression de ce vœu? pression morale? pression physique? subversion du pouvoir?

Le rassemblement est réussi, la foule est considérable; après avoir défilé, elle aborde la salle des séances de l'Assemblée, la trouve à peu près démunie de protection et s'y engouffre à la suite d'une petite avant-garde résolue. Portés ou entraînés par les masses, tous les leaders extra-parlementaires se trouvent ainsi dans les travées, où se coudoient en tumulte les représentants, presque tous indignés, et les manifestants. Le président Buchez, en plein désarroi, prendra des mesures contradictoires, appelant puis décommandant la garde nationale; il omet cependant de quitter le fauteuil, de sorte qu'en principe la séance continue. Barbès, l'un des très rares représentants qui acceptent de pactiser avec l'invasion, croit voir l'occasion, inattendue, inespérée, de recommencer la Révolution. Il escalade la tribune et commence à lancer des noms comme pour faire acclamer un nouveau gouvernement provisoire.

Alors, le délit bien établi, mieux : le sacrilège bien ouvertement et notoirement consommé, le dénouement arrive avec les forces de l'ordre, soldats, gardes nationaux des bons quartiers, qui cernent la salle, expulsent les intrus, et arrêtent les chefs qui s'étaient mis en évidence par leurs actes ou même par leur seule personnalité[1].

Journée énigmatique disions-nous, plus encore que celle du 16 avril, à ceci près qu'au 16 avril il y avait excès de précautions policières pour une agression populaire inexistante, alors qu'au 15 mai il y avait défaut évident de défense contre une manifestation très réelle.

Il ne paraît pas qu'au 15 mai les leaders politiques les plus avisés aient vraiment pensé à transformer la démonstration de force en coup de main sur le pouvoir. Blanqui n'a fait que suivre, et n'a ouvert la bouche que pour parler sur la misère ouvrière et la nécessité de lui trouver des remèdes. On ne peut guère hésiter qu'entre l'interprétation qui ressort de l'évidence immédiate : sous-estimation du danger de la part des gouvernants, donc faible défense, désordre, et tentative révolutionnaire improvisée à la faveur de l'occasion surgie; et l'interprétation qui ressort du raisonnement tel que l'a construit, avec beaucoup de force, il faut le reconnaître, M. Henri Guillemin[2] : tout cela est un gigantesque piège dans lequel les révolutionnaires sont tombés. L'absence de défense du siège de séances est moins vraisemblable comme étourderie réelle que comme manigance voulue; parmi les dirigeants les plus actifs de la manifestation il y avait le vieux révolutionnaire Aloysius Huber, dont il est aujourd'hui démontré qu'il servait secrètement la police déjà sous Louis-Philippe; or c'est lui, et

1. La ressemblance est troublante entre ce piège et le piège analogue qui avait fonctionné le 1er prairial an III. Voir dans la même collection, *la République bourgeoise* de D. Woronoff, p. 28.
2. Biblio. n° 39, p. 325.

lui seul, qui lança à la stupeur générale, le cri « l'Assemblée est dissoute! » par lequel la manifestation s'aggravait en coup d'État; tout cela convenait trop bien aux desseins des conservateurs. Ne vit-on pas des émeutiers se jeter sur Louis Blanc, et, malgré ses protestations, le porter en triomphe comme un vainqueur du jour? A la différence de Barbès, il n'avait rien fait pour se compromettre dans l'affaire mais « on » voulait peut-être qu'il y fût compromis devant mille témoins... Louis Blanc, du moins, pourra par la suite établir sa bonne foi, non sans peine. Son ami Albert, moins prudent, s'était laissé, lui, compromettre, et comme Barbès, avait parlé de gouvernement provisoire. Il est donc arrêté dans la soirée, avec Barbès, et tous les autres dirigeants de clubs en vue, Blanqui, bien entendu, Huber, qui jouait jusqu'au bout son rôle, Raspail, qui, comme Blanqui avait manifesté, puis suivi la foule mais sans avoir voulu saisir le pouvoir, et bien d'autres.

Encore une fois, entre la thèse des improvisations et celle de la provocation (non prouvée en toute rigueur, mais assez fortement présumable) chacun choisira en fonction de sa plus ou moins grande répugnance à situer dans l'histoire hasard ou volontarisme. Mais le résultat est clair : l'extrême-gauche est décapitée. Pour la première fois depuis février il existe à nouveau des prisonniers politiques, et parmi eux un ancien membre du gouvernement provisoire. Dans les courants d'opinion antisocialiste et anti-révolutionnaire, y compris chez les hommes du *National*, le désir de réaction n'a pu qu'être exaspéré par l'épisode. On le vit bien dès le soir du 15 mai, à la contre-violence illégale de certains gardes nationaux bourgeois, molestant Louis Blanc, perquisitionnant le domicile privé de Sobrier (adjoint de Caussidière), faisant évacuer de force certains clubs... A la violence près, le même état d'esprit régnait chez les centaines de bons représentants républicains venus de province qui avaient vécu l'événement sans être dans le secret des manœuvres de coulisse. La dignité de l'Assemblée issue du suffrage universel avait été violée, sa légitimité contestée, par ce peuple de Paris, capricieux dictateur à mille visages. On s'en vengera bien, aux dépens des ateliers nationaux.

L'opinion au début de juin. Polarisation.

Avant de raconter cette dernière phase de l'histoire des ateliers nationaux, qui nous mènera directement aux journées de Juin, il faut s'arrêter sur ce moment de l'opinion. Les élections d'avril avaient élu, dans la plupart des départements, des hommes qui symbolisaient la république nouvelle, sincère, conciliante; les extrémismes de la réaction monarchiste ou de la révolution sociale n'y avaient guère été heureux : le pouvoir avait fait prime — tous les membres du gouvernement élus et beaucoup de commissaires. Avec les divers épisodes de mai 1848, ce climat ne pouvait que changer, les conciliations échouer, et les polarisations s'accomplir. On assiste au départ, désolé, des conciliateurs; depuis que Ledru-Rollin n'est plus ministre, George Sand, qui jouait volontiers les égéries, a regagné sa province; le 17 mai, Lacordaire a démissionné de l'Assemblée. Le 6 juin, Buchez renoncera à la présidence, où sera promu Sénard. Quant à la polarisation politique, on la verra de plus en plus nettement désormais. Mais déjà l'on commence d'entrevoir ce processus de renforcement des extrêmes à l'occasion des élections partielles du 4 juin, rendues nécessaires par les nombreuses élections multiples du 23 avril : Lamartine en effet n'avait pas été la seule personnalité de notoriété nationale à être choisi pour représentant par plusieurs départements. Ne pouvant en représenter qu'un, les trop heureux élus avaient dû démissionner de leurs sièges supplémentaires, et les laisser vacants. Le département de la Seine en particulier avait onze représentants à désigner : or pas un seul des nouveaux élus n'est un républicain de la tendance du *National* (ou ami du gouvernement, ce qui est tout un)! Le succès se partage entre des groupes d'hommes très « marqués » et que le scrutin du 23 avril avait repoussés à ce titre : on voit ainsi Adolphe Thiers, le général Changarnier, et d'autres moins connus — et du côté des révolutionnaires Caussidière, Pierre Leroux, Proudhon.

Nouveaux venus.

Également étranger à l'extrême-droite et à l'extrême-gauche, mais signe, comme elles, d'une opinion inquiète et qui cherche

autre chose, Louis-Napoléon Bonaparte figure parmi les nouveaux
représentants. Enfin, autre élu de marque, Victor Hugo. On ne
sait trop s'il faut alors l'étiqueter indépendant, bonapartiste ou
orléaniste. Ce qui est certain c'est qu'il est lui aussi un républicain
« du lendemain ». En février il avait souhaité la régence de la
duchesse d'Orléans. Il n'avait pas voulu donner sa caution au
régime nouveau, malgré les instances de Lamartine, qui était
son ami, et qui lui offrait le ministère de l'Instruction publique.
Le 4 juin, il va choisir son siège du côté droit de l'assemblée, d'où
il sera un observateur lucide, inquiet, tourmenté même, pris entre
son dédain de Parisien homme d'esprit pour les avocaillons bavards
de la gauche, et sa répulsion d'homme de cœur pour la politique
brutale qu'il voit se dessiner chez les siens, les grands bourgeois
de la droite. Son choix mettra plusieurs mois à mûrir.

Quant à l'autre élu notoire du 4 juin, Louis-Napoléon Bonaparte, on discutera de son cas le 13 juin. Il n'y avait pas d'objection
à admettre parmi les représentants un membre d'une ancienne
famille régnante, d'autres Bonaparte, élus le 23 avril, l'ayant déjà
été. Mais celui-ci était un prétendant notoire, auteur déjà de
deux tentatives de prise de pouvoir avant 1848; en outre à demi
étranger. Lamartine et Ledru-Rollin se prononcèrent à l'Assemblée
pour son invalidation. La majorité ne les suivit pas, et admit
Bonaparte, mais celui-ci prit l'initiative d'adresser (de Londres)
une lettre de démission. Hésitation réelle? ou attente d'une heure
plus propice?

Nouveau climat, nouveau problème. Les chemins de fer.

Il y avait plus : on se souvient que les ateliers nationaux avaient
été favorisés en mars par les modérés du gouvernement, comme
une institution qui tenait les ouvriers à l'écart des prédications
des clubs ou de la Commission du Luxembourg. Or il apparais-
sait à l'usage que cette digue n'était pas sans fissures. On parlait,
on allait et venait, une certaine unité populaire se reconstituait
à Paris. Depuis le début du mois de juin, les boulevards de Paris
étaient de nouveau en effervescence permanente. Chaque soir
des rassemblements d'ouvriers et de badauds, se formaient,
chantaient, acclamaient qui la République sociale, qui « Poléon »,

et conspuaient les forces de l'ordre ou le gouvernement. Ces tumultes étaient l'aspect superficiel de changements d'opinion profonds. Bien des observateurs attribuèrent l'élection le 4 juin de P. Leroux, Proudhon et autres socialistes, à l'entente conclue entre des comités d'ouvriers du Luxembourg et des délégués ouvriers des ateliers nationaux.

D'autres observateurs attribuèrent — il est vrai — aux ateliers un certain rôle dans le succès de Bonaparte (ce n'était pas contradictoire, il y avait beaucoup d'ouvriers à Paris!). De fait, toutes sortes d'agitateurs circulaient dans les groupes d'oisifs et de chômeurs, et les cris de « Vive Poléon! Poléon, nous l'aurons! » s'y élevaient quelquefois, à côté des mots d'ordre socialistes.

Il y avait enfin pour les conservateurs un autre péril du côté de la Commission exécutive, où, même minoritaire, Lamartine restait influent. Il convient certainement de lui faire une grande part dans le projet qui se dessine alors de lier la question des ateliers nationaux à celle des chemins de fer. Lamartine percevait bien la volonté de liquider les ateliers, il pressentait qu'elle serait expéditive, économiquement rude et sommaire, au pire sanglante. Il se donna pour mission d'éviter cette catastrophe. On le pourrait peut-être en combinant une utilisation plus sérieuse des chômeurs des ateliers avec la relance économique : si l'État se rendait propriétaire des chantiers de chemins de fer en souffrance, il y emploierait ce réservoir de main-d'œuvre et tout irait mieux : chômage réduit, industrie réanimée, commerce favorisé. Dans ce projet (utopique à divers égards, mais, pour nous, peu importe) Lamartine n'était pas aussi neuf qu'on pourrait le croire : sans avoir jamais fait partie des saint-simoniens, il avait partagé avec eux le goût de la modernité, de l'industrie, de la paix; il avait toujours lutté pour les chemins de fer, question dont il était un peu un spécialiste, et dans laquelle il s'était toujours fié davantage aux impulsions données par l'État qu'à la seule initiative privée capitaliste. En bref, dans ce problème, sa position humanitaire de première urgence s'harmonisait bien avec des audaces économiques plus anciennes. Mais on conçoit que ce projet, qui épargnait aux ouvriers la répression tout en menaçant le capital, fût doublement inquiétant pour l'opinion bourgeoise, et même parlementaire.

Or il gagnait du terrain. Duclerc, ministre des Finances, faisait sienne l'idée et la transformait en proposition de loi. Émile Thomas, qui avait longtemps dirigé les ateliers nationaux dans l'esprit dicté par Marie, avait fini par prendre à cœur sa responsabilité et formait lui aussi des plans d'utilisation qui fissent l'économie d'une liquidation brutale.

La fin des ateliers et l'explosion de révolte ouvrière.

Il fallait donc bien « en finir ». Comme la Commission exécutive n'était ni aisément unanime, ni même sûre, tout se prépara officieusement entre les ministres intéressés (Recurt, Trélat) et les leaders de la majorité, de Marrast à Falloux.

Peu importe le détail des tractations et travaux d'approche. Le 21 juin la Commission exécutive, cédant enfin à la pression de l'Assemblée, prenait le décret décisif qui obligeait les ouvriers de moins de vingt-cinq ans à s'engager dans l'armée, et avisait les autres de se tenir prêts à partir en province, faute de quoi ils ne seraient plus soldés. En fait, c'était la dissolution.

Le 22, au moment où le décret paraît au *Moniteur*, une délégation d'ouvriers va protester auprès de la Commission. Marie la reçoit avec des menaces. L'agitation ouvrière commence alors, défilés dans les rues, meetings, concertations de toute sorte. Elle culmine le 23, au point du jour, dans un grand rassemblement place de la Bastille, autour de la colonne de Juillet, sous la présidence d'un militant nommé Pujol, fils d'ouvrier, passé par le séminaire, puis par l'armée, devenu enfin un leader des sociétés secrètes. C'est lui qui au cri de « la Liberté ou la Mort » lança la foule dans les quartiers pour y dresser les barricades.

La spontanéité de la révolte ouvrière qui naît, et qui restera dans l'histoire sous le nom des journées de Juin, est en réalité son trait le plus frappant. En dépit du mot d'ordre abstrait et romantique lancé par Pujol, on a affaire au mobile social brut : des ouvriers mis au chômage par la crise, et qui ne vivaient que d'une allocation publique, sont, à proprement parler, acculés au désespoir par l'abolition de celle-ci. C'est à bon droit que l'histoire a retenu comme significatif le cri jeté place du Panthéon par un ouvrier anonyme (à Arago, qui essayait de discuter le 22 avec un rassemblement) : « Ah, monsieur Arago, vous n'avez jamais eu faim ! » Malgré l'émergence de quelques militants, comme Pujol, de notoriété secondaire, il n'y a pour ainsi dire pas de direction politique ; les efforts d'organisation faits dans les dernières semaines étaient loin d'avoir encore pu compenser l'effet de l'emprisonnement, au 15 mai, des leaders les plus connus des vieilles sociétés secrètes ou des clubs. Les journées de Juin vont être dans notre histoire, plus qu'à tout autre moment antérieur ou postérieur, une bataille de classes à l'état pur. Ce n'est certes pas par hasard si Marx et Engels, qui maintenant suivaient de Cologne avec l'attention la plus vive les développements de la révolution en France, jetèrent alors les bases de leur théorie de la lutte des classes comme réalité la plus profonde de l'histoire.

Mais avant d'engendrer sans le savoir cette extrapolation grandiose, les journées devaient faire couler bien du sang.

L'opinion et les journées de Juin.

Il y eut du sang aussi d'ailleurs, parce que dans le camp « bourgeois » la résolution n'était pas moins grande. Les valeurs d'ordre, de propriété, de liberté, avaient alors une fraîcheur et un éclat qui devaient se ternir par la suite ; on leur attribuait des mérites absolus, que l'on devait apprendre bien lentement et tardivement à relativiser. « On y croyait », pourrait-on dire, avec une ferveur qui n'était pas moindre peut-être que celle des ouvriers socialistes pour la justice, le bonheur et la vie. En outre, dans le camp même des ennemis des ouvriers, bien des hommes croyaient à la République nouvelle avec une ferveur passionnée. Or, pour le citoyen républicain ordinaire, qui ignorait les manœuvres et provocations des Marrast et des Falloux, il n'y avait qu'une évidence : la décision régulière émanée des pouvoirs librement issus du suffrage universel était contestée par des rebelles ; et cette désobéissance les choquait autant que les eût choqués (ou que les choquera plus tard) un coup d'État militaire[1]. La phrase finale du communiqué

---

1. Tel bourgeois républicain de Montargis, qui réunit alors son bataillon de garde nationale pour aller à Paris aider le gouvernement, réunira son bataillon en décembre 1851 pour résister au coup d'État. Dans les deux cas il s'agissait de « marcher au secours de la représentation nationale » (Ténot n° 48, p. 8).

officiel qui annoncera bientôt la victoire aux départements (« L'Ordre a triomphé de l'Anarchie, Vive la République ! ») est fort loin d'être aussi hypocrite ou cynique que ne seront les mots analogues de 1871, ou de dates plus tardives.

Ainsi peut se comprendre la résolution unanime de l'Assemblée, ainsi s'explique que bien des bons démocrates aient accepté l'idée de résister aux ouvriers, tel Flocon, dont on dit que ce souvenir sera le remords du reste de sa vie. Ainsi s'explique, contribuant à renforcer la résolution du pouvoir à Paris, l'unanimité de la province derrière le gouvernement. Flaubert, une fois encore, a bien vu ce premier mouvement, et il le prête à son héros le plus pur, avant de lui faire sentir l'ambiguïté de la situation. Dussardier, garde national dévoué à l'appel de l'Assemblée, c'est-à-dire de la République, fait son devoir devant la barricade de la rue La Fayette : « Un gamin enveloppé d'un drapeau tricolore criait aux gardes nationaux : Allez-vous tirer contre vos frères ? Comme ils s'avançaient, Dussardier avait jeté bas son fusil, écarté les autres bondi sur la barricade, et, d'un coup de savate, abattu l'insurgé en lui arrachant le drapeau. On l'avait retrouvé sous les décombres, la cuisse percée d'un lingot de cuivre. » Mais, peu de jours après, sa notoriété l'importune. « Il avoua même à Frédéric l'embarras de sa conscience. Peut-être qu'il aurait dû se mettre de l'autre bord, avec les blouses ; car enfin, on leur avait promis un tas de choses qu'on n'avait pas tenues. Leurs vainqueurs détestaient la République ; et puis, on s'était montré bien dur pour eux ! Ils avaient tort, sans doute, pas tout à fait cependant ; et le brave garçon était torturé par cette idée qu'il pouvait avoir combattu la justice. »

Mais il fallait être à Paris et vivre près du peuple pour concevoir de tels scrupules. En province, contribuant à renforcer la résolution du pouvoir central, l'unanimité s'était faite derrière le gouvernement. En province plus que partout, les conservateurs voulaient l'ordre, les républicains soutenaient, contre l'indiscipline du pavé de Paris, la légitimité de l'Assemblée qu'ils avaient élue ; quant aux ouvriers, ils étaient bien trop neufs pour avoir pu s'engager encore dans les liens d'une solidarité organisée et même ressentie avec ceux de la capitale. Ils commençaient à peine à s'éveiller aux bienfaits et mérites de la démocratie politique, alors que déjà les Parisiens s'en estimaient désabusés.

Le Paris insurgé de juin 1848

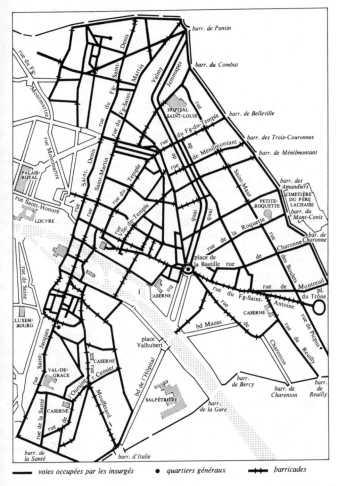

voies occupées par les insurgés   • quartiers généraux   ▟▜▟▜ barricades

C'est le Paris de l'Est, dont le contraste avec les quartiers plus bourgeois de l'Ouest est déjà bien marqué. C'est un Paris d'anciennes limites, qui n'a pas encore franchi les « barrières » pour annexer Belleville ou Ménilmontant. C'est enfin un Paris d'ancienne densité où manquent les grandes percées (boulevard St-Michel et Sébastopol, boulevard Richard-Lenoir, boulevard Voltaire, etc.).

Source : *Histoire de France*, Georges Duby.
(Dynasties et révolutions de 1348 à 1852.)

On se battit donc à Paris, les 23, 24 et 25 juin, et fort durement, armée et bourgeoisie (la garde nationale) contre prolétariat, c'est-à-dire quartiers de l'Ouest contre quartiers de l'Est. Le premier rôle passa donc naturellement au ministre le plus intéressé, celui de la Guerre, le général Cavaignac.

Cavaignac remplace les Cinq.

Cavaignac fit la guerre avec une froide résolution, en prenant son temps. Lamartine le soupçonna même (il le dit à Victor Hugo sur le moment) d'avoir renoncé, le 23, à disperser les premières manifestations, pour laisser grossir une révolte sur laquelle le succès serait plus décisif.

Comme on voit, Lamartine tenait toujours à limiter l'effusion de sang. C'est précisément parce que, de son fait, la Commission exécutive n'était pas sûre, que l'Assemblée, beaucoup plus résolue, après avoir voté la mise de Paris en état de siège, exigea la démission collective des Pentarques. On était au 24 juin, journée la plus critique de la bataille. L'exécutif allait désormais se confondre avec le ministère, c'est-à-dire en fait avec Cavaignac, dont la prééminence technique s'imposait. Quelques jours après, le général-ministre sera officiellement consacré chef du pouvoir exécutif.

Les cinq se retirent donc du pouvoir. Pour Lamartine et pour Ledru-Rollin, ce retrait est définitif. Avec leur départ, c'est la conciliation qui échoue. Du moins garde-t-elle ses chances pour l'avenir. Ledru-Rollin, dont l'étoile n'a cessé de pâlir de février à juin, pourra reprendre dans quelques mois une nouvelle carrière, précisément parce qu'en juin il n'aura été ni de la révolte ni de la répression.

Ainsi, trente ans plus tard, la gloire du Gambetta de 1875-1880 sera à la mesure de son échec de février 1871, grâce auquel il n'aura été ni de la Commune ni de Versailles. Ce sont effets des caprices de l'Histoire, et rien ne permet de penser que les intéressés les aient prévus ni préparés.

2. Le gouvernement Cavaignac
(24 juin - 20 décembre 1848)

L'écrasement de la révolte et la réaction marquent évidemment et d'abord l'action du « chef du pouvoir exécutif », en qui se prolonge tout naturellement le ministre de la Guerre du système précédent.

Écrasement de la révolte.

Le 24 juin au soir on pouvait tenir la révolte ouvrière pour contenue, mise en échec. L'Hôtel de Ville n'avait pas été pris par les insurgés. Au matin du 25 peut commencer la contre-offensive de l'armée appuyée par les gardes nationaux et la garde nationale mobile. Les barricades sont prises d'assaut, dans des combats sanglants. Les épisodes dramatiques s'accumulent et exaspèrent les haines. Ici c'est le général Bréa qui est appelé par des insurgés derrière une barricade en vue de négocier, puis qui est massacré par eux. Là c'est l'archevêque de Paris, Mgr Affre, qui essaie de s'interposer, place de la Bastille, à l'entrée du faubourg Saint-Antoine, pour implorer la pacification et qui y trouve la mort. Non point du fait des défenseurs organisés de la barricade, qui l'accueillaient avec respect et compréhension. Pas non plus d'une balle perdue venue de la troupe (la disposition des lieux s'y oppose). Mais d'un faubourien isolé, fanatique ou surexcité [1]. On mit pourtant au compte des insurgés en général et la mort de l'archevêque, et mille autres horreurs, dont nous reparlerons. Au soir du 25, au matin du 26 (ce jour-là, à 11 h, tout sera fini), la prise des dernières barricades s'accompagne de quelques exécutions sommaires et d'immenses rafles de suspects. Quinze mille hommes environ seront pris, littéralement entassés dans des prisons improvisées, en attendant la « transportation » en Algérie.

Cette Algérie, dont la conquête avait été la grande affaire du règne précédent, commence ainsi à jouer un certain rôle d'appoint

1. Nous suivons Limouzin-Lamothe, dont la précision est convaincante. Biblio, nᵒ 59 ter.

dans la politique intérieure de nos républiques, champ d'entraî-
nement, école de rudesse pour nos militaires, lieu d'éloignement
pour nos rebelles. C'est d'elle, on s'en souvient, que Cavaignac
était venu.

Cavaignac et la République.

Toutefois il serait très injuste de voir dans le nouveau chef
de la France une sorte de brute guerrière ou — comme on dira
cruellement dans les faubourgs — un « prince du sang ». Ce militaire était le plus authentique et le plus fidèle des républicains de la
veille. Fils d'un conventionnel qu'il avait peu connu, mais dont
sa mère, qu'il vénérait, lui avait transmis le souvenir, frère cadet
de ce Godefroy Cavaignac qui avait été le chef ardent et pur du
parti républicain dans les années difficiles de 1830 à 1840, Eugène
Cavaignac était aussi fidèle à sa religion politique qu'à sa vocation
de soldat. Les deux ne se contredisaient pas dans l'idéologie du
National, où l'on était fort patriote, au point que, comme on le
sait, l'abaissement national avait été l'un des principaux griefs
que ce journal faisait à Guizot.

Républicain, Cavaignac sera un chef d'exécutif très déférent
à l'égard des institutions de la République, c'est-à-dire de la
Constituante, seule dépositaire à cette époque, ne l'oublions pas,
de la volonté nationale définie par le suffrage populaire. Cavaignac
tenait d'elle sa mission, il le savait, et le régime provisoire restera
de juin à décembre nettement parlementaire, tel qu'il s'était affirmé
en mai.

L'équipe gouvernementale qu'il constitue le 28 juin se voulait
strictement républicaine (tendance *National*). Cavaignac, président
sans portefeuille ministériel, était remplacé à la Guerre par le
général Lamoricière, Goudchaux reprenait les Finances, Sénard,
homme à poigne, l'Intérieur (ceci laissait vacante la présidence
de l'Assemblée, à laquelle fut élue Armand Marrast, qui devait
y rester jusqu'au terme). Cavaignac perdait le concours du brave
Flocon, abasourdi par le drame, mais il eût gardé volontiers le
reste de l'équipe, y compris Hippolyte Carnot, comme lui républicain pur, fils de conventionnel, et libre penseur. C'est l'Assemblée
qui jugea ce dernier intolérable, surtout à l'Instruction publique,

et imposa dès le 5 juillet, à la suite d'un vote de défiance, le remplacement de Carnot par un homme moins voyant, Vaulabelle. C'était une concession certaine à la droite cléricale maintenant liée à la majorité.

La Constituante et la réaction.

Comme on le voit, l'Assemblée qui avait lutté d'émulation avec l'exécutif dans la lutte contre les ouvriers rebelles le devançait aussi dans la volonté de réaction.

Dès le début de juillet, la dissolution des ateliers nationaux est prononcée, totale, sans réserve. Le projet de rachat des chemins de fer par l'État est abandonné.

Et les représentants s'engagent aussi sur la voie de la restriction à la démocratie. On ne se contentera pas en effet de voir dans l'affaire de Juin une explosion de socialisme, ou bien encore une désobéissance au pouvoir légal; on voulut aussi y percevoir l'effet des libertés de propagande excessives que Février aurait introduites. Pour limiter ces propagandes, l'assemblée vote la première loi réglementant les clubs et la première loi entravant la presse populaire (par le rétablissement du timbre et du cautionnement. Ce que Lamennais traduisit, avec une ironie douloureuse, par « Silence aux pauvres! »).

La presse et les clubs ne furent pas les seules victimes de cette recherche abusive de responsabilité. Une commission d'enquête sur les événements du 15 mai et 23 juin entreprit de mettre en accusation, comme fauteurs de ces conspirations et révoltes, tout ce qui avait été socialiste naguère. Albert, Blanqui, Raspail étaient déjà sous les verrous, mais Louis Blanc et Caussidière étaient libres, et même représentants du peuple. Les débats firent leur procès avec tant de hargne et de mauvaise foi qu'ils préférèrent se soustraire à l'arrestation et prirent la route de Londres. Depuis avril la République avait ses premières victimes, depuis mai ses premières prisons, depuis juin ses premiers exilés.

Ces diverses mesures, qui s'en prenaient à la démocratie elle-même, se heurtèrent dans l'Assemblée à une certaine résistance. Il se dessine à son aile gauche une minorité d'opposants pour freiner la réaction. Le 26 Août, 252 voix voteront contre l'autorisation de poursuivre Louis Blanc et Caussidière. Mais si la liberté trouve des défenseurs, le socialisme n'en a plus guère, dans l'atmosphère de drame et de désarroi de cet été 1848. On le vit bien dans l'extraordinaire débat du 31 juillet.

Proudhon et le socialisme.

De février à juin en effet, pendant que tout le monde faisait de la politique, des manifestations, puis des barricades, un homme, apparemment indifférent à ces agitations, méprisant d'ailleurs ouvertement tout le monde, de Marie à Ledru-Rollin et de Louis Blanc à Raspail, faisait en solitaire la propagande du socialisme dans un journal, c'était Proudhon. La notoriété, déjà en partie acquise avant la Révolution, accrue depuis, lui était venue et lui avait valu l'élection le 4 juin. Profondément et même ostensiblement étranger aux luttes de mai et de juin, il ne pouvait être inquiété, et il continuait à exposer qu'il fallait résoudre la question sociale en organisant le crédit gratuit, et pour cela former une Banque d'échange dont les capitaux seraient obtenus par réduction autoritaire d'un tiers des fermages, loyers et intérêts. Il était si convaincu de la rigueur de son système, qu'il s'intitulait lui-même « économiste » plus volontiers que « socialiste ». Impavide, il monta donc à la tribune de l'Assemblée ce 31 juillet pour exposer son plan, mis en forme de proposition de loi. Ses collègues couvrirent de huées sa lecture, et acclamèrent la réfutation qu'en fit Thiers, vrai revenant de la monarchie, mais agissant ici en apôtre prud'hommesque de la propriété. Et le socialisme fut rejeté par plus de 600 voix contre 2 ! Avec Proudhon, l'autre fidèle de l'idée avait été Louis Greppo, tisserand lyonnais, représentant du Rhône. Non qu'il n'y eût sur les bancs de l'Assemblée quelques autres adeptes du socialisme, Considérant, Pierre Leroux. Mais ils avaient préféré s'abstenir parce que ce n'était pas tout à fait *leur* système, et que dans leur esprit, il y avait là, de toute façon, un débat purement théorique, et non pas acte politique.

D'autres débats pourtant seront moins platoniques. Car si le socialisme n'avait jamais été qu'une espérance, la réduction des heures de travail avait été en mars un bienfait très réel. En septembre une nouvelle loi, sans revenir sur le principe de la limitation, fixera la journée à 12 heures (au lieu de 10 à Paris et 11 en province).

La démocratie continue.

Et pourtant il faut se garder de définir le gouvernement (ou l'époque) de Cavaignac par la seule réaction. Ce serait une vue trop parisienne, trop parlementaire, et — pour tout dire d'un mot — trop centrale des choses. Or nous savons que la province ne vit pas au même rythme.

Les responsables de l'administration départementale restent républicains. Modérés certes, c'est l'heure du quasi-monopole des gens du *National*, mais acquis au régime comme l'était Cavaignac lui-même. On en peut donner pour exemple le jeune commissaire de la République, puis préfet des Bouches-du-Rhône, Émile Ollivier. Il avait eu affaire, les 24 et 25 juin, à Marseille, à des sortes de « journées de Juin », émeute ouvrière contemporaine de celle de Paris mais non liée à elle, l'ignorant d'ailleurs, et due à des motifs moins profonds. Le sang avait coulé. Ollivier n'avait présidé à une répression assez modérée, qu'après avoir beaucoup fait pour l'apaisement, en sorte qu'il avait mécontenté tout le monde. Cavaignac aurait pu le révoquer sans rencontrer beaucoup d'objections. Or il se contenta de le déplacer, et Émile Ollivier sera jusqu'à la fin de l'année préfet de la Haute-Marne. Il y a donc bien un infléchissement antisocialiste de l'orientation du corps préfectoral, mais il n'est pas question d'épuration anti-républicaine.

Et surtout, au-delà des intentions et des hommes, le système politique mis en place en. février produit lentement ses effets.

Il était entendu depuis longtemps, et fort logique, que le suffrage universel serait appelé à renouveler les conseils généraux, d'arrondissement et municipaux élus jadis au suffrage censitaire (et parfois aussi, dans les villes, les commissions municipales désignées en mars par les commissaires de la République). Ces élections ont lieu en effet, en juillet et août, dans le calme. Avec ce deuxième usage du suffrage universel, le troisième avec le 4 juin — mais où l'on n'a pas voté partout —, le vote n'est plus la grande fête post-révolutionnaire d'avril, il n'est plus une exception solennelle, il devient une pratique d'habitude, une institution normale, une école. Et cela d'autant plus qu'il s'agit d'élire des notables de canton et des conseillers municipaux, des gens connus, des proches, à qui l'on est lié parfois d'amitié ou d'hostilité. Ici l'intérêt pour la chose publique va naître, là il va passer des formes anciennes de la manifestation tumultueuse à la lutte par les urnes, souvent il va s'organiser autour de leaders nouveaux. En bref, la démo-cratie commence son apprentissage, le seul qui vaille, celui de la pratique. Les restrictions spectaculaires mises à la propagation des thèmes républicains par les clubs et les journaux sont plus que compensées peut-être par cette propagation effective qu'est le suffrage universel entrant dans les mœurs.

Le même esprit de progrès, discret mais efficace, préside alors à la naissance... du timbre-poste. C'est en vain qu'avant la Révo-lution les novateurs réclamaient l'introduction du système anglais : taxe uniforme (c'est-à-dire proportionnée au seul poids de la lettre, mais non à la distance), modérée, payée par l'expéditeur (et non par le destinataire), et matérialisée par l'apposition d'un timbre. La loi du 24 août 1848 établit ce système en France, pour entrer en vigueur au 1er janvier 1849. Désormais le trafic postal va devenir très vite plus intense et d'usage plus populaire. Progrès économique, justice sociale, acculturation, trouveront également leur compte au petit timbre à 20 centimes.

L'éveil de la province.

Certes la vie de province, animée par le processus électoral, n'est pas bouleversée encore. Les notables dominent toujours la plupart des conseils départementaux et locaux ; bien des censi-taires sortants sont réélus. Il arrive même — régression apparente — que les maires bleus qu'avait soutenus la classe moyenne orléaniste soient évincés par des blancs plus influents sur le petit peuple et donc plus favorisés par le suffrage universel. Cette éducation, disons-le, n'aura d'effets qu'à terme.

Du moins commence-t-on à distinguer dans l'étendue de la province française, quelques régions déjà plus éveillées et dans lesquelles le renouvellement des mairies par le suffrage de tous a été plus fréquent et souvent favorable à des républicains, parfois même avancés. C'est notamment le cas dans certains départements du Midi et, plus rarement, du Centre.

La différenciation régionale de l'opinion, et peut-être même des structures de la politique, qui sera patente en mai 1849 (et que nous présenterons alors avec plus de détails) est déjà perceptible.

Ainsi, répétons-le, un éveil populaire se fait en province à la faveur des formes toutes neuves que prend la vie publique, au moment même, où, à Paris, le prolétariat aurait quelque raison d'en être déçu. Et c'est la raison pour laquelle la répression de juin, vrai coup d'assommoir pour Paris, est fort loin d'avoir été semblablement ressentie en province.

Il fallait alors une conscience révolutionnaire rare pour se sentir frappé avec les ouvriers de la capitale. Pour la masse des provinciaux, même gens du peuple et même démocrates, Paris était à part, Paris était isolé, Paris peut-être avait eu tort, en tout cas Paris était loin. La répression elle-même, qu'était-ce pour nos paysans, à une époque où il n'y avait pas de police mobile spécialisée (sauf à Paris), où les troupes de ligne et les gardes nationales soldées n'existaient guère que dans les grands chefs-lieux, et où les transports encore bien lents laissaient tout cela à des heures, parfois à des jours de distance? La répression pour un villageois c'était les procès-verbaux du maire, du garde champêtre, ou l'arrivée des cinq ou six gendarmes de la brigade du canton. Il n'y avait pas de quoi impressionner une foule, au départ, même si, dans les cas graves, la force publique finissait, sur le tard, par venir et sévir. Et c'est pourquoi, en dépit de Juin, nos campagnes paraissent rien moins que terrorisées.

On le vit bien à l'automne, où l'ordre ne régna pas toujours. Menus conflits locaux intéressant les paysans, griefs de citadins contre l'octroi, grèves ouvrières ici ou là continuèrent à former la trame de la vie locale, et l'on vit même, de juin à octobre, dans les régions lointaines et pauvres du Massif central et du Midi, de la Creuse (Guéret) aux Basses-Alpes quelques véritables émeutes contre la perception des 45 centimes.

Rien de cela n'est bien grave sans doute, ou bien, lorsque cela est grave, cela n'est guère fréquent. L'important est de se représenter, en ce deuxième versant de l'année 1848, à côté d'un Paris traumatisé, une province non remuante certes mais animée.

La Constitution.

A l'échelle nationale, cependant, la grande affaire est la Constitution.

Principal objet, et même raison d'être, de l'Assemblée nationale constituante, elle était en chantier depuis mai; un comité composé de représentants de toute tendance, gens du *National* avec notamment Marrast et Cormenin, républicains du lendemain tels O. Barrot et Tocqueville, socialistes même comme Corbon et Considérant, y travaillait depuis lors, et continua sa tâche tout l'été. La discussion en séance plénière peut commencer le 4 septembre et dure jusqu'à la fin d'octobre en première lecture, un débat en seconde lecture, inauguré le 31 octobre, peut aboutir au vote définitif le 4 novembre.

L'Assemblée, pour bâtir une République, ne pouvait guère avoir que deux modèles : la tradition révolutionnaire française, et l'expérience contemporaine, stable et vivace, de la démocratie américaine. Elle utilisa en effet l'une et l'autre.

De la première Révolution française vient la présence, avant l'exposé des dispositions constitutionnelles proprement dites, d'un préambule en huit articles, à référence métaphysique et morale. On y lit notamment :

« En présence de Dieu et au nom du Peuple français, l'Assemblée nationale proclame :

I. La France s'est constituée en République. En adoptant cette forme définitive de gouvernement, elle s'est proposé pour but de marcher plus librement dans la voie du progrès et de la civilisation, d'assumer une répartition de plus en plus équitable des charges et des avantages de la société, d'augmenter l'aisance de chacun par la réduction graduée des dépenses publiques et des impôts, et de faire parvenir tous les citoyens, sans nouvelle commotion, par l'action successive et constante des institutions et des lois, à un degré toujours plus élevé de moralité, de lumière et de bien-être.

II. La République française est démocratique, une et indivisible.

IV. Elle a pour principe la Liberté, l'Égalité et la Fraternité. Elle a pour base la Famille, le Travail, la Propriété, l'Ordre public.

. . .

. . . »

Dans le dispositif politique, le principal apport de la tradition révolutionnaire était le monocamérisme. Certes l'Amérique avait deux chambres, mais le Sénat s'y justifie par la structure confédérale de l'Union. En France, et même en Europe, une chambre haute avait alors toujours été établie pour surveiller ou freiner la chambre basse issue du vote populaire. On n'en voulut donc pas et l'on s'en tint à une seule Assemblée nationale législative, de 750 membres (comme celle de 1791-1792).

Au reste, cette Assemblée ne serait que législative, et l'exécutif appartiendrait à un président de la République, chef d'État et chef de gouvernement tout ensemble, et directement élu par le suffrage universel. Ici était — on le voit — l'emprunt décisif au système américain.

N'entreprenons pas ici de décrire l'ensemble de la Constitution, ce qui serait fastidieux. Nous retrouverons le moment venu les dispositions qu'il convient d'en connaître. Arrêtons-nous seulement sur celles qui donnèrent lieu aux débats principaux.

Un problème philosophique.

La première est relative au préambule. Fallait-il y inscrire le droit au travail, formule qui dans l'esprit de chacun à l'époque impliquait le socialisme en exigeant que la société organisât la production pour y assurer une place à tous? On ne le voulut pas. La formule retenue (article VIII du préambule) dit seulement que la République doit « par une assistance fraternelle, assurer l'existence des citoyens nécessiteux, soit en leur procurant du travail dans la limite de ses ressources, soit en donnant, à défaut de la famille, des secours à ceux qui sont hors d'état de travailler ».

L'extrême-gauche lutta passionnément pour le droit au travail, en défendant l'amendement Mathieu (de la Drôme). Celui-ci fut rejeté par 596 voix contre 187.

Un problème politique.

Le deuxième grand débat fut moins philosophique; il porta sur le principe même d'une élection du président par le peuple, et fut déterminé en bonne partie par l'idée qu'on pouvait déjà se faire des premiers candidats à ce poste. Le premier élu des masses ne serait-il pas un aspirant à la monarchie porteur d'un nom bien connu, un Bonaparte par exemple? La République aurait plutôt besoin, pour se consolider, d'une sorte de Washington français, capable de sortir fidèlement de charge à l'expiration de son mandat. Cavaignac, de toute évidence, aurait cette vertu. Ses amis, et les républicains les plus purs et égalitaires, soutinrent un amendement Grévy qui supprimait en fait la magistrature présidentielle. Lamartine, qui n'aimait pas Cavaignac, et qui se croyait lui-même plus populaire qu'il n'était, joignit cette fois sa voix à la droite et réussit à rallier tous les hésitants et indécis. Par 643 voix contre 158, l'élection du président par le peuple fut maintenue. Comme précaution républicaine, on se contenta de stipuler la non-rééligibilité du président, et de prévoir une procédure défensive et répressive (article 68) pour le cas où il perpétrerait un coup d'État.

Les grands problèmes réglés, l'Assemblée retrouve, pour un vote global symbolique, une unanimité presque aussi complète qu'à son premier jour : la Constitution obtient le 4 novembre 739 voix favorables, contre 30. La promulgation solennelle aura lieu le 21.

A cette date la campagne pour l'élection présidentielle était en fait commencée.

L'élection présidentielle. Candidatures.

Nul ne doutait que Cavaignac, soutenu par tout le « parti » du *National*, servi par sa notoriété et sa réputation de désintéressement, favorisé par sa présence à la tête de l'État, serait candidat. On savait aussi que Louis-Napoléon Bonaparte se présenterait. A l'occasion de nouvelles élections partielles survenues à la mi-septembre, il avait retrouvé facilement un mandat de représentant, et, cette fois, consenti à quitter Londres pour se fixer à Paris et siéger effectivement. Il avait consenti aussi à bredouiller à la tribune qu'il ne serait pas un « prétendant ». Allait-on vers une élection-duel?

Beaucoup de choses dépendraient des forces de droite, conservateurs libéraux ou catholiques, qui n'avaient jamais accepté la République que du bout des lèvres, et qui, depuis l'été, se regroupaient ouvertement, du moins à l'échelle parlementaire et parisienne. Au comité dit de la rue de Poitiers (du nom de son siège), les nostalgiques des anciennes monarchies, faisant taire leurs rivalités, Thiers, Molé, Berryer, O. Barrot, arrêtèrent une politique commune. Leur poids dans le pays, par l'Église ou par les notables, était considérable. Toutefois c'était une influence indirecte, diffuse, sociale, anonyme; aucun d'eux ne se sentait capable de la capitaliser sur sa personne et son visage. Faut-il rappeler qu'il n'y avait pas de « communications de masse » comme en notre siècle, que pour populariser une voix d'homme dans les campagnes il aurait fallu des mois de voyage, et, pour populariser un visage par la lithographie et le colportage, des mois de multiples cheminements? Bref, il n'était pas question de lancer aussi vite une publicité pour M. Thiers, et la rue de Poitiers devrait faire voter pour Bonaparte ou pour Cavaignac. Cavaignac chercha à amadouer la droite. En octobre, une petite crise ministérielle lui fournit l'occasion de faire entrer dans son gouvernement deux orléanistes, Dufaure et Vivien; le mois suivant, il offrit publiquement l'hospitalité de la France au pape chassé de Rome par la Révolution. Mais il était trop puritain pour aller jusqu'au terme de cet opportunisme, et il refusa de s'engager auprès des conservateurs exroyalistes aussi complètement que ceux-ci le voulaient. Bonaparte au contraire ayant promis tout ce que Thiers demandait, et paraissant un être médiocre et bonasse, qu'il serait aisé de manœuvrer des coulisses, la rue de Poitiers fit de lui son candidat.

Cavaignac tentait de consolider son prestige. Mais sa majorité à l'Assemblée eut beau accepter la levée de l'état de siège, puis décréter solennellement qu'il avait « bien mérité de la Patrie », le chef de l'exécutif était allé trop loin vers la droite pour ne pas perdre à gauche quelques amitiés. Et, bien entendu, il ne pouvait, depuis les journées de Juin, que rencontrer l'hostilité des amis de la classe ouvrière et du socialisme. L'intransigeance républicaine et l'aspiration humanitaire se trouvaient ainsi dans le même camp. Ledru-Rollin surgit pour jouer cette carte, celle d'une opposition de gauche qui serait, politiquement, démocrate sans concessions, et socialement ouverte à un certain réformisme. Il ne faisait d'ailleurs que retrouver ainsi l'esprit de *la Réforme* d'avant 1848, et sans doute sa tendance personnelle la plus profonde. Il n'était pas le seul à retrouver ce besoin de défense républicaine et d'unité populaire. En de nombreuses villes, des banquets politiques avaient eu lieu autour du 21 septembre pour commémorer la proclamation de la première République de 1792 ; ce mouvement d'opinion soutenait les luttes de l'extrême-gauche à l'Assemblée dans le débat constitutionnel que nous évoquions tout à l'heure ; en novembre, quelques dizaines de représentants de ce courant s'unirent pour publier un manifeste où ils se baptisaient eux-mêmes le parti de « la Montagne » pour prolonger par ce nom significatif l'esprit de Robespierre et de *l'Ami du peuple*. De façon plus concrète, Ledru-Rollin tenta avec quelques amis d'organiser toutes ces forces dans une association dite « La Solidarité républicaine ». Celle-ci n'eut qu'une existence éphémère, tombant sous le coup de la loi sur les clubs. Elle n'en créait pas moins le premier élément d'une longue série qui allait traverser jusqu'à nos jours l'histoire nationale, jusqu'aux Bloc, Cartel, Front populaire et au-delà, celle des regroupements qui unissent les plus hardis des républicains « bourgeois » aux plus modérés des partisans du socialisme. Bien entendu, il se trouve dès ce moment-là (inaugurant une non moins vivace tradition) tout un autre courant socialiste, intransigeant, révolutionnaire, guesdiste ou gauchiste avant la lettre si l'on veut, pour refuser cette alliance. Il se recrutait surtout parmi les anciens partisans de Cabet, les « icariens », ou les anciens des sociétés secrètes les plus égalitaires, bref parmi ceux que l'on disait plutôt « communistes » que « socialistes ». Il décide de se compter sur le nom de Raspail.

Une fois que Lamartine eut laissé lancer le sien (n'avait-il pas été un peu plébiscité le 23 avril ?) et qu'une poignée de légitimistes intransigeants eut avancé celui du général Changarnier, la liste des candidats fut complète.

La campagne fut calme, essentiellement faite par voie de presse, ce qui laissait présager la victoire de Cavaignac, qui était soutenu par le plus grand nombre d'organes.

Résultats.

La victoire écrasante de Bonaparte, au vote du 10 décembre, dont on connut le résultat le 20, fut une surprise : plus de 5 400 000 voix, contre 1 400 000 à Cavaignac, moins de 400 000 à Ledru-Rollin, 37 000 à Raspail, 8 000 à Lamartine, moins encore à Changarnier.

Il est difficile d'interpréter le raz de marée bonapartiste en termes de classe. Vote paysan? étant donné la majorité obtenue et la composition de la société française d'alors, une large corrélation n'est pas douteuse entre vote bonapartiste et vote rural. Mais faut-il y voir surtout les paysans conservateurs, entraînés par les notables, votant pour l'ordre, comme la rue de Poitiers, ou des paysans confusément protestataires, votant, parce que pauvres, contre un Cavaignac chef et symbole du pouvoir? Il y eut des deux sans doute et il faudrait (nous y reviendrons) distinguer entre les régions. Pour l'immédiat, on fut surtout sensible à la surprise. Ce que nous appellerions aujourd'hui la « classe politique » (grande majorité des représentants et des journalistes, comités de toute nuance allant des amis de Marrast à ceux de Blanqui, gens instruits, citadins, ouvriers militants...) avait été largement battue par un mouvement d'opinion irrationnel : ni programme défini, ni homme vraiment connu, mais une légende accrochée à un nom.

Pendant plusieurs décades désormais les libéraux et les républicains de toutes nuances prendront le bonapartisme (au sens strict ou — après 1880 — au sens large du mot) comme le test et la mesure de l'analphabétisme politique, et peut-être est-ce en définitive le moins contestable des diagnostics. Mais nous retrouverons ce problème.

*Suffrages obtenus par Cavaignac
à l'élection du 10 décembre 1848*

■ plus de 45 % des suffrages exprimés

▨ de 20 à 44 %   ☐ moins de 20 %

Le caractère périphérique des voix données à Cavaignac, c'est-à-dire refusées au bonapartisme, est frappant. Il triomphe en Basse-Provence et en Haute-Bretagne et il a de bonnes minorités dans presque tous les pays frontaliers ou bilingues (à la seule exception du Pays Basque). Il est difficile de dire si c'est ou non une simple coïncidence. Sans doute vaut-il mieux voir cas par cas les situations locales (cf. Tudesq, op. cit.). En tout cas, le caractère transitoire de cette géographie électorale est certain. Cavaignac, absolument typique de la mentalité « bleue » (centre gauche), recueille des suffrages dans des régions dont beaucoup vont se classer très vite du côté blanc ou du côté rouge.

D'après A. J. Tudesq, *l'Élection présidentielle*,
p. 252. (Biblio. nº 42.)

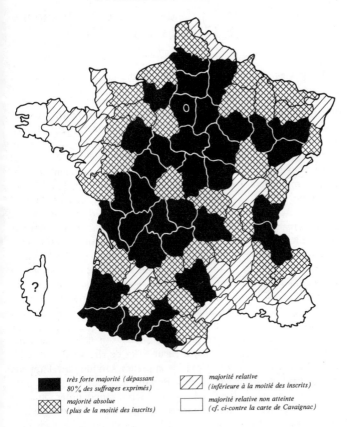

Suffrages obtenus par L. N. Bonaparte
à l'élection du 10 décembre 1848

très forte majorité (dépassant
80% des suffrages exprimés)

majorité absolue
(plus de la moitié des inscrits)

majorité relative
(inférieure à la moitié des inscrits)

majorité relative non atteinte
(cf. ci-contre la carte de Cavaignac)

D'après A. J. Tudesq. *Ibid.*

3. Les débuts de la présidence de L.N. Bonaparte (20 décembre 1848 - 13 juin 1849)

Le serment.

Le 20 décembre 1848 commence donc la phase de fonctionnement régulier de la seconde République, puisqu'un exécutif conforme à la Constitution se met en place. Son titulaire, Louis-Napoléon Bonaparte, neveu de l'empereur, devient le principal personnage de cette histoire. Avec d'abord quelque discrétion; aussi nous réservons-nous de le présenter plus complètement lorsqu'il commencera à jouer un jeu politique personnel. Un élément pourtant, et même l'élément principal, de son portrait moral est déjà présent : cet homme qui s'est toujours donné, en parole et en acte, comme l'héritier d'un Empire, se plie à la cérémonie solennelle du serment, et jure fidélité à une Constitution formellement contraire à son « destin ». La scène se passe au sein de l'Assemblée constituante et Victor Hugo nous en a laissé le récit et l'atmosphère[1] : les représentants, troublés, ne savent trop s'ils enregistrent là une conversion ou un parjure. Ils applaudissent peu le nouveau président, préférant acclamer Cavaignac, qui dépose dignement le pouvoir, et crier à nouveau « Vive la République ». Lamartine est absent, s'épargnant un affront : quand son nombre de voix, dérisoire, a été proclamé, il y a eu un éclat de rire vengeur sur les bancs de la droite. Marrast préside la séance. On note qu'il appelle au serment « le citoyen Louis Bonaparte »... mais huit jours plus tard, invité à dîner à l'Élysée, Victor Hugo notera que ce citoyen-président est appelé par ses commensaux « Monseigneur », et parfois « Votre Altesse ». Tant les rites républicains sont déjà en discordance avec les mœurs de la société redevenue dominante.

---

1. Voir Biblio. n° 28, p. 139 et 143.

Le nouveau cours politique.

Peu de jours après cependant, l'évidence politique qui s'impose est moins l'accession d'un nouveau personnage que la victoire globale de la rue de Poitiers : le président forme un ministère d'anciens notables royalistes, présidé par Odilon Barrot, et dont la figure la plus remarquée est le comte de Falloux, au ministère de l'Instruction publique et des Cultes.

C'est de là, beaucoup plus que de Juin et de Cavaignac, que date le véritable tournant du régime. Depuis Février, c'est la première fois qu'est formé un ministère sans républicains; sa composition s'accentue encore vers la droite lorsqu'après quelques jours de travail seulement un conflit de compétence avec le président amène le remplacement, à l'Intérieur, du libéral Malleville par Léon Faucher, qui allait être le ministre autoritaire et répressif de l'été 1849.

Ce nouveau cours a ses répercussions dans le pays, par le biais de profonds changements dans le personnel préfectoral. On peut tenir pour symbolique qu'un jeune fonctionnaire, le baron Haussmann, bonapartiste de cœur et de tradition familiale, qui avait été sous-préfet sous Louis-Philippe, et que la République avait laissé un an sans poste d'autorité, reçoive en janvier 1849 sa première préfecture. A l'inverse, le jeune Émile Ollivier, que Cavaignac s'était contenté de muter de Marseille à Chaumont, est privé à la même date de toute fonction. On est bel et bien passé de la réaction antisocialiste à la réaction antirépublicaine.

Résistance et fin de la Constituante.

Cette évidence radicalise l'Assemblée constituante, où les républicains étaient largement majoritaires, comme on sait. Avant même le 10 décembre, la conjonction électorale entre Bonaparte et les leaders des anciens partis royalistes était apparue menaçante : en réaction contre ce danger, les plus modérés même des républicains de la veille, les amis de Marrast, Marie, Cavaignac avaient retrouvé des âmes populaires. Deux votes importants l'avaient montré.

L'un accordait aux paysans une satisfaction économique de tout temps réclamée en allégeant l'impôt indirect sur le sel et sur les boissons.

L'autre visait à consolider une législation d'esprit républicain en décidant que l'Assemblée ne se séparerait qu'après avoir voté un ensemble de dix « lois organiques » pour mettre en harmonie diverses institutions françaises avec la nouvelle Constitution. C'était une interprétation extensive de sa mission constituante. On pouvait le plaider, comme le contester. On en vit surtout l'aspect politique : les gens du *National* voulaient s'accrocher au Palais-Bourbon pour retarder les élections de la nouvelle Législative, qui, dans l'élan du vote de décembre, risquait d'être acquise à la réaction royaliste.

Les premières semaines de 1849 sont donc marquées par la lutte du gouvernement et de l'aile droite de la Constituante pour obtenir que celle-ci accepte d'abréger son mandat (proposition Rateau). Lutte confuse, avec des aspects d'intimidation, des remuements d'armes dans Paris sous un vague prétexte d'émeutes (29 janvier). Finalement la Constituante cédera, réduira son grand programme de législation, pour qu'on puisse voter au printemps.

L'élection législative du 13 mai. Partis en présence.

Les élections du 13 mai 1849 vont donc mettre en place la deuxième grande pièce du système constitutionnel, une Assemblée législative, unique, élue pour trois ans au suffrage universel. Le nombre de représentants est réduit à 750, mais la loi électorale est inchangée.

Ce qui, en revanche, est entièrement nouveau par rapport au vote d'avril 1848, c'est l'évidence de la polarisation politique. C'en est fini de l'euphorie conciliatrice, ou des incertitudes réelles, qui au début de la République avaient, dans un grand nombre de départements, fait élire sur la même liste et par les mêmes électeurs des républicains chaleureux mais mal définis, à qui l'avenir seul allait peu à peu révéler leur tendance. Après un an de luttes chacun sait maintenant quels antagonismes de programmes recouvrent l'unité du drapeau tricolore et l'anonymat du régime.

L'unité du drapeau... C'est l'époque précisément où chacune

de ces couleurs devient, dans le langage courant, un emblème commode de parti.

Ceux qui ne veulent pas concevoir la République sans souci du mieux-être populaire, qu'ils soient « communistes » comme Raspail, « socialistes » comme Pierre Leroux ou Louis Blanc ou vaguement humanitaires comme Ledru-Rollin, sont uniformément et outrancièrement tenus pour révolutionnaires par leurs adversaires; on les affuble du terme de *rouges*. Mais assez vite, comme il arrive souvent, ce sobriquet reçu du dehors comme injurieux est accepté et assumé par les intéressés à qui le drapeau rouge et le bonnet rouge étaient déjà associés. Les rouges se disent donc rouges, et aussi montagnards, et aussi, officiellement, partisans de la « République démocratique et sociale ». L'argot du temps abrégera en « démoc-soc », ou encore simplifiera en « socialiste », en élargissant l'acception. Dans la pratique, tous ces termes sont désormais équivalents.

Les rouges rendent la politesse en traitant uniformément, et aussi outrancièrement, tous les conservateurs de « blancs », ou de « royalistes ». « Blanc » ne conviendrait en toute rigueur qu'aux anciens légitimistes. En fait le parti légitimiste, qui bien souvent s'identifie au parti clérical, ne se bat pas sous son drapeau mais sous celui de l'ordre. De plus en plus on appelle parti de l'ordre la coalition conservatrice, d'origine diverse, nouée dans le comité de la rue de Poitiers, et dans laquelle les partisans de Louis-Philippe et ceux d'Henri V oublient leurs querelles. Le parti de l'ordre est en vérité une coalition de « blancs » et de « bleus ».

Mais qu'est-ce qu'un « bleu »? Le mot avait été employé pendant les luttes de la première Révolution, face à l'Ouest chouan. Un bleu est un homme qui accepte la philosophie politique de 1789 (ce qui l'oppose au blanc) mais en refusant de dépasser la liberté dans le socialisme (ce qui l'oppose au rouge). Le mot conviendrait donc en vérité aussi bien à Louis-Bonaparte qu'à Thiers ou à Cavaignac.

Résultats. Révélation d'un socialisme rural.

Or en ces moments d'irruption, dans les faits et dans les esprits, de la lutte des classes (nous en reparlerons dans le prochain chapitre), la philosophie abstraite du pur libéralisme ne dispense pas de choisir. On va voir encore quelques républicains avancés rejoindre les rouges, la plupart des orléanistes et des bonapartistes rejoindre les blancs dans le parti de l'ordre, — et très rares seront dans le pays les républicains modérés désireux de tenir une ligne médiane entre les deux refus du socialisme et de la réaction. L'Assemblée législative sort donc des urnes avec des partis bien tranchés. La victoire du parti de l'ordre, l'écrasement du parti du *National*, reproduisent en somme la victoire de Bonaparte sur Cavaignac en décembre 1848. On compte désormais près de 500 conservateurs, pour une centaine à peine de républicains du *National*. C'est à peu près l'inverse des proportions qu'en comptait l'assemblée sortante. A l'extrême gauche, un bloc de quelque 200 montagnards (plus de 200 dans certains votes, car les groupes n'étaient tout de même pas aussi fixes ni tranchés qu'aujourd'hui et il subsistait quelques franges d'indécis), ce qui, au total, n'était pas plus que dans la Constituante, et restait très minoritaire.

Cette Montagne cependant épouvanta. D'abord on retint que ces rouges avaient été élus non point par surprise, dans l'euphorie d'avril 1848, mais, si l'on peut dire, consciemment, après un an d'expérience et de lutte, malgré juin, et malgré décembre. Et puis, surtout, on nota qu'ils ne venaient pas d'un peu partout mais d'un certain nombre de départements où un électorat les avait choisis en connaissance de cause, et que cet électorat était pour une part paysan. Les rouges représentent les quartiers ouvriers de Paris ou de Lyon, soit, mais aussi le Cher et l'Allier, la Dordogne et le Lot-et-Garonne, le Var et les Basses-Alpes, et l'on en passe.

Nous reviendrons sur cette géographie de l'opinion, sur cette révélation du tempérament politique de nos régions françaises. On sait qu'elle était, précisément, révélatrice, et donc appelée à une stabilité réelle, au point que de nos jours encore il n'est pas rare que les commentateurs politiques se plaisent à retrouver dans la carte des extrêmes-gauche récentes un certain air de famille avec la célèbre carte de mai 1849.

N'oublions pas cependant que, sur le moment, on ne connaissait pas... la suite. On ignorait que cette géographie de la province rouge serait à peu près stable, ou d'évolution lente, et en tout cas minoritaire, pour quelques décennies encore. On fut sensible à la nouveauté, au succès relatif (après tout, il y avait eu plus de suffrages démoc-soc en mai 1849 que Ledru-Rollin et Raspail réunis n'avaient eu de voix en décembre), on crut que c'était un début, et que, puisque le socialisme avait réussi à déborder au-delà des faubourgs des villes pour séduire des électeurs paysans, il avait fait le plus difficile, et qu'un nombre indéfini d'autres paysans pourraient suivre. L'idée n'était venue encore à personne qu'un paysan du Var pouvait être mentalement plus près d'un ouvrier que d'un paysan de la Mayenne. On pensait paysan en bloc, et à la pensée que les millions de paysans français pouvaient être des rouges en puissance, l'on frémissait — de peur ou d'espérance, selon le cas. Si l'on ajoute que la Constitution avait aussi donné le droit de vote et d'éligibilité aux militaires sous les drapeaux, et que les « rouges » en tiraient déjà quelques succès[1], on s'explique que l'élection de mai 1849 ait été, par un apparent paradoxe, sentie comme une victoire par les amis de Ledru-Rollin et comme une inquiétude par les conservateurs.

L'expédition de Rome.

A la fin du mois, la Législative tient sa première séance. Elle porte à sa présidence un homme du parti de l'ordre, venu tout droit du personnel politique orléaniste, Dupin. Mais elle est très vite accaparée par un grave problème de politique extérieure.

Sous l'autorité de la Commission exécutive, puis de Cavaignac, Bastide avait gardé la direction de la politique étrangère; accentuant encore la tendance donnée par Lamartine, il avait consacré ses efforts au secteur italien. Conjointement avec l'Angleterre libérale (Palmerston), la France avait d'ailleurs réussi à atténuer par un projet de médiation, la défaite infligée par l'Autriche au Piémont du roi Charles-Albert.

Mais dans les États pontificaux l'affaire était plus compliquée.

1. Les sergents Boichot et Rattier, présentés à l'élection par un comité de sous-officiers, étaient élus dans la Seine et siégeaient à la Montagne. Bientôt Pierre Dupont écrira, dans le *Chant des soldats*: « Baïonnettes intelligentes — Faisons à l'idée un rempart!... »

Le pape Pie IX, avons-nous dit, avait été chassé de Rome par une révolution nationale et démocratique, dont l'appartenance spirituelle à l'esprit de 1848 n'était pas douteuse. On y voyait le célèbre Mazzini, et Garibaldi, qui ne l'était pas encore. Cavaignac avait offert d'héberger le pape (qui avait d'ailleurs préféré l'hospitalité plus voisine et plus classiquement réactionnaire du roi de Naples), mais ne pouvait guère aller plus loin. Au reste l'Autriche, aux prises avec la révolte hongroise et la deuxième guerre piémontaise n'était pas encore menaçante. Tout change lorsqu'en mars le Piémont est à nouveau défait. A cette date, Louis-Bonaparte a remplacé Cavaignac, et Drouyn de Lhuys Bastide. Bonaparte comme il arrive parfois, est moins réactionnaire en politique extérieure qu'à l'intérieur. A la mi-avril, la décision prise d'envoyer un corps expéditionnaire en Italie a une visée toute traditionnelle et nationale : empêcher par avance une restauration par l'Autriche. Conjointement une mission diplomatique (Lesseps) s'efforce de faire aboutir à Rome un compromis acceptable entre le pape et les républicains.

Mais la mission Lesseps échoue, et surtout en mai la victoire de la droite française aux élections amène Bonaparte à infléchir sa politique en faveur du parti de l'ordre, c'est-à-dire du pouvoir temporel du pape.

Dès lors, la présence française aux portes de Rome change de sens, Lesseps est rappelé, le général Oudinot reçoit de nouvelles instructions, et finalement la bataille s'engage : l'armée française attaque Rome ; encore peu de jours, et elle en chassera les patriotes mazziniens, en rouvrant les portes au pape, c'est-à-dire politiquement, à terme, au pouvoir temporel anachronique des cardinaux.

Le 13 juin 1849.

C'était bel et bien contraire à la Constitution française en vigueur qui comportait (art. V du préambule) les phrases suivantes : « (La République) respecte les nationalités étrangères comme elle entend faire respecter la sienne ; n'entreprend aucune guerre dans des vues de conquête, et n'emploie jamais ses forces contre la liberté d'aucun peuple. »

Cette belle déclaration étant dans le préambule, et non dans les dispositions positives, il y avait manquement à l'esprit de la Constitution plutôt que forfaiture caractérisée. Mais peu importe. La Montagne seule maintenant était en accord avec l'esprit de la Constitution, majorité et gouvernement lui tournaient bien le dos. Ledru-Rollin dénonce à la tribune l'expédition de Rome et propose la mise en accusation des ministres; elle est repoussée.

Le leader montagnard songe alors à faire appuyer la protestation de la gauche par une démonstration de rue. Il est entendu que « le peuple de Paris », derrière les élus démocrates, défilera pacifiquement pour inciter l'Assemblée et le pouvoir à respecter la Constitution. Rendez-vous est pris le 13 juin sur les boulevards. Avait-on envisagé, en cas de rassemblement massif, de déboucher sur une épreuve de force matérielle? Ce qui est certain c'est que le rassemblement ne fut pas massif, que Ledru-Rollin et ses amis hésitèrent entre des velléités diverses, et qu'ils furent très promptement coupés, isolés et pourchassés par l'armée.

Plusieurs représentants furent arrêtés, Ledru-Rollin lui-même réussit à temps à se cacher, avant de gagner Londres clandestinement, pour un exil de plus de vingt ans. Le leader de la Montagne n'était plus que leader de la proscription.

On a beaucoup dit qu'il était quelque peu naïf, pour un homme qui avait freiné la révolution populaire en avril 1848, et assisté passif au massacre du peuple de juin 1848, de prétendre si vite entraîner les survivants des ouvriers parisiens à combattre derrière lui. Il se peut. Il faut songer aussi qu'en tout temps l'on mobilise moins aisément les masses pour un peuple étranger, ou pour un principe violé, que pour leur propre survie.

Un échec limité.

Mais il est remarquable que si Paris, traumatisé par juin 1848, ne s'est pas battu, la province a été en quelques endroits plus sensible que lui. Dans l'Allier, dans le Rhône, il y eut des rassemblements protestataires. Et à Lyon surtout, la grande ville ouvrière où — nous le savons — la tension était souvent plus grande, le conflit des classes plus direct et nu qu'à Paris même, la Croix-Rousse a élevé des barricades; c'était, il est vrai, sur la nouvelle (fausse) que Paris était soulevé (ce malentendu, provoqué ou non, rééditait entre les deux villes, mais en sens inverse, celui d'avril 1834). La répression y fut rude : l'armée fit donner le canon contre les barricades, et il y eut des dizaines de morts, des arrestations par centaines.

Et pourtant, on peut le dire après juin 1849 comme après juin 1848 : il faut se garder de surestimer l'effet produit par ce « matraquage » des grandes villes. Ce sont des faits isolés, lointains. Paris et Lyon sont matés, les grands hommes de la démocratie sociale sont en exil, la réaction est au pouvoir, le temps des manifestations est fini, soit — mais on a le Droit pour soi, on possède le suffrage universel, grâce auquel le peuple travailleur commence à s'éveiller au sentiment de sa pacifique puissance ; en dépit de tout, en ce deuxième été de République, les militants sont optimistes.

4

Ordre ou démocratie sociale :
la France devant le grand débat

Ainsi donc, au moment où l'échec sans gloire de la journée du 13 juin fait entrer le régime dans une période de fonctionnement régulier, et de luttes toutes idéologiques et parlementaires, l'opinion apparaît profondément divisée; deux grandes tendances la sollicitent, le « parti de l'ordre », et celui de la démocratie sociale. On ne saurait dire encore qu'il s'agit de deux conceptions de la République, l'une conservatrice et l'autre progressiste. Il est trop clair qu'à cette date les démoc-socs sont les seuls vrais partisans de la République, et que, du côté de l'ordre, l'acceptation formelle du régime ne fait que couvrir provisoirement l'intérêt commun immédiat des partisans de deux ou trois monarchies possibles. Et certes il n'est pas sans intérêt pour l'avenir que l'idée de République commence à se lier aussi intimement avec celle de progrès humanitaire et social. Mais, pour le présent, la nature juridique du régime n'étant pas officiellement mise en cause, le débat est à la fois plus et moins élevé. Moins élevé parce que les partis s'affrontent — comme il est naturel — sur chaque loi proposée, et sur chaque action de l'exécutif. Plus élevé cependant parce que les actes et les propos de chaque camp révèlent toute une philosophie de la société et de l'homme. Faut-il conserver l'ordre tel que l'ont établi des siècles de tradition chrétienne, et que l'a *en dernier lieu* amendé la philosophie libérale de 1789? Ou faut-il le faire évoluer en fonction de besoins nouveaux, et en prenant au contraire la philosophie de 1789 comme un exemple et un *point de départ*? Et, plus profondément, faut-il s'en tenir à une prudence empirique, fondée sur une vue pessimiste de l'homme, ou aller de l'avant, en adaptant au siècle présent l'optimisme des Lumières?

Débat permanent, sans doute, puisque c'est — au fond — celui
de la droite et de la gauche. Nous n'en verrons ici — cela va
sans dire — que les termes d'époque. Mais ces années 1849, 1850
et 1851 ne sont pas seulement caractérisées par certaines façons
bien datées de percevoir et d'énoncer les problèmes, elles sont
remarquables aussi pour l'acuité exceptionnelle des discussions.
L'intensité de la crise morale d'alors est du même ordre que celle
que l'on atteindra en 1871, en 1898 ou en 1936.

A cela, il y a quelques raisons proprement idéologiques, que
nous essaierons de faire apparaître dans un instant. Mais peut-être
y a-t-il aussi cet autre facteur d'aggravation : le pays semble
installé dans une crise économique et sociale perpétuelle.

1. Les conditions économiques en 1849-1850

Une reprise limitée.

Certes on peut tenir la crise commerciale et industrielle pour
résorbée. Les échanges ont repris, tant sur le marché intérieur
que dans les relations avec l'étranger. Cela a ranimé les fabrications
de biens de consommation, c'est-à-dire l'artisanat et la petite
et moyenne industrie. Mais la marche en avant par la création
et l'investissement, elle, n'a pas recommencé. Or nous savons
par l'expérience — *a contrario* — des premières années du second
Empire, combien la reprise des grands chantiers de travaux
publics et notamment les constructions de chemin de fer seront
décisives pour « entraîner » la métallurgie, l'industrie lourde, et
de proche en proche, toute la machine économique. Reste à se
demander pourquoi précisément cette reprise n'eut pas lieu dès
1849, et le problème n'est pas simple. On est tenté de répondre
encore une fois en prenant le négatif de ce qui se passera en 1852
il « fallait » que notre système de crédit soit rajeuni, modernisé
voire tout simplement créé, et pour cela qu'arrive aux affaires
une nouvelle génération de capitalistes, en gros l'équipe saint
simonienne. Et il fallait, plus généralement, que l'ensemble des

capitalistes soit incité à l'audace par la confiance en l'avenir politique et social. Ce seront précisément les deux « bienfaits » du coup d'État du 2 décembre, dans l'ordre économique.

Un capitalisme sans leaders et sans confiance.

Or, en 1849, 1850 et 1851, où en sont les saint-simoniens ? Les plus avancés dans la réussite sociale, les frères Pereire, sont encore en sous-ordre dans les entreprises Rothschild, et le chef de cette maison, le baron James, est trop lié à son passé orléaniste pour se sentir attiré par l'Élysée. A l'inverse, le chef spirituel de la « famille » saint-simonienne, Enfantin, est encore républicain, il continue par la voie de la presse à prêcher l'organisation du crédit, comme d'autres préconisaient naguère celle du travail, sans plus de prise sur le monde. Certains saint-simoniens, poussant à son ultime conséquence la visée humanitaire de la doctrine, sont allés jusqu'au socialisme ; l'un des plus représentatifs de cette gauche saint-simonienne, Fulcran Suchet, maire de Toulon en 1848, représentant du Var à la Législative, se trouve même en prison, pour avoir pris part à l'affaire du 13 juin 1849. Surtout, ne l'oublions pas, la critique du christianisme avait été une composante absolument essentielle de la doctrine ; tous les saint-simoniens en sont restés profondément anticléricaux, et ne sauraient donc se sentir à l'aise dans la France de 1850, où « l'ordre » qui règne paraît de plus en plus conforme aux vœux de l'Église catholique. L'idée qu'ils pourraient se faufiler au pouvoir à la faveur d'un revirement politique par lequel le président Bonaparte détacherait son jeu personnel de celui du parti de l'ordre, est donc encore fort loin de maturité.

Quant aux capitalistes en général, ils ne le prévoient pas davantage. Ne croyant guère à la durée de la République telle qu'elle est, mais balancés entre l'espoir d'un « bon » coup d'État et l'appréhension inspirée par les progrès de la Montagne dans l'opinion, ils ne sont sûrs que d'une chose : la perspective de nouveaux soubresauts. Nous y reviendrons.

Donc, la deuxième poussée de la révolution industrielle tarde à venir.

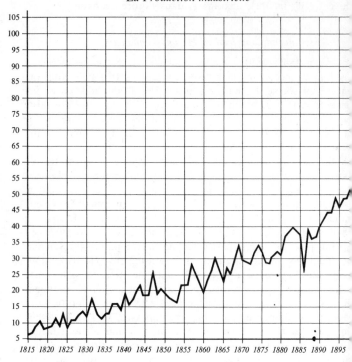

La Production industrielle

Indice du volume de la production industrielle 1815-1938 (Base 1938 = 100)
Indice simple : 1815-1859
Indice complexe : 1860-1884
Indice simple : 1875-1913

*Dans le temps long, la coïncidence est frappante entre les quatre années de
République et la longue dépression (à la fois conjoncturelle et psychologique) du
milieu du siècle, séparant les deux poussées de Révolution industrielle que Louis
Philippe et Napoléon III ont parrainées.*

Fragment du graphique, d'après T. J. Markovitch « Les cycles industriels
en France », dans *le Mouvement social*, nº 63 avril-juin 1968, p. 32.

Prix du froment

(Prix moyens mensuels de l'hectolitre
de froment en France de janvier 1844 à décembre 1851)

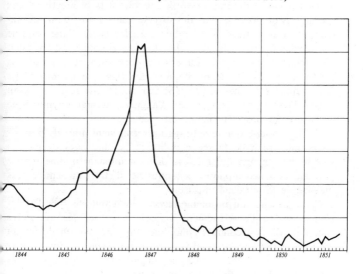

Sur cette courbe les deux contributions de la conjoncture céréalière à l'histoire
de la Seconde République : la poussée initiale de cherté et de disette, qui a
tendu à craquer les antagonismes sociaux, puis les bonnes récoltes et la dépres-
sion qui ont installé dans les campagnes un malaise de trois ans.

(d'après Labrousse « Panoramas de la crise »
dans Études XIX (Biblio nº 3) p. VIII-IX)

Une agriculture déprimée.

Mais il y a plus : la crise s'étend dans les campagnes, du fait de la dépression durable des prix agricoles à la production. Aux spécialistes de doser la part des diverses causes possibles : contagion de la stagnation économique globale? effets d'une certaine sous-consommation liée au climat psychologique qu'on vient d'évoquer? Conséquence d'une série de bonnes récoltes depuis 1848? ou malaise lié à une conjoncture plus que nationale? Le fait est que les denrées agricoles se vendent mal, le revenu paysan baisse, l'endettement du paysan s'aggrave, et, par l'hypothèque et l'usure, sa propriété même est menacée.

La paysannerie que le suffrage universel vient ainsi de pousser au premier plan de la scène politique est une paysannerie qui souffre, pis encore, qui est fort près, maintenant qu'une reprise partielle s'est accomplie dans l'industrie, d'être l'élément le plus menacé de la société française.

Cette présence du problème paysan est manifeste dans l'attention portée à l'enseignement agricole par tous les ministères successifs de la seconde République. Instauré par un décret du 30 octobre 1848, un original système à trois étages va fonctionner comportant une ferme-école par département, quelques écoles régionales à la fois théoriques et pratiques et, au sommet, l'Institut national agronomique. La ferme-école départementale, d'une conception souple et habile, n'était qu'une ferme appartenant à un riche propriétaire, épris d'agronomie, et qui faisait fonction de centre d'apprentissage moyennant paiement par l'État du prix de pension de ses apprentis. Si faible que soit encore la part de financement public dans ce système, les ouvriers n'en avaient pas autant.

En ces années de 1849, 1850, 1851, le problème paysan est donc bien décisif, et M. Philippe Vigier[1], tirant la conclusion de ses propres travaux en même temps que de toute une série d'autres thèses de l'école d'Ernest Labrousse, a eu raison d'y insister

---

1. Voir Biblio. nos 17 et 54.

fortement et d'inscrire ce thème au premier plan de l'historiographie de l'époque.

Au-delà des villes, où les jeux sont faits, c'est cette plèbe rurale inquiète que se disputent les partis.

2. La « Montagne »

Sa stratégie.

La « Montagne » engage ce combat pacifique avec optimisme. Nous l'avons dit, l'important était pour elle que la minorité de voix et de sièges qu'elle avait obtenue au 13 mai 1849 fût en augmentation par rapport aux suffrages de l'année 1848; et d'autre part que l'accueil fait à ses propagandistes permît d'espérer davantage encore en 1852. Ainsi s'explique, pour une part, ce qu'on pourrait appeler le « légalisme » des chefs du parti rouge. Certes le respect du droit était inhérent à leur philosophie politique — nous allons y revenir. Mais en outre ils avaient conscience que le temps travaillait pour eux, que la situation même de l'époque, une liberté fort traversée de tracasseries administratives et policières, n'empêchait pas les succès de leur propagande, et qu'il y avait lieu de s'en accommoder le plus longtemps possible. Il était devenu très vite évident que les préfets de Bonaparte et de Léon Faucher misaient sur le désordre, exaspéraient les démocrates par une guerre de coups d'épingle propre à entraîner des réactions d'humeur, occasion elles-mêmes, de sévir plus fortement. Dans les campagnes où des paysans peu instruits s'étaient jetés dans le camp montagnard avec des ardeurs de néophytes encore mêlées d'impulsions de lutte très « primitives », il n'était que trop facile au pouvoir d'exciter les masses à se compromettre. Les militants démocrates déployaient ainsi beaucoup d'efforts pour calmer leurs troupes; ou, plus exactement, leur action d'éducateur des masses se faisait en deux temps, ou comportait deux leçons : l'une pour les détacher des vieux conformismes et leur apprendre la nécessité de la lutte, l'autre pour les détacher des comportements naturels et leur apprendre la forme de la lutte. Or cette forme, la plus « juste » en soi en même temps que la plus opportune, c'était alors, pour eux, le bulletin de vote. Telle est l'impression qui s'impose pour quiconque étudie en détail, sans craindre de s'enfoncer dans les incidents de village qui en forment un tissu serré (et d'ailleurs hautement coloré), la politique régionale en ce temps. Mais telle est aussi la conclusion que l'on pourrait tirer de toute l'iconographie démocrate d'alors, où les cérémonies de vote, où les marches vers l'urne (souvent au pied d'un arbre de la liberté, sous le regard d'une effigie du grand proscrit Ledru-Rollin...) où la devise « suffrage universel » tiennent une place impressionnante.

Ses journaux et ses hommes.

Mais qui étaient les rouges? En fait d'organisation, ils diffé-raient encore peu de ce qu'avait été le « parti » républicain d'avant 1848. D'abord une presse, qu'il s'agisse de journaux d'avant 1848, ou des survivants de la grande floraison de mars 1848, si secoués après juin : *la Réforme*, *la Démocratie pacifique*, *le Populaire*, pour les premiers, *la République*, *l'Événement* (rédigé par les fami-liers de V. Hugo), *le Peuple* (de Proudhon, encore que Proudhon soit pour le moins un franc-tireur du camp démocratique), et quelques autres pour les seconds.

Sans compter encore deux ou trois dizaines de feuilles en province.

C'est ensuite un groupe d'élus, les représentants montagnards, qui avaient l'habitude de se concerter à l'occasion des débats, de se répartir les interventions à la tribune, d'étudier les positions à prendre (nous en verrons des exemples), et, nécessairement, d'analyser ensemble, du même coup, la politique générale. Le groupe est nombreux, combatif, ardent, mais ses porte-parole se sont renouvelés. Nous avons vu quelle série de proscriptions a envoyé successivement ou bien vers Londres (de plus en plus unique capitale de la liberté européenne) ou bien vers les prisons, les grands premiers rôles démocrates de l'année 1848. Sur les bancs de la Montagne émergent maintenant de nouveaux dirigeants. Ce sont d'abord, comme il se doit, des avocats. On sait que la défense des militants ou des journaux d'opinion poursuivis était souvent à l'époque la voie d'accès principale à la notoriété politique et par suite à la députation; et, d'autre part, qu'un bon chef de file dans une assemblée élue se devait d'être orateur; ainsi les avocats Michel (de Bourges) et Madier de Montjau, entre autres, prétendirent-ils à succéder au grand ténor qu'était Ledru-Rollin. Les ouvriers comme Martin Nadaud, le maçon de la Creuse, ou Agricol Perdiguier, le menuisier d'Avignon, étaient plus effacés. On se montrait davantage Lagrange, vétéran des barricades, Miot, rendu célèbre par ses démêlés dans la Nièvre avec la toute-puissante famille Dupin, ou bien les publicistes au nom fameux comme Lamennais ou Pierre Leroux. Enfin deux autres élus étaient, pour la démocratie sociale, des recrues plus récentes mais de grand poids, Victor Schœlcher, et Victor Hugo. Schœlcher, grand bourgeois de belle fortune, libéral philanthrope, avait été, nous le savons, en 1848 un républicain tout court, spécialisé dans le problème colonial et l'anti-esclavagisme. Dans la logique de sa pensée humanitaire, inquiet maintenant des menaces qui pèsent sur l'œuvre et l'esprit de 1848, conscient aussi que la question sociale offre encore bien des injustices à réparer, il vient siéger à la Montagne dont il sera l'un des bons porte-parole. Quant à Victor Hugo, qui, à la fin de 1848 encore, avait cru pouvoir préférer un Bonaparte présumé populaire à la dureté d'un Cavaignac, il n'a pas toléré que le premier acte du nouveau président fût d'aider le pape à battre les patriotes italiens. Il vient donc lui aussi prendre place à l'extrême-gauche. Le grand poète, dont il arrive encore qu'on l'entende taxer d'opportunisme politique, aura été ainsi, pendant près de quatre ans de cette République, ministériel la durée d'un trimestre. Victor Hugo montera souvent à la tribune, mais il n'y connaîtra que des succès d'orage. La majorité conservatrice, soit qu'elle le déteste pour avoir déserté son camp, soit qu'elle supporte mal son éloquence fort peu classique, insolite et parfois bizarre comme son style, le couvrira avec prédilection de huées et de railleries. Les discours de Hugo seront une des belles cibles pour les plaisanteries de la droite, à peu près comme la chevelure foisonnante de Pierre Leroux, aussi embrouillée que ses idées et réciproquement — disait-on.

Comme il arrive souvent, la plupart de ces « vedettes » représentaient le département de la Seine. Ils ont peut-être moins pesé dans cette histoire que les obscurs représentants des départements reculés, où le parti rouge s'était implanté, et qui faisaient tout naturellement la liaison entre Paris et la province.

Moyens d'action et d'organisation.

La base du parti ce sont évidemment les lecteurs des journaux et les électeurs des représentants, leur clientèle parfois, pourrait-on dire, lorsque le montagnard avait amené au parti une bonne popularité personnelle de médecin des pauvres ou d'avocat philanthrope. Le cas est assez fréquent, en effet; certes la Montagne compte moins de notables, et des notables moins riches, que le parti de l'ordre, mais elle est encore très loin d'avoir substitué en son sein l'élu de type militant (ouvrier, cultivateur, instituteur) à l'élu de type notable tel que pharmacien, notaire ou même rentier. Il est déjà assez remarquable qu'une évolution commence à se dessiner en ce sens.

Pourtant le problème principal pour l'histoire est de définir les moyens par lesquels se liaient tous ces gens, depuis l'état-major parlementaire jusqu'à la base. On ne saurait exclure l'utilisation, ici ou là, de ces formations déjà traditionnelles qu'étaient la franc-maçonnerie, ou telle ou telle société du type charbonnerie, ou assimilable. Mais ce n'est pas le principal : les sociétés secrètes reviendront surtout après l'amputation du suffrage universel, au milieu de 1850 et en 1851, et nous en reparlerons alors. Dans la phase typiquement optimiste et ascendante de l'histoire de la Montagne, de la fin de 1848 à l'été 1850, nos démoc-soc ont voulu le succès électoral, donc une propagande large, et un recrutement massif. La loi, certes, rendait les clubs à peu près impossibles, à force de dispositions restrictives, mais il y avait bien d'autres formes de réunion.

On ne saurait oublier qu'au milieu de ce XIXᵉ siècle c'était la grande vogue des cercles, dans la bourgeoisie comme dans les classes moyennes, avec même, en certaines régions, et sous des noms divers, des imitations de cercles jusqu'en milieu populaire.

La raison d'être d'un cercle était de grouper les hommes par affinités, pour d'agréables loisirs communs; ce caractère amical les prédisposait déjà à l'homogénéité politique. Une autre raison d'être était l'abonnement commun aux journaux qui étaient chers, et leur lecture collective (qui se faisait à haute voix dans les groupements populaires où il y avait des illettrés). Autre raison pour que le cercle, en principe « société d'agrément », vienne toucher à la politique, puisqu'en ce temps la politique était le souci de tous.

Nous disons cercle ici, au sens large du mot, évoquant, dans ce survol rapide du problème, aussi bien les cercles effectivement dotés de statuts, d'un local à eux, déclarés et autorisés, que les groupes d'amis habitués sans autre formalité à se retrouver dans le même café. Ce n'est pas à dire que les montagnards aient choisi jamais, délibérément, de s'appuyer sur les réseaux de ce qu'il nous est arrivé d'appeler la « sociabilité coutumière » pour la transformer en organisme de parti. Mais dans les régions où, à la faveur de tel ou tel mouvement ouvrier ou paysan, au cours de telle ou telle campagne électorale, l'opinion s'était massivement portée en leur faveur, les associations existantes s'étaient tout naturellement « politisées » du même coup, et l'action politique n'allait plus consister qu'à relier les cercles les uns aux autres, par correspondance ou par visite. Ce sera, comme nous le verrons plus loin, une occasion inépuisable de malentendus et de tracasseries.

Cercles, sociétés, cafés, coteries de toutes sortes, étaient abonnés aux journaux de Paris ou de la région, et en recevaient parfois des émissaires, qui venaient collecter des abonnements, ou bien des souscriptions pour couvrir les frais de tel ou tel procès. De là, dans bien des départements, nous vient l'impression que le centre nerveux du « parti » était moins le représentant élu que le rédacteur en chef du journal rouge[1], impression renforcée encore lorsqu'on voyait le journal embaucher, comme colporteur, représentant ou placier, un militant ouvrier chassé de son usine et qui pouvait ainsi gagner son pain tout en servant la cause.

---

1. Ils étaient innombrables car, aux journaux parisiens, à ceux des grandes villes (à Marseille *la Voix du peuple*, à Toulouse *l'Émancipation*, à Lyon *le Peuple souverain*, etc.) s'ajoutaient de nombreuses petites feuilles à rayonnement départemental.

Vie politique et vie coutumière en pays rouge.

Il s'esquissait ainsi, dans les départements rouges, des organisations qui nous paraissent aujourd'hui bien rudimentaires, comparées à celles des partis de notre temps, mais qui étaient assez neuves pour l'époque; aux gens d'opinion conservatrice ou aux préfets, qui s'en exagéraient la perfection, tout ceci paraissait diaboliquement habile. Il n'y avait guère là, en vérité, qu'une rencontre spontanée entre une opinion nouvelle que tout un peuple découvrait brusquement et des structures de vie sociale conformes à la coutume, et fort incapables par nature de se modifier si vite.

Ce processus de compénétration, entre l'idéal politique récent et la pratique sociale de tradition, se retrouve partout : c'est l'œuvre, nous venons de le voir, du militant politique qui fait de son cercle une sorte de club; c'est l'œuvre de l'éditeur démocrate qui confie ses brochures à la valise du colporteur, ou ses chansons politiques à la roulotte du chanteur ambulant; c'est l'œuvre des paysans eux-mêmes lorsque, faute de réunions politiques licites, ils transforment les fêtes folkloriques en manifestations rouges. Au cœur du XIXe siècle, le folklore en effet est plus vivant peut-être qu'il ne l'a jamais été dans notre histoire. Nos paysans sont encore plus qu'à demi engagés dans le monde de la tradition, de la culture orale. Aussi lorsque par cet autre côté d'eux-mêmes qui appartient déjà au monde de l'instruction et de la politique, ils découvrent la foi démocratique, ils ne sauraient évidemment se « défolkloriser » d'un coup; la seule issue possible est dans l'intégration de l'acquis politique au syncrétisme folklorique spontané, et c'est bien ce qui se produit en effet, sans que personne l'ait jamais clairement « décidé ». Ainsi la fin du carnaval, jugement parodique d'un génie malfaisant, sera l'occasion de conspuer par assimilation un maire blanc impopulaire; ainsi la farandole qui redescend de la chapelle champêtre où l'on a fêté le saint patron du pays verra tous les danseurs fixer à leur chapeau un coquelicot séditieux; ainsi sur le mur du local une effigie à bonnet phrygien de la République rouge remplacera l'image de sainte Anne, tandis qu'ailleurs celle des proscrits de Londres, groupés autour de Ledru-Rollin, remplacera les reliques du culte napoléonien.

Dans ces mariages de la politique et du folklore, le chant tient une grande place. La pratique traditionnelle du chant populaire de circonstance, souvent dialectal, revendicatif, plaintif ou agressif, se mêle dans les dossiers de la répression au répertoire distingué, à diffusion nationale, où brille Pierre Dupont. Certes Béranger vit encore à cette date, ancêtre vénéré pour la démocratie, mais, fort âgé, il n'écrit plus : son véritable successeur est bien le poète lyonnais. Pierre Dupont, auteur des *Bœufs*, sa plus célèbre chanson, écrite en 1846, d'une plume encore un peu niaisement sentimentale, est devenu avec 1848 l'auteur du *Chant des ouvriers*, du *Chant des paysans*, du *Chant des soldats ;* c'est par dizaines que des manifestants de village seront poursuivis pour avoir chanté :

> « Aux armes! Courons aux frontières,
> Qu'on mette au bout de nos fusils
> les oppresseurs de tous pays
> les poitrines des Radetzkis!
> Les Peuples sont pour nous des frères,
> Et les tyrans des ennemis. »

D'autant que, pour qu'on ne se trompe pas sur la nature universelle des tyrans, l'on substituait volontiers, en chantant, « les Changarnier, les Radetzkis », aux « poitrines des Radetzkis ».

Cette contamination du folklore populaire par la politique fait la rare saveur de cette époque pour l'historien qui a pu la vivre au ras des textes et documents. Elle atteste par elle-même la profondeur sociale déjà atteinte en certaines régions par l'enracinement démocratique.

Enfin elle crée les conditions de sa propre accentuation : car si le folklore se colore d'un peu de politique, s'il devient un peu séditieux, l'autorité va le pourchasser; mais en fermant le cercle, tracassant le chanteur, poursuivant le carnaval, verbalisant la farandole, l'agent de l'autorité donne aux villageois ébahis (et subjectivement fort innocents) l'impression qu'on en veut à toute leur vie coutumière. Les gendarmes de Bonaparte ont ainsi dû faire souvent aux villageois berrichons ou provençaux la même impression que les missionnaires de 1820 qui interdisaient de danser aux voisins de Paul-Louis Courier, l'impression d'oppresseurs stupides et néfastes. Le parti rouge y marquait des points.

L'association comme moyen et comme idéal moral.

Mais, au-delà de ces succès de propagande défensive, que voulait-il au juste? Une des raisons les plus profondes de son succès dans les milieux ouvriers, ainsi que dans les milieux ruraux des pays à forte structure communale, était son goût pour l'association. Aux termes de la devise officielle Liberté, Égalité, Fraternité, au terme de Progrès, qui figurait aussi volontiers dans ses proclamations, il aurait déjà pu ajouter, comme les radicaux de la fin du siècle, Solidarité. « L'association ouvrière », que nous appellerions plus précisément aujourd'hui coopérative de production, restait leur idéal, et bien des montagnards furent jusqu'au bout des coopérateurs tenaces, en dépit de l'exil de Louis Blanc, de la dispersion de la Commission du Luxembourg, et de la suppression — cela va sans dire — de tout encouragement officiel. Des traces d'influence fouriériste orientaient aussi beaucoup d'entre eux vers les coopératives de consommation : boulangeries, boucheries ou restaurants « sociétaires ». Les médecins démocrates, qui étaient souvent des esprits novateurs, pionniers de l'homéopathie, se distinguèrent pendant le choléra de 1849 en créant des ambulances avec l'aide des militants de leur parti. Bien entendu, les montagnards étaient mutualistes, et syndicalistes avant la lettre. Tout ce qui était organisation ouvrière, ancienne ou nouvelle, était d'ailleurs tenu pour rouge, tracassé comme tel, et le devenait vite, s'il ne l'était déjà...

Des instituteurs militants comme Arsène Meunier, comme Gustave Lefrançais, et Pauline Roland, se sont trouvés alors au carrefour de la propagande démocratique, de la lutte pour l'enseignement primaire laïque, et de la fondation du syndicalisme enseignant. Ajoutons, en ce qui concerne Pauline Roland, qui venait du saint-simonisme, et qui allait mourir au Deux-Décembre, un quatrième champ de bataille, la lutte pour les droits de la femme.

Même en milieu rural les rouges s'efforçaient d'inspirer, ou de cultiver, une mentalité collectiviste en soutenant l'entraide mutuelle. Le parti avait un véritable spécialiste rural en la personne de

Joigneaux, représentant de l'Yonne, qui éditait *la Feuille du village*. On y encourageait de toute manière l'associationnisme rural, par exemple en incitant les paysans, quand l'un des leurs était malade, à aller ensemble le dimanche matin, tous en chœur, faire en quelques moments le travail des journées que le frère alité n'avait pas pu passer dans son champ. Il s'en fallait donc de beaucoup que la pure propagande, ou l'activité proprement électorale, absorbent entièrement les rouges. Une très large part de réformisme immédiat et pratique les absorbait, et sur elles se fondaient des espoirs assez étendus pour nous rappeler que l'utopisme était, au fond, assez proche encore. Mais il faut préciser que ce réformisme, bien loin d'être considéré avec quelque indulgence, comme il l'est souvent de nos jours à droite par ceux qui y voient un mal moindre que la révolution, était perçu par les conservateurs d'alors comme *étant* la Révolution, par cela seul qu'il relevait d'une éthique socialiste. Nous aurions donc bien tort d'en sous-estimer le retentissement.

Une combinaison de démocratie et de socialisme.

Reste que, pour l'accomplissement définitif du socialisme, c'est-à-dire l'éviction du pouvoir des forces d'injustice, les démocsoc comptaient sur les seules voies de Droit, dont il leur paraissait avec quelque raison que la Constitution les avait ouvertes. Le suffrage universel existait, les électeurs pauvres et laborieux étaient bien plus nombreux que les parasites, il suffisait de les gagner tous à la conscience de leurs propres intérêts, et l'on semblait bien parti pour ce but. Comment ne pas envisager, à la double échéance de 1852 (terme des trois ans de mandat de l'Assemblée, et des quatre ans du président non rééligible), l'arrivée aux pouvoirs de partisans de la République démocratique et sociale? Il suffirait alors de faire de bonnes lois, et qu'elles fussent respectées.

> « C'est dans deux ans, deux ans à peine
> Que le Coq gaulois chantera!
> Tendez l'oreille vers la plaine,
> Entendez-vous ce qu'il dira?
> Il dit aux enfants de la terre
> Qui sont courbés sous leur fardeau :

Voici la fin de la misère,
Mangeurs de pain noir, buveurs d'eau. »

(P. Dupont)

On voit toute la charge émotive, populaire, socialiste de cet espoir en la victoire. Mais on sent bien que cette victoire est vénérée à la fois pour sa finalité, qui est le bonheur, et par la manière dont elle sera obtenue, qui est le vote populaire, système d'équité et de droit. Le culte que les montagnards rendent à la Constitution et à la loi, et qu'ils s'efforcent d'inculquer aux masses, ne le cède en rien au respect de la Charte qu'avaient les libéraux de 1820 ou à celui qu'auront de la « légalité républicaine » les meilleurs parlementaires de la Troisième. C'est d'ailleurs ce libéralisme profond qui a facilité à coup sûr, en même temps que leur inspiration humanitaire, l'attirance exercée par le parti rouge sur l'élite des républicains bleus.

En définitive on pourrait dire que l'idéologie montagnarde de 1850 se caractérise par une combinaison de libéralisme pur, de démocratie et de socialisme pratique tiré des utopistes. En dépit du nom de Montagne, adopté par eux en raison du prestige global de la première Révolution, on est donc assez loin d'un néo-robespierrisme. Ces hommes que l'on a tant raillés, depuis Karl Marx et Proudhon — pour une fois d'accord sur ce point — en ne voyant en eux qu'une dérisoire et presque parodique imitation de Robespierre, étaient bien plus réellement des anticipateurs de Jaurès. Cela devrait peut-être leur valoir de nos jours une part du respect que l'on accorde si aisément aux diatribes de Marx, dont le goût du sarcasme n'est pas, à notre avis, le meilleur du legs qu'il a fait à l'histoire.

Le malheur est que nos démoc-soc n'avaient pas de Jaurès, et que leur éloquence était rarement à la hauteur de leur richesse d'idées et de leur générosité de sentiments. Les meilleurs d'entre eux les exprimaient avec cette grandiloquence romantique que les bourgeois de province et les intellectuels issus du peuple commençaient à apprendre au moment même où elle se démodait dans les élites cultivées. Flaubert, comme son héros Frédéric de *l'Éducation sentimentale*, est ainsi alternativement attiré et repoussé par la passion « quarante-huitarde ». La répulsion pour la « bêtise » étouffe presque en lui l'élan du cœur. Il en reste pourtant quelque chose. A tout prendre, dans *l'Éducation sentimentale*, les Arnoux et les Dussardier valent un peu mieux que les Deslauriers ou les Dambreuse; et, dans *Bouvard et Pécuchet*, si les deux héros sont plus grotesques que leurs persécuteurs, ils sont nettement moins détestables. Si l'on nous permet cette simplification brutale, nous dirons que pour Flaubert le démoc-soc est seulement bête, mais le bourgeois est bête et méchant.

3. « Le parti de l'ordre »

Il n'est guère douteux en effet que si les montagnards avaient souvent cette indulgence que l'optimisme confère, le parti de l'ordre était le parti de la haine parce qu'il était celui de la peur.

Vigueur ancienne de la polémique antirépublicaine.

Il avait hérité du courant légitimiste et, au-delà, ultra-royaliste et contre-révolutionnaire, une vieille tradition de la polémique outrancière, souvent calomnieuse, dont le premier Napoléon, puis l'usurpateur détesté, « Philippe », avaient notamment fait les frais. Au temps du gouvernement provisoire les nouveaux maîtres de l'heure avaient été à leur tour couverts de turpitudes. Ledru-Rollin, colosse à face épanouie et à solide embonpoint, Marrast, vieux célibataire bohème, sans foyer, à qui un traiteur devait apporter son déjeuner à l'Hôtel de Ville, étaient censés se livrer à des orgies romaines. Le « petit » Louis Blanc n'était pas épargné, et (parce qu'il siégeait au Luxembourg?) passait pour un nouveau Barras. La logique n'était d'ailleurs guère de mise : quand un homme comme Flocon était si évidemment austère qu'il rebutait la calomnie, on ne l'en félicitait pas pour autant, on le faisait passer pour un fantoche ou pour un sot. Mais, en vérité, ces agressions nous rappellent moins le passé qu'elles n'annoncent l'avenir. Ce qui apparaît ici c'est cette espèce de loi des propagandes conservatrices qui fait que, chaque fois qu'un gouvernant d'extrême-gauche est réellement populaire et fait peur à la bourgeoisie, la calomnie économique s'empare de sa personne, met en valeur les conforts et délices présumés du pouvoir, et s'efforce de conclure (avec *la Fille de madame Angot*) que « C'était pas la peine,. assurément — de changer le gouvernement ». Ainsi tour à tour Gambetta, Émile Combes, Léon Blum, Maurice Thorez, seront-ils présentés comme des Lucullus ou des Sardanapale, soit par invention pure et simple, soit par amplification démesurée. En 1848, l'analphabétisme encore étendu, la précarité des communications dans certaines régions reculées, amenait chez les provinciaux naïfs les ragots les plus cocassement déformés. On prétend qu'au fond de l'Auvergne des paysans avaient cru qu'à Paris régnait une sorte de dictateur lubrique, « le dru Rollin » qui avait deux maîtresses, « la Martine » et « la Marie »... Toutefois ce trait vraiment trop beau n'est peut-être qu'une contre-facétie de journaliste car, à cette époque, le goût du calembour, tenu aujourd'hui pour vulgaire, était une véritable mode même chez des esprits distingués.

Le roman noir de la peur sociale.

Bien entendu, depuis l'été de 1848, les dirigeants sont redevenus respectables pour les bien-pensants. Mais la montée du péril social avait fait apparaître dans la contre-révolution un autre trait de mentalité bourgeoise, la fascination de l'horreur et de la luxure. Tout le monde sait qu'au cours des journées de Juin les bruits les plus affreux couraient dans le Paris bourgeois : les insurgés mettaient à mort les gardes mobiles qui leur tombaient entre les mains en sciant leurs corps tout vifs entre deux planches; — dans la poche d'un insurgé prisonnier on aurait trouvé un billet « bon pour deux dames du faubourg Saint-Germain » (sous-entendu : à violer après la victoire) — etc.

Faussetés, bien entendu. Mais combien de ces ragots sont partis de l'amplification démesurée d'un petit fait réel, combien ont été lancés délibérément par une officine froidement calomniatrice[1],

---

1. Car il y eut des calomnies inventées à froid, ainsi l'insertion tardive, dans *le Moniteur* relatant la séance du 15 mai 1848 de l'Assemblée envahie par l'émeute, de la fameuse interruption anonyme : « Il nous faut une heure de pillage. » (Seignobos n° 33, p. 103).

et combien sont nés spontanément dans les esprits, on ne peut le savoir. Il serait plus intéressant de chercher ce qui avait pu façonner les imaginations à ce dévergondage d'inventions ou au moins de réceptions. Était-ce la criminalité de l'époque, à laquelle la presse sous Louis-Philippe accordait une large place (on oublie trop qu'à la veille des journées de Février la campagne des banquets était fort concurrencée à la « une » des journaux par le procès du Frère Léotade, assassin de la lingère Cécile Combettes)? Était-ce le roman noir? le feuilleton? ou, tout simplement, cet arrière-plan de misère des grandes capitales où vivait une pègre presque aussi nombreuse que le prolétariat occupé, bien moins concentrée et localisée qu'aujourd'hui, et grâce à laquelle on confondait volontiers, suivant les expressions associées par M. Louis Chevalier, *classes laborieuses et classes dangereuses*? Marx et Engels étaient fort audacieusement novateurs — nous l'avons dit — lorsqu'ils posaient la distinction entre prolétariat et sous-prolétariat. Mais nous emprunterons à un autre historien, d'époque intermédiaire entre celle de Marx et celle de notre contemporain L. Chevalier, Charles Seignobos, cette remarque fort éclairante, faite à propos des journées de Juin :

« Les contemporains, très habitués aux insurrections politiques, ne s'imaginaient pas des gens du peuple se soulevant sans chefs bourgeois, sans but précis. Les hommes cultivés n'avaient même pas sur les sentiments des ouvriers les notions superficielles que la littérature donne à notre génération; des hommes du peuple se battant pour leur compte leur semblaient ne pouvoir avoir d'autre but que de piller ou de tuer[1]. »

Le temps des grands malentendus.

Eh oui! les luttes politiques postérieures, sous la troisième République, réussiront à donner même aux pires adversaires du socialisme, l'idée que celui-ci est au moins une doctrine, et, si aberrant qu'on le juge, du moins une aberration qui relève de l'esprit et du cœur. Mais, sous la seconde République, cette familiarisation

1. Seignobos n° 33, p. 103.

n'était pas faite. Ceux qui n'acceptaient pas l'idée socialiste ne concevaient pas même qu'elle fût acceptable dans un univers ou dans un esprit normal. Le socialisme était de l'ordre non pas du discutable mais du pervers ou du pathologique. Ainsi, de nos jours, la plupart de nos contemporains qui acceptent maintenant de discuter du socialisme (cela va de soi) et même du communisme, ne reçoivent pas le « phénomène hippie », qui relève d'un autre plan.

La bataille idéologique entre démocratie sociale et conservatisme était ainsi de l'ordre de l'incommunicable, et les polémiques de presse des malentendus généralisés.

Le parti de l'ordre se réclamait d'une triade de principes : « La Religion, la Famille et la Propriété. » C'était, à une addition et une soustraction près (mais significatives), les valeurs que la Constitution avait données pour « base » à la République : « La Famille, le Travail, la Propriété, l'Ordre public. »

Mais de toute façon les partis n'étaient d'accord sur aucun de ces termes, pas plus que sur aucun des mots clefs du langage politique d'alors.

Ordre.

L'ordre, qui pour les démocrates ne pouvait être que celui de la loi, était pour les conservateurs celui de l'obéissance et de l'immobilité. Nous avons évoqué tout à l'heure les rassemblements de paysans qui allaient le dimanche, pris d'un beau zèle socialiste, piocher le champ d'un camarade malade. Or ces rassemblements étaient toujours objets de tracasseries, parce qu'on allait et revenait en troupe, parfois en chantant, parfois derrière un drapeau, ce qui revenait à manifester et exhiber des symboles séditieux. Ainsi le pouvoir voyait-il le mal là où les intéressés avaient l'impression de vivre un beau moment de moralité.

Association-conspiration.

L'association, qui pour les démocrates était fort près d'être la vertu suprême puisqu'elle était la fraternité en acte, et le progrès social à peu de frais, était traquée comme intrinsèquement perverse, comme contraire à l'entreprise individuelle et, partant, à la liberté. En outre tout groupement était a priori suspect de conspiration. L'association politique n'était pas de droit commun à cette époque, et la politique étant interdite dans les sociétés « à but d'agrément », toute concertation politique était nécessairement illicite et par conséquent plus ou moins dissimulée ou niée. Or les conservateurs refusèrent toujours de distinguer cette clandestinité contingente, imposée par leur propre législation, de la clandestinité acceptée et délibérée des véritables « sociétés secrètes » de type initiatique. Aucun plaidoyer démocrate n'y fit jamais rien, tant l'obsession de la conspiration était ancrée dans les mentalités bourgeoises du temps, au même titre que l'obsession du crime, et peut-être liée comme elle à une conception de l'histoire romanesque, ou plus précisément, si l'on osait dire, « feuilletonnesque ». Ceci allait d'ailleurs contre l'intérêt même des bourgeois conservateurs, qui auraient pu considérer, comme certains le feront plus tard, qu'après tout les forces ouvrières qui s'employaient à mettre sur pied une mutuelle ou une coopérative se détournaient des préparatifs des barricades. Et telle était bien d'ailleurs l'intention de certains des républicains socialistes, qui étaient profondément des « non-violents » avant la lettre. Mais à droite, on n'y songeait pas : autour de 1850 il n'y avait pas de coopérative qui ne fût accusée d'être le prétexte ou la couverture d'une « société secrète ».

Charles Seignobos, qui était tout le contraire d'un bolchevik, mais qui tenait de son père des souvenirs précis sur l'état des esprits au temps de quarante-huit, a, pour juger ces infirmités de la mentalité bourgeoise d'alors, des formules d'une audacieuse sévérité :

« Comme les juges des procès de sorcières, les magistrats obsédés par une idée fixe, interprétaient les faits signalés par leurs agents à travers un système préconçu[1]. »

---

1. Biblio. n° 33, p. 155. On nous permettra de rappeler que cela s'applique fort exactement aux histoires que nous avons racontées et analysées dans notre *République au village* (n° 58), fin de la 2e partie.

Propriété.

Il y avait malentendu encore sur la propriété! Qui en contestait le principe, en avançant qu'un jour peut-être il pourrait y avoir propriété commune du champ ou de l'atelier, était censé ouvrir la barrière à la contestation de propriété la plus brutale, celle qu'opère le vol. C'est ainsi qu'un journal conservateur de province s'amusa pendant quelque temps à couvrir sa rubrique des agressions et cambriolages par des titres du genre « M. Proudhon fait école » ou « encore un proudhonien de grand chemin! »[1].

Famille.

Malentendu sur la famille! Qui en critiquait certaines formes usuelles (faisant observer qu'une union conjugale égalitaire et fondée sur l'amour était beaucoup plus morale, même au sens chrétien et classique du mot, que le mariage bourgeois de convenance et d'affaire, souvent tempéré par l'adultère et complété par le recours à la prostitution) était censé prêcher le dévergondage et le vice. Qui parlait d'instruire les femmes, de les syndiquer, de les informer des choses politiques, était accusé (le pur et chaste Émile Ollivier dut lui-même s'en défendre) de pousser à la débauche. Peut-être parce que bien des bourgeois du temps tenaient, au moins inconsciemment, la femme comme une propriété, les partisans du collectivisme économique leur paraissaient évidemment enclins à prôner la promiscuité sexuelle. Mais n'est-ce pas avancer là une interprétation trop rationnelle? La présence du sexe relève peut-être des plus obscurs fantasmes.

Violence, guillotine, abattoir.

Le malentendu majeur était pourtant sur la violence, et la grande obsession du parti de l'ordre était celle du sang. Plus d'un militant républicain verra ainsi la police perquisitionner chez lui,

1. Seignobos encore l'avait bien vu, notant en substance que pour les conservateurs le parti démocratique était une « association de malfaiteurs ».

sur le faux bruit qu'il préparait en secret la guillotine qui « ferait tomber la tête aux riches » en 1852.

La chose, à vrai dire, est complexe. Les bourgeois conservateurs restaient persuadés que la seconde République recommencerait la première; les dénégations de 1848 n'avaient pas suffi à les convaincre; au contraire la reprise du nom de Montagne ne pouvait que rajeunir le spectre de la Terreur.

En vérité cette Montagne était profondément humanitaire; en son nom Victor Schœlcher essayait encore de faire abolir la peine de mort même en matière de droit commun. Le projet fut repoussé par la majorité. Bien au contraire l'on remarqua l'exécution par guillotine de deux insurgés de Juin, assassins du général Bréa, dont l'affaire était, pour le moins, sur la limite du droit commun et de la politique. C'est donc bien le parti de l'ordre qui était le parti du sang. Mais il n'avait pas horreur du sang qu'il répandait par voie légale, il craignait seulement le sang illégalement versé par des rébellions, et il ne pensait pas que les Hugo et les Schœlcher puissent réellement adoucir les mœurs de leurs électeurs. Car la hantise la plus forte était moins celle de la terreur que celle de la jacquerie. Sous ce terme le bourgeois conservateur redoutait la violence populaire *spontanée*, parce qu'il attribuait à la « populace » (aisément confondue avec le peuple) des instincts très facilement sanguinaires. Rien ne le montre mieux que l'intérêt inquiet porté en ce temps... aux abattoirs. Beaucoup d'artisans d'alors avaient encore tendance à utiliser la voie publique comme prolongement de leur atelier; les bouchers entre autres y égorgeaient parfois des bestiaux, et les municipalités consciencieuses comme les bons urbanistes exigeaient que l'on multiplie les abattoirs. Ainsi la voirie serait plus commode, l'hygiène y gagnerait... et le « peuple perdrait l'habitude des spectacles de sang ». Ce souci de moraliser la foule en renfermant la boucherie se trouve d'ailleurs aussi bien chez un communiste comme Cabet, qui la mentionne explicitement dans son *Icarie*[1], que chez tel ou tel conseil municipal légitimiste de Provence. De droite à gauche on se méfie de la vio-

---

1. « Ici les abattoirs et les boucheries sont en dehors », à la différence de Londres où les troupeaux dans les rues, entre autres inconvénients, « habituent le peuple à l'idée de l'égorgement ».

lence encore ambiante, la seule différence étant qu'à droite on craint que la gauche ne l'utilise, alors que celle-ci s'en défend. Ce souci d'adoucir les mœurs du peuple et des enfants de la rue a incontestablement contribué avec quelques autres motifs à l'adoption, en 1850, en pleine bataille politique, de la fameuse loi Gramont qui faisait un délit des mauvais traitements infligés en public aux animaux domestiques. Gramont était un conservateur, assez indépendant et original d'ailleurs ; la Montagne par la voix de Schœlcher appuya sa proposition ; il n'y eut que quelques opposants à droite, où des puristes firent observer, au nom de la Sainte Propriété, qu'il était contestable de faire intervenir la puissance publique dans la façon dont un charretier fouettait son cheval... On ne les suivit pas, et la majorité vota pour que les animaux fussent bien traités, c'est-à-dire en fait pour que la rue fût purgée de spectacles cruels. Ainsi la loi Gramont sans être un grand événement politique, révèle plus d'un trait des mentalités d'alors.

Phobie du rouge.

Cette phobie du sang, exaspérée chez les conservateurs par l'idée qu'ils se faisaient de la Révolution et du socialisme, a-t-elle renforcé leur obsession dominante, celle de la couleur rouge ? On n'oserait le dire, ce serait trop simple ! Le rouge ne fut jamais traqué que comme « signe de ralliement », mais il le fut sévèrement. Du drapeau au bouquet de fleurs des champs en passant par les cravates ou les coiffures, innombrables furent les procès-verbaux dressés pour les exhibitions plus ou moins intentionnelles de la couleur socialiste, escarmouches sans doute, mais significatives d'une bataille de tous les instants entre les partis ou plutôt, nous allons le dire, entre le parti montagnard et le gouvernement.

Religion.

Mais avant d'y venir, il faut nommer le dernier grand malentendu : il était sur la religion !

Les démoc-soc, à quelques exceptions près, ne répugnaient pas à se dire « religieux », ni à invoquer Dieu, ou même Jésus-Christ. Mais pour eux la « religion » était un syncrétisme humanitaire, qui englobait toutes les Églises, et laissait la part belle à la voix de la conscience individuelle. Pour le parti de l'ordre au contraire la « religion » était une manière de dire l'Église catholique, au sens le plus strict du terme, et dans l'acception la plus autoritaire de sa doctrine. Le parti de l'ordre voyait dans la religion catholique, politiquement, un renfort pour l'État et les puissances établies, et, moralement, une inspiration pour sa propagande, qui revêtait ainsi une allure de croisade; qu'il suffise d'entendre le président Bonaparte stigmatiser les agitateurs démocrates au lendemain du 13 juin 1849 : « Il est temps que les Bons se rassurent et que les Méchants tremblent. » Le vocabulaire est d'un prédicateur de 1820.

On vit bien, sur le moment même, cette tonalité, puisque la répression de 1849 fut appelée « l'expédition de Rome à l'intérieur ». Au reste, vue de loin, l'intuition des conservateurs était juste : le parti rouge n'était jamais si fort que là où le terrain lui avait été préparé par des dissidences anticatholiques : qu'il s'agisse des zones d'influence des bourgeoisies « bleues » raidies par le combat anti-chouan (exemple typique, l'est du département de la Sarthe), ou qu'il s'agisse des pays peuplés de protestants (parties du Gard, de la Drôme, du Tarn, des Deux-Sèvres et bien d'autres). « Bleus » ou protestants paraissaient naguère « normalement » voués à l'orléanisme libéral, ou à la république modérée. Mais devant une république officielle qui semble devoir remettre au pouvoir le parti clérical, même les bourgeois protestants et libres penseurs tendent à se rallier, ou du moins à s'allier, au seul fort parti d'opposition, celui des rouges. Or ce processus permet à son tour aux catholiques de dire que l'hérésie ou la libre pensée sèment les germes du socialisme (ce qui est bien d'ailleurs, aussi, un aspect du problème) et ils n'en sont que plus résolus à prêcher leur saine doctrine.

Prêcher est bien le mot, car l'Église se révèle l'un des premiers agents de l'ordre. Car enfin, qui est le parti de l'ordre?

Moyens d'action. Propagande...

Il est à coup sûr plus vague encore de contour et de structures que le « parti » de la République démocratique et sociale.

Au sommet il y a des journaux (*l'Assemblée nationale*, *le Constitutionnel*, *l'Union*, *l'Univers*, *la Patrie*, *le Pays*, et bien d'autres) mais de nuances diverses et en grand nombre; des représentants, mais par centaines, et qu'il sera de plus en plus malaisé de faire agir de concert (nous y reviendrons à loisir). Certes, un comité de chefs de file influents continue de se concerter, c'est cette ancienne « rue de Poitiers » qui a regroupé, de Thiers à Berryer en passant notamment par Molé, Guizot, Falloux, les anciens royalistes d'obédiences diverses. L'argot du temps s'amuse à les appeler « les burgraves », en se souvenant des vieillards solennels du drame de Victor Hugo, qui avait eu en 1844 un net succès de ridicule. Mais les burgraves sont tout le contraire de manieurs d'organisations, et ceci est essentiel.

Conservateurs et démoc-soc s'opposent en effet au moins autant par leurs manières d'être que par leurs doctrines et leurs buts. Encore qu'il faille attendre André Siegfried pour que ce phénomène soit entrevu et que la théorie s'en esquisse, elle est sous-jacente à tous les observateurs du temps : les démocrates sont les hommes de l'Organisation (structure virtuellement égalitaire, horizontale en quelque sorte), les conservateurs sont les hommes de l'Influence (structure de relation verticale). Des préfets et des procureurs généraux réactionnaires de 1850 aux historiens républicains du début de notre siècle (Tchernoff, Seignobos), pas une description du parti rouge qui ne soit avant tout une description de milieux structurés par un réseau d'associations, cercles, sociétés, « chambrées », loges, cabarets, « salons », brasseries, et l'on en passe. C'est la sociabilité coutumière, héritière de très anciennes formes de vie collective, qui rend également suspectes, en termes d'ailleurs curieusement semblables, nos grandes villes périphériques, des Flandres (Lille), d'Alsace (Strasbourg) et du Midi (Toulouse, Marseille, Toulon...). En revanche il est exceptionnel que l'on signale des éléments d'organisation populaire indépendante dans le camp conservateur; les « Montagnes blanches » dont on a pu parler sont fort rares. Ou alors il s'agit de réseaux d'œuvres organisées par l'Église, ce qui est un peu différent. La presse de droite en province, surtout légitimiste, n'est pas moins abondante que la presse démocratique, mais on ne lui connaît pas d'effort de colportage et de pénétration populaire analogue.

On objectera peut-être à ces dernières considérations que le parti de l'ordre se souciait beaucoup de propagande populaire puisqu'il faisait éditer force brochures à bas prix pour dénoncer le socialisme. Elles sont célèbres en effet. Mais à cette époque surtout, il ne suffisait pas de vendre ou même de distribuer pour faire lire, ni de faire lire pour convaincre. On ne voit pas que les notables de droite aient égalé les militants de gauche dans l'art difficile de parler aux humbles, d'animer les petits groupes, de travailler village après village. Et le conservatisme paysan a dû être beaucoup plus souvent un fruit des préjugés séculaires qu'un effet de doctrines propagées. Les brochures en revanche ont fort bien pu, conjointement avec la presse, entretenir la conviction des citadins et des bourgeois. Elles nous en donnent aujourd'hui l'image principale. C'est là qu'on voit le « rouge » présenté comme un monstre dans l'ordre moral et intellectuel et presque dans l'ordre physique; le socialisme présenté comme le vol, à plus grande échelle, le communisme comme le « partage » sommaire, qui fera reculer la civilisation jusqu'à la sauvagerie primitive, et — surtout — l'échéance électorale de 1852 comme l'occasion d'une « jacquerie », c'est-à-dire d'une apocalypse d'avidité et de sang.

Certains auteurs proposaient des remèdes; beaucoup relevaient d'un conservatisme banal, mais il en était qui retrouvaient les accents de la contre-révolution pure, au point même de désavouer les valeurs juridiques les plus classiquement bourgeoises. On remarqua ainsi dans *le Spectre rouge* de Romieu une apologie en règle de la « féodalité » pour le passé, et de la force militaire pour le présent. Cette force salvatrice pouvait être celle du tsar Nicolas Ier, terreur patentée des « rouges » européens, et dont on note alors une curieuse poussée de prestige. Mais elle pouvait être aussi celle d'un sabre national.

Par certaines outrances de haine antidémocratique, la propagande de l'ordre bourgeois risquait ainsi de déboucher sur celle de la dictature militaire, en dépit du libéralisme ou du moins du juridisme avoué de ses initiateurs parlementaires.

Mais nous retrouverons cette contradiction en son temps.

...Et surtout compression.

Ce conservatisme passionné risquait donc de devenir un jour autoritaire en doctrine, comme il l'était déjà en pratique.

Il est lié en effet, plus nettement qu'il ne le sera jamais, à la tradition séculaire d'encadrement moral du peuple provincial, que ce soit par les riches notables, par l'Église, ou — souvent — par les deux à la fois. Le vote blanc étant l'effet « naturel » de ces rapports de force et d'influence coutumiers, l'effort explicite du parti de l'ordre est moins de promouvoir une action politique qui justifie ses positions que d'empêcher toute action politique qui les dérange : d'où sa hantise de la propagande de masse et de l'organisation, sa phobie des sociétés et des instituteurs.

« Les uns désiraient l'Empire, d'autres les Orléans, d'autres le comte de Chambord; mais tous s'accordaient sur l'urgence de la décentralisation, et plusieurs moyens étaient proposés, tels que ceux-ci : couper Paris en une foule de grandes rues afin d'y établir des villages, transférer à Versailles le siège du gouvernement, mettre à Bourges les écoles, supprimer les bibliothèques, confier tout aux généraux de division; et on exaltait les campagnes, l'homme illettré ayant naturellement plus de sens que les autres! Les haines foisonnaient : haine contre les instituteurs primaires et contre les marchands de vin, contre les classes de philosophie, contre les cours d'histoire, contre les romans, les gilets rouges, les barbes longues, contre toute indépendance, toute manifestation individuelle; car il fallait « relever le principe d'autorité »; qu'elle s'exerçât au nom de n'importe qui, qu'elle vînt de n'importe où, pourvu que ce fût la Force, l'Autorité! » (*l'Éducation sentimentale*).

Une structure éthico-sociale sur la défensive engendre en effet une politique nécessairement répressive. Le parti de l'ordre n'est pas seulement le parti au pouvoir, il est profondément celui du pouvoir; si les notables sont ses chefs de file, ses élus, et, plus largement, les bénéficiaires de son action, ses tout premiers militants sont en fait les fonctionnaires et le clergé. Il faut y insister parce que cette connivence entre les conservateurs, de tous drapeaux, et les agents du gouvernement, qui seront de plus en plus spécifiquement bonapartistes, se perpétuera dans la plupart des départements et communes même après que soient survenues des discordances de sommet entre les gens de l'Élysée et les burgraves.

Les fonctionnaires couvrent le pays de trois réseaux, dont les informations convergentes accumulent sur les tables des ministres (et, par les archives, sur celles des historiens) une masse de données qui fut rarement aussi riche : des brigades de gendarmerie aux lieutenants, capitaines, etc., jusqu'au ministère de la Guerre ; des commissaires de police et des maires aux sous-préfets, préfets, et à l'Intérieur ; des juges de paix aux procureurs de la République, aux procureurs généraux, et à la Justice. Tous ces fonctionnaires se concertaient pour sévir, tout en gardant chacun leur rôle spécifique, ce qui n'empêchait pas, parfois, quelques tiraillements. Il arriva ainsi notamment à Haussmann, préfet du Var en 1849-1850, et à Maupas, préfet de Haute-Garonne en 1851, d'effaroucher les chefs des parquets généraux d'Aix ou de Toulouse par leur désinvolture à l'égard des formes légales.

Quant au clergé il reconnaît volontiers dans les rouges (et non tout à fait sans raison) ses vieux adversaires des classes et pays mal-pensants, et il entreprend contre eux une croisade d'autant plus allègre qu'il se retrouve, après vingt ans d'interruption, en pleine connivence avec l'autorité. On revoit des Missions, on rétablit des processions à d'anciens sanctuaires, on réinstalle des communautés religieuses en certains couvents désertés, on ose tenir des synodes régionaux, en attendant, bien sûr, de s'occuper d'écoles, comme nous le verrons bientôt.

4. Diversités régionales

Cependant, avant de reprendre le cours du récit politique d'ensemble, il faut s'attarder encore un moment à ce tableau de la France vers 1849 et 1850, pour tenter de lui ôter son excès de généralité, et son anonymat géographique. Comment se distribuaient sur le sol national partis et forces politiques ?

Charles Seignobos l'a esquissé, voici plus d'un demi-siècle (dans ce tome VI de Lavisse, déjà plusieurs fois cité) en se fondant sur deux séries de renseignements : les résultats des élections législatives du 13 mai 1849, et les rapports sur l'esprit public rassemblés et synthétisés par les procureurs généraux, auxquels nous faisions allusion tout à l'heure. Cette géographie rapide, trop rapide, souvent superficielle, avait pourtant le rare mérite de l'homogénéité, qu'elle tirait de celle de ses sources. Depuis cette époque, notre connaissance a progressé, mais de place en place. Nous savons admirablement ce qu'était l'opinion publique (en relation avec les conditions sociales et autres) en Loir-et-Cher et dans l'Est aquitain, dans le Gard ou la Côte d'Or, ou dans la région alpine, pour nous borner à quelques exemples; et ces analyses locales ou régionales profondes ont pu découvrir des liaisons ou des processus généralisables. Nos propres « généralités », dans les pages qui précèdent, ont pu quelquefois en tirer parti.

Il n'en reste pas moins que ces faisceaux de vive lumière sur telle ou telle région jettent, par un contraste aisé à comprendre, une ombre relative sur les régions voisines, en sorte que le tableau d'ensemble, véritable échiquier de cases noires et blanches alternées, est finalement moins lisible. A l'image familière mais floue que nous renvoyait Seignobos, l'historiographie actuelle substitue un miroir brisé[1].

La province des « montagnards ».

A lire Seignobos, on a l'impression que la Montagne est avant tout le parti de la classe ouvrière, une classe ouvrière largement entendue, allant des travailleurs de l'industrie à l'artisanat des villes et des bourgs. Ce vieil universitaire républicain n'était certes pas suspect de sympathie pour le matérialisme historique; mais il reflétait ses sources, les rapports des parquets; or les procureurs généraux, comme Marx leur contemporain — quoique dans un autre sens — étaient obsédés, eux, par la lutte des classes.

Cependant, nous l'avons dit, la Montagne n'était forte que pour avoir parfois pénétré le monde rural. Ici, fort inégalement. Une ligne droite allant de La Rochelle à Metz sépare à peu près les deux zones, laissant au nord et à l'ouest un ensemble de régions

---

1. Voir cependant l'intéressante esquisse de J. Bouillon (Biblio. n° 43).

où la démocratie n'a pratiquement pas de clientèle paysanne, tandis qu'au sud et à l'est de cette ligne de fortes implantations rurales, s'ajoutant aux forces urbaines, lui permettent de rassembler beaucoup d'électeurs, et parfois la majorité absolue.

Une zone de force démocratique particulièrement impressionnante et continue était formée par les départements du Cher, de la Nièvre, de l'Allier, de la Saône-et-Loire, du Jura, de l'Ain, et du Rhône; disons le Centre et le Centre-Est, désignation purement géométrique, mais qu'on ne peut ramener en effet ni à la géographie des régions naturelles, ni à celle des provinces historiques.

Elle touchait au sud à une autre zone de force, celle des Alpes : Isère et Drôme, qui se prolongeait, avec une intensité un peu atténuée, à travers les Basses-Alpes, jusqu'à la Provence méditerranéenne.

La zone du Centre poussait un prolongement, par la Haute-Saône, jusque vers l'Alsace. Du côté de l'ouest, elle se prolongeait en contournant le Massif central, à l'ouest duquel Haute-Vienne, Corrèze et Dordogne formaient un autre bastion. Enfin, entre Massif central et Pyrénées, une dernière zone appartenait aux démocrates, du Tarn aux Pyrénées-Orientales en passant par l'Aude et l'Ariège. Mais, répétons-le, autour de ces fortes implantations, nulle part le parti n'est inexistant dans le Midi. Les départements qui séparent ceux que nous venons de nommer offrent encore des pourcentages fort honorables[1]. Les seuls pays de la moitié sud et est de la France qui paraissent franchement réfractaires à la Montagne sont précisément... les montagnes : départements du Doubs, des Hautes-Alpes, cœur du Massif central, Corse, et enfin versant occidental et atlantique des Pyrénées.

Seignobos, d'après les observateurs d'époque, croyait pouvoir déceler deux facteurs d'explication dans ces comportements contrastés de nos paysanneries; l'un purement matériel : en pays de fermage ou de métayage on vote conservateur, non que l'on n'ait pas à se plaindre, mais parce que l'on est « tenu » par le

---

1. Le légitimisme lui-même, en Basse-Provence ou en Languedoc, prend aisément couleur démocratique puisque c'est là que le royalisme de « droit national » (favorable au suffrage universel) rencontre le plus d'audience.

propriétaire noble ou bourgeois; et en pays de propriétaires-exploitants, on peut devenir rouge parce qu'on est indépendant. L'autre facteur est spirituel, c'est l'influence du clergé catholique, qui suivant qu'elle est maintenue, ou non, sur l'esprit de l'électeur rural, corrige les incitations d'origine sociale ou au contraire leur laisse libre cours.

La province des conservateurs.

La France du Nord et de l'Ouest, impénétrable encore au socialisme (sauf, répétons-le, dans les villes et dans quelques bourgs) présentait aussi d'un pays à l'autre bien des différences.

C'est toujours le parti de l'ordre, mais ce n'est pas le même conservatisme, ni les mêmes notabilités, qui règnent dans l'Ouest armoricain, souvent à la fois « féodal » et clérical, et dans les provinces bourgeoises et cossues qui entourent Paris, de la basse Normandie à la Picardie et à la Champagne. Enfin les régions des Charentes, la vallée de la Loire, le sud du Bassin parisien, à peine orléanistes ou timidement républicaines, font une sorte de transition entre la France conservatrice et la France radicale.

On pourrait corriger et nuancer à l'infini et ces descriptions et ces approches d'explications. Mais, il faut le répéter, chaque nouvelle tentative essayée depuis lors a fait ses preuves dans un certain champ d'application sans qu'aucune généralisation s'impose à l'évidence, ou même soit seulement tentée.

Attentifs, comme l'étaient les observateurs du temps, aux facteurs d'influences et de relations inter-sociales, aux facilités offertes à la circulation des propagandes par les divers types de sociabilité, même rurale, on pourrait être tenté d'opposer la France virtuellement démocratique à la France conservatrice comme la France des « villages » à celle des « campagnes », pour reprendre une suggestion que Seignobos n'a pas retenue mais qui était déjà dans Vidal de la Blache. Il y aurait cependant une trop forte minorité d'exceptions à cette corrélation possible.

Esprits de provinces ou esprit national?

Nos contemporains seraient davantage enclins à chercher si les différences de tempérament politique des pays de France ne tenaient pas à des différences culturelles profondes, c'est-à-dire, en fin de compte à des résidus de nationalités différentes.

Le Midi montagnard, contre la France du parti de l'ordre, ne serait-il pas une « Occitanie » qui se cherche? Point à cette date, en tout cas : en continuité directe avec les pays de langue d'oc, mais n'appartenant pas à leur aire, les fortes démocraties du Centre, bourguignonne, nivernaise, berrichonne, contrediraient cette identification.

Seignobos, il est vrai, sans poser la question du « Midi » (dont il était d'ailleurs lui-même originaire), observait au passage qu'en Alsace les démocrates étaient plus forts dans les cantons de dialecte germanique, et les conservateurs en pays francophone, et qu'en Bretagne aussi le pays « français » était le plus fortement légitimiste, tandis que le pays bretonnant était, relativement, le moins inaccessible à la République.

Il se peut en effet que les démocrates, parce que démocrates, aient su à cette époque, mieux que les conservateurs, s'adapter et adapter leurs propagandes aux mœurs et aux parlers populaires. Mais rien ne prouve qu'ils en aient consciemment joué.

En vérité, à voir les choses de haut, la corrélation recherchée n'apparaît guère.

La vaste et diverse « Occitanie » offre des types de situation assez variés. Quant aux autres régions de forte originalité culturelle, elles n'ont pas non plus de physionomie commune. En pays basque, en pays flamand, et en Bretagne, dans son ensemble, le particularisme global est capté pour l'ordre parce qu'il est intimement lié à un traditionalisme catholique. En pays catalan on est au contraire ultra-rouge, et en Alsace on se partage de très classique façon entre conservateurs, républicains modérés et démocrates, selon des critères sociaux infléchis par les appartenances religieuses. L'Alsace est attentive aux luttes des démocrates rhénans (ce n'est pas par hasard si Ferdinand Flocon était celui des républicains français dont Marx et Engels étaient alors le plus proches), mais il s'agit bien moins d'un « germanotropisme » des Alsaciens que d'un gallotropisme ou d'une gallophilie de la gauche allemande. La situation sur le Rhin sous la IIe République rappelle bien plutôt celle de 1789-1792, qu'elle n'annonce celle du début du xxe siècle.

Cela étant dit, il faut bien reconnaître qu'une analyse du problème régional dans les propagandes politiques de la seconde République resterait à faire. Nous n'en avons que des bribes. Nous tenons pourtant pour significatif que le félibrige provençal ait été fondé seulement en 1854. Sous la seconde République, la conjonction des deux pères du mouvement n'était pas faite. Joseph Roumanille était une sorte d'émule avignonnais de Louis Veuillot, et Frédéric Mistral un lointain disciple de Lamartine; c'est dire que, tout en étant amis, ils ne s'entendaient guère en politique, et en tout cas qu'ils se pensaient et se classaient selon des partis nationaux. Il faudra la catastrophe de 1851 pour que Mistral, républicain déçu et désenchanté, et Roumanille, conservateur clérical libéré par la victoire même de sa cause, puissent tourner le dos à la politique quotidienne. Alors, à partir de leur goût commun pour la langue locale, ils bâtiront toute une doctrine de la civilisation provençale, plus détachée de l'actuel, de plus haute vue peut-être, longtemps trop ambitieuse pour être populaire, et qui ne suscitera pas d'autre politique qu'idéale. Faut-il généraliser?

Dans la mesure où l'on oserait interpréter la poussée actuelle des régionalismes comme des substitutions à une démocratie et à un socialisme qui ont déçu, il faudrait conclure a contrario qu'au temps de la seconde République on songeait d'autant moins à cultiver les patries locales qu'on mettait plus d'espérances dans la jeune République française.

Tout le monde, au fond, se voulait français : ceux des gens du peuple qui n'avaient pas accédé à la réflexion politique autonome votaient français à la suite des notables et des prêtres qui pensaient pour eux. Et ceux qui s'éveillaient à la démocratie sociale attendaient avec une ferveur totale une amélioration de leur sort par la République existante, celle qui ouvrait toute grande au peuple la France de 1789. Les simples gens de 1849-1850 faisaient à leur tour le chemin qu'avaient fait les élites bourgeoises de la première Révolution. Comme elles, ils étaient « patriotes », parce qu'ils faisaient du régime français le bien politique absolu, et, de là, par un glissement inconscient, de la France elle-même une valeur absolue.

La « France » algérienne.

Cette France aspirait à s'étendre, en s'incorporant l'Algérie. Les chefs de l'armée, nous le savons, étaient pour le moins aussi influents qu'avant 1848 dans les conseils du gouvernement. Cavaignac, appelé à Paris comme ministre de la Guerre, avait été remplacé au gouvernement général par un autre militaire, Changarnier; puis ce sera Charon, d'Hautpoul (autre futur ministre), Randon, tous généraux. L'occupation est définitive. Ainsi a-t-on décidé, mais par prétérition, de poursuivre à l'égard de la population indigène la politique d'avant 1848. En revanche, à l'égard des colons, la République a innové : dès mars le gouvernement provisoire a décidé que les colons auront le droit de vote, et que l'organisation administrative se modèlera progressivement sur celle de la métropole (département, préfet, etc.). Ces deux mesures paraissent conformes à l'esprit du moment, et nul ne prévoit encore quel obstacle cette démocratisation de la micro-société colonisatrice constituera pour l'extension plus totale de la justice. Dès les élections à la Constituante on voit donc naître en Algérie une vie politique intense dans laquelle la majorité des colons marient intimement l'attachement à la République et à la liberté d'expression avec l'hostilité invétérée contre l'indigène. Sous la plume de tel candidat démoc-soc à la Législative, tiré de l'ombre par Ch. A. Julien[1], le programme de la Montagne alterne avec les proclamations du colonialisme le plus classique. On sait la longue destinée de la tradition qui naît alors.

Deux circonstances encore devaient contribuer à renforcer ce radicalisme algérien dès la seconde République. D'abord, à une époque où on croyait la France surpeuplée, avec un excédent de chômeurs urbains et de paysans sans terre, on tenait l'Afrique du Nord, mal connue au fond, pour inépuisable, et, plus ou moins, pour *res nullius*. C'est donc vers elle qu'après Juin les gouvernements répressifs prirent l'habitude d'orienter pêle-mêle les ouvriers rebelles qu'il fallait écarter de la métropole, et les colonisateurs qui avaient des recettes socialistes à expérimenter. La démocratie

1. Biblio. n° 56, t. I. p. 344-345.

coloniale ne pouvait qu'en être renforcée, démocratie de petites gens, concurrents de l'indigène dans la vie matérielle, et trop frustes pour pouvoir éviter les préjugés raciaux spontanés. D'autre part, deuxième circonstance, le glissement à droite de la République présidentielle renforça en Algérie comme ailleurs les tendances autoritaires; or en Algérie le pouvoir du gouvernement général était pouvoir de militaires, et il était particulièrement enclin à mal supporter les succès électoraux et les libertés de presse des colons républicains. De là une vie politique emplie de polémiques, d'incidents, de coups d'épingle, voire de « complots » et procès, qui faisait encore par bien des côtés ressembler l'Algérie à tel ou tel département rouge de la métropole.

Mais si les colons et les militaires avaient des mœurs politiques antagonistes, ils s'accordaient pour maintenir et pour étendre la conquête. Une révolte indigène du Sud-Constantinois provoquée par une fiscalité excessive, fut écrasée à l'automne de 1849 avec une brutalité qui ne le cédait en rien à l'époque de Bugeaud.

Quant à l'extension (l'expédition de Kabylie en 1851), elle ne sera due qu'au besoin qu'aura le président Bonaparte de justifier par une campagne l'élévation du général de Saint-Arnaud au grade supérieur, afin qu'il puisse être de façon plausible rappelé en France et nommé ministre, en vue du coup d'État. L'Algérie nous ramènerait ainsi à l'histoire générale, du moins par le court terme. Pour l'instant retenons dans le plus long terme, la place qu'elle prend dans la géographie de l'opinion française.

Les Antilles.

Il y a peu à dire sur les autres colonies, sauf pour celle des Antilles, où se posait par excellence le problème de l'esclavage, et où la seconde République fut par conséquent un moment décisif. L'abolition de l'esclavage était dans la logique de la République, et d'ailleurs dans l'héritage de la Convention, avant que le Consulat n'ose un retour en arrière. Aussi dès le 25 février 1848 les porte-parole des colons des « vieilles colonies » qui étaient présents à Paris (où ils avaient l'habitude de suivre auprès des Chambres et des bureaux ministériels du précédent régime les débats concernant leurs intérêts économiques) avaient-ils commencé d'assiéger

Arago. Mais Victor Schœlcher rentré du Sénégal peu de jours après la Révolution vint éloquemment rappeler le gouvernement provisoire aux principes; il obtint un sous-secrétariat à la Marine (qui était, sans le titre, un ministère des Colonies), le décret d'abolition, et la mise en place d'un groupe de travail qui prépara très sérieusement l'application de la réforme, sans omettre des indemnités pour les colons dépossédés de ce qui avait été leur « propriété ». Les décrets d'avril furent appliqués dans le calme et l'on put voter dès août 1848. Le suffrage universel joua normalement en faveur des anciens opprimés et Victor Schœlcher se trouva à la tête de deux listes de représentants, élues en triomphe à la Martinique comme à la Guadeloupe. Il devait conserver à la Législative le siège de La Guadeloupe, où il avait été réélu, en même temps que dans la Seine. En 1850, Schœlcher doit partager son attention entre la politique nationale (où nous savons son rôle) et la défense de son œuvre aux Antilles, où la réaction sévit comme partout : les gouverneurs jouent maintenant le jeu des planteurs blancs et multiplient les brimades contre la presse de gauche, en même temps que toute une politique fiscale essaie par exemple de freiner l'accession des travailleurs noirs à la propriété pour les repousser vers le salariat. Toute la pratique administrative et réglementaire du régime se remet ainsi à jouer contre les nouveaux citoyens qui sont restés des prolétaires et des « nègres ». De là toutes sortes d'incidents politiques et d'épisodes judiciaires.

Mais l'essentiel reste acquis. L'abolition de l'esclavage, fait marginal en Algérie, a été ici une transformation décisive, et l'extension du suffrage universel, fait partiel en Algérie, a porté ici jusqu'au fond des couches populaires des virtualités de radicalisation et d'intégration à la fois. Il devait en sortir — non pas certes la fin du système colonial — mais un type d'évolution fort différent du type africain.

Paris centre mondain. L'Élysée.

Revenons en France métropolitaine, où il nous reste à évoquer Paris. Paris qui échappe aux classifications générales; Paris qui en tout cas — nous l'avons plusieurs fois noté — ne saurait être tenu pour représentatif du pays. En un sens, la capitale serait le lieu où la lutte des classes est la plus vivement perçue et menée, puisque c'est la grande ville ouvrière, théâtre des journées de Juin. Mais si elle est la capitale de la bourgeoisie, elle est aussi, et plus encore, le centre de la vie intellectuelle, le siège des états-majors politiques et des journaux, le lieu où l'on invente les doctrines, le lieu de toutes les nuances et de toutes les complexités, donc, en un sens, et sans paradoxe, celui qui échappe le plus à la lutte des classes; alors que tant de villes de province ne connaissent plus que des blancs et des rouges, toutes les nuances de gris et de rose en passant par le bleu naissent tout naturellement au foyer central de la pensée et de la politique.

Dans le cadre de vie, en tout cas, l'atmosphère de la révolution disparaît peu à peu. En repavant des rues, en relevant des maisons, on ne fait encore que réparer Juin, mais voici que le préfet de police Carlier entreprend de « réparer » aussi Février : les arbres de la liberté sont arrachés.

La vie mondaine reprend, réceptions dans le grand monde, animation des grands cafés des boulevards, animation plus discrète des cercles où les messieurs de l'aristocratie et de la haute bourgeoisie se retrouvaient par affinités; d'autres réunions encore, s'il faut en croire Flaubert, annoncent le Paris de la « fête impériale » :

« Les uns désiraient l'Empire, d'autres les Orléans, d'autres le comte de Chambord...

Les salons des filles (c'est de ce temps que date leur importance) étaient un terrain neutre où les réactionnaires de bords différents se rencontraient... »

Le Tout-Paris se rassemblait aussi aux courses, à la belle saison. Le cheval était roi.

Dans les allées du bois de Boulogne (qui n'avait pas encore été annexé, embelli et aménagé par Haussmann mais que l'on fréquentait déjà beaucoup), l'on pouvait presque chaque jour voir galoper le président de la République aux côtés d'une belle Anglaise, Miss Howard, maîtresse presque déclarée.

Louis-Napoléon, célibataire de quarante ans, était en effet par goût naturel un homme de plaisir, mais c'est aussi de propos délibéré qu'il déployait un certain faste, et qu'il cherchait à faire de l'Élysée un foyer de vie mondaine. Sa politique y gagnerait; intelligent, peu cultivé au sens classique du mot mais fin, et plein d'expérience, il était fort capable de séduire et de gagner à lui dans la conversation privée tel personnage hésitant; et, pour le spectateur plus lointain, pour le badaud parisien amateur de déploiements d'équipages et de lampions, il s'attachait à donner l'image d'un monarque — peut-être hélas! éphémère — mais digne de la tradition. Il n'était certes pas question de cour, mais enfin la famille commençait à se regrouper quelque peu. Si le cousin Napoléon, représentant du peuple, siégeait à la Montagne, l'oncle Jérôme prêtait son prestige d'ancien roi et de dernier survivant des frères de l'empereur.

Le demi-frère du président, le duc de Morny, qui avait mené sous Louis-Philippe une carrière d'homme d'affaires et de député sans nul rapport avec les Bonaparte, se ressouvenait de sa parenté et venait à son tour se joindre à l'entourage, où il brillait ostensiblement par ses mots d'esprit, et commençait à servir discrètement par ses conseils.

Paris centre intellectuel. Milieux politiques.

Certes la séduction de l'Élysée n'était pas universelle. Elle rebutait dans la bourgeoisie lettrée de Paris ceux qui gardaient le goût d'une république plus spartiate, et ceux qui songeaient à rétablir une autre et véritable cour aux Tuileries. C'était souvent le cas à l'Institut, où dominait une intelligentsia qui était orléaniste parce que Louis-Philippe l'avait choyée et, plus profondément, parce que 1830 avait été *sa* révolution. Ce milieu académique de royalisme libéral avait été passablement désorienté en 1848. Il est vrai que son grand homme, Guizot, s'était réfugié à Londres. Mais depuis le début de 1849 Guizot est revenu — signe des temps — et la grande bourgeoisie est à nouveau rassemblée avec toutes ses forces, et aussi toutes ses divergences, comme nous le verrons.

On n'était pas beaucoup bonapartiste, non plus, dans l'Université. On reprochait surtout ici au régime l'appui réciproque que l'Église et lui s'accordaient. Sur cette base une revue au titre significatif, *la Liberté de penser*, non politique sans doute mais indirectement influente, rassemblait des noms prestigieux, qui étaient des noms d'opposants, Daniel Stern et Eugène Sue, Michelet et Henri Martin, Ernest Renan et Jules Simon, Ernest Bersot et Émile Deschanel[1]. Michelet allait plus loin encore. Gagné à la République un peu avant 1848, il avait été d'abord explicitement antisocialiste, et la vue matérialiste avant la lettre que Louis Blanc avait donnée de la Révolution française l'avait, à cette date, choqué. Mais, depuis, il n'avait cessé d'approfondir sa foi démocratique en poursuivant la rédaction de ses volumes sur 1790, 1791, 1792, 1793. Et sans qu'il se mêlât de politique active (sa vie privée alors était bien plus remplie qu'avant 1848) son cœur et son esprit se tournaient vers la Montagne, comme ceux de ses amis Béranger et Lamennais, et ceux de son cher Quinet.

Dans les salles de rédaction des journaux, la réflexion n'était pas moins active ni indépendante. Répétons-le, la presse parisienne est de nature trop diverse et subtile pour se laisser couper commodément en journaux de l'ordre et journaux socialistes, ou pour donner une allure uniforme à chacun de ces groupes. Nommons parmi ceux qui ne peuvent ou ne veulent se reconnaître en un choix si brutal *le National*, *le Siècle*, ou *la Presse*.

Avec le directeur de *la Presse*, Émile de Girardin, on touche presque à une force politique originale. L'homme avait toute sorte de moyens : intelligent et actif, riche d'expérience journalistique, et riche d'argent, fort d'une position brillante dans les milieux mondains et littéraires. Le drame qui l'avait opposé en 1836 à Armand Carrel le coupait de ses alliés naturels, les gens du *National*. On l'avait bien vu dans l'été de 1848, où Girardin avait été l'un des rares bourgeois à dénoncer les mesures autoritaires prises par Cavaignac. Présentement, en 1849-1850, Girardin poussé par la même logique, et séduit aussi par les vues de cet autre franc-tireur qu'était Proudhon, évoluait vers le socialisme et même se disait montagnard. Mais il y gardait une place à part, et maintenait, par Napoléon-Jérôme, une porte entrouverte vers l'Élysée. On peut y voir non pas certes un fait important, mais au moins un symbole commode de cette politique de Paris et du « monde » qui échappe aux simplifications de la bataille en province et des passions fortes des faubourgs.

1. Comme pour tout ce qui concerne la presse, cf. Guiral in (12).

Paris centre populaire. Un mouvement ouvrier toujours vivant.

Dans les quartiers et faubourgs ouvriers de Paris, la vie continuait. Vie sombre, d'ailleurs, dans le cadre urbain resserré, surpeuplé, malsain, le cadre d'avant Haussmann — pour tout dire — où le choléra fait en 1849 une nouvelle et cruelle apparition[1]. Ceci pour la vie de tous les jours. En politique, certes des milliers de familles pleuraient les morts et les « transportés » de juin, la répression avait emprisonné ou exilé les plus célèbres dirigeants, et surtout elle paralysait toute velléité d'ouvrir un club ou de manifester dans la rue. C'est en cela, mais en cela seulement, qu'on a pu dire Paris assommé par le drame de l'été 1848. Reste que des centaines et des centaines d'ouvriers et d'artisans, instruits et dévoués, avaient eu le temps d'être conquis au socialisme par la Commission du Luxembourg, comme par les clubs ou la presse; ils n'étaient pas tous en prison; et de la presse socialiste il subsistait assez de feuilles pour continuer à diffuser l'idée et pour faire, à défaut de propagande révolutionnaire directe, celle de la morale et de l'économie socialistes.

Nous l'avons dit, ce socialisme-là, resté à peu près licite, c'est celui de l'association. Gustave Lefrançais était parfaitement conscient de cette situation lorsqu'il disait :

« L'action révolutionnaire directe, impossible maintenant à cause de la saignée de Juin, a pris une nouvelle forme qui, pour être plus lente, n'en sera pas moins fructueuse[2]. »

En somme la répression n'avait pas empêché l'action du mouvement ouvrier, elle ne faisait que barrer l'issue barricadière, et la canaliser ainsi avec d'autant plus de vigueur vers l'issue associationniste. Quant à savoir combien de militants entraient dans cette voie avec une espérance totale, et combien n'y voyaient qu'une activité secondaire, propédeutique à une révolution ultérieure, c'est évidemment impossible. Une chose est certaine c'est que, d'inspiration communiste ou démoc-soc, les asso-

---

1. Bonne évocation dans Ph. Ariès, *Histoire des populations françaises*, nouv. éd., Le Seuil, 1971, ch. 4.
2. Cité par R. Gossez (n° 8), p. 316.

ciations ouvrières du type que nous appellerions aujourd'hui mutualiste ou coopératif sont nombreuses, et au moins aussi caractéristiques du Paris de 1850 que des villes de la province rouge. Ce sont des expériences économiques, des entreprises formellement commerciales, aussi — sauf à les surveiller de près — le gouvernement n'y a-t-il rien à redire. Le mouvement a d'ailleurs des hauts et des bas, plus ample en 1849 quand les chômeurs y ont recours, un peu moins en 1850 quand la reprise économique ramène beaucoup d'ouvriers d'élite vers les ateliers privés[1], mais il reste fort, et animé par ce qu'on appelait alors un « désir d'affranchissement », fait à la fois de conscience de classe et de goût de la liberté. En octobre 1851, on ne dénombrera pas moins de 190 associations ouvrières d'inspiration socialiste à Paris. Les militants, les rédacteurs de journaux de gauche s'intéressent à elles. La presse socialiste encourage les associations, et celles-ci servent discrètement à maintenir un encadrement et des contacts, sans lesquels par exemple on ne comprendrait pas la puissance de la mobilisation ouvrière parisienne lors des élections partielles du printemps de 1850, dont nous reparlerons. Il y eut même des tentatives de susciter des organes de presse qui soient l'écho des associations, voire des tentatives pour unir et relier les associations entre elles ; la plus connue des ambitions de ce genre est l'Union des associations de travailleurs, animée notamment par Jeanne Deroin (fin 1849). La Banque du peuple de Proudhon ne se comprenait elle-même que comme couronnement économique de cet édifice du travail. Bien entendu l'une et l'autre seront objet de poursuites, mais celles-ci pourront bien décapiter successivement toutes les tentatives d'organisation ouvrière centrale, elles n'atteindront pas la vitalité du coopératisme à la base.

Vers la fin de 1851 la dignité et la puissance virtuelles de la classe ouvrière parisienne paraîtront telles que *la Presse* de Girardin lancera l'idée de choisir dans son sein le candidat démocrate à l'élection présidentielle de 1852. Il pensait à Martin Nadaud, représentant de la Creuse, et maçon migrant à Paris, qui eût été un bon symbole de l'alliance entre le prolétariat urbain et la province pauvre dont il sortait et qu'il radicalisait en retour. Le coup

1. R. Gossez (n° 8), p. 319.

d'État devait bientôt annuler cette velléité, qui eût sans doute porté en elle toutes les ambivalences de l'ouvriérisme proudhonien. L'important était de retenir qu'autour de 1850, dans Paris plus vivant qu'on ne dit d'habitude, les bouillonnements des années 1860 commençaient à monter. C'est l'Empire autoritaire, et non pas la réaction-Cavaignac, qui devait réussir à opérer une véritable coupure, dans l'histoire conjointe du mouvement ouvrier et de ce qu'il restait de structures républicaines.

La vie politique et sociale dans la France de 1849 et 1850 est bien vivante encore, et l'on n'aurait pas compris, sans ce rappel, les péripéties qui devaient mener de l'expédition de Rome au « Coup du Deux-Décembre ».

5

Entre l'ordre conservateur et l'ordre bonapartiste
(juin 1849-novembre 1851)

Entre Louis-Napoléon Bonaparte et les « burgraves » de la rue de Poitiers, s'était conclue à l'automne de 1848 une adoption réciproque, mais sans chaleur. Le 10 décembre 1848 et le 13 mai 1849 avaient été leurs victoires communes, et ils avaient commencé à gouverner ensemble, sans que cette solidarité d'intérêt atténue leurs dissemblances, que la cohabitation faisait au contraire éclater.

Bonaparte et les bourgeois. Antithèse...

Les bourgeois dirigeants du parti de l'ordre étaient des messieurs dignes et graves, au moins pour la façade sociale, des « notables » dans toute l'acception du terme, et ils tenaient Bonaparte pour une sorte d'aventurier. Sa naissance princière ne les impressionnait guère car ils avaient la conviction, comme tous les gens « informés » de ce temps, que le fils de la reine Hortense était le fruit d'une liaison adultère avec l'amiral Verhuell[1]. Avoir été ensuite collégien en Suisse, carbonaro rebelle en Italie, conspirateur et prisonnier d'État en France, « constable » spécial en Angleterre, était plutôt des circonstances aggravantes, aux yeux de gens pour qui le romanesque hors du roman était de mauvais ton.

Ces bourgeois étaient satisfaits de l'ordre social existant; pour

---

1. Cette thèse est très contestée aujourd'hui. M. Émerit a proposé un autre père naturel, et M. Dansette a soutenu la thèse de la paternité du roi Louis, donc d'une naissance légitime (voir Biblio n° 63).

aider les déshérités ils refusaient de mettre la libre entreprise en cause, n'hésitant qu'entre la charité, la philanthropie, ou l'encouragement dogmatique à la résignation. Bonaparte au contraire avait envisagé jadis de plus vastes initiatives pour « éteindre le paupérisme ».

Ces bourgeois étaient des hommes d'État, même des hommes de l'État, pour qui la politique tenait dans les rapports entre monarques, chambres et conseils, mais qui percevaient beaucoup moins nettement les problèmes de masses, ceux des patries et des nationalités. Bonaparte au contraire, de même qu'il avait davantage le sens du social, avait celui du peuple et de la nation.

On résumerait tout cela en disant que les messieurs de la grande bourgeoisie avaient une culture froide, rationaliste et classique, alors que Bonaparte avait des affinités et des antennes romantiques. De fait, ils savaient mille fois mieux que lui citer du grec et du latin mais il possédait mieux que la plupart d'entre eux les langues étrangères et les sciences pratiques.

Enfin les notables du parti de l'ordre étaient des juristes et des parlementaires. La conviction doctrinale chez les uns, la nécessité et l'accoutumance chez les autres, avaient fait d'eux des libéraux, des hommes de la tribune, de la discussion et du droit. Bonaparte au contraire non seulement n'était pas orateur mais, l'aurait-il été, qu'il fût resté l'homme de son mythe familial, l'homme au destin voué au commandement solidaire et au mépris des pouvoirs collégiaux.

Comment les successeurs de Guizot à la tête de la classe dirigeante française avaient-ils pu prendre pour chef cette antithèse vivante de Guizot, il ne fallait, pour le comprendre, rien moins que le péril commun : la poussée démocratique sensible à la fin de 1848.

... *Et équivoques.*

Nous avons rappelé les données de la situation : le comité de la rue de Poitiers n'avait pas pu s'entendre avec Cavaignac, et il n'avait en son sein aucun homme qui fût de notoriété suffisante pour affronter le suffrage universel. Bonaparte leur semblait bien étranger à leur monde, en quoi ils avaient raison, mais il leur paraissait médiocre et susceptible d'être mené, ce qui devait s'avérer faux. Mais il faut aussi se demander, symétriquement, par quel biais Bonaparte avait, de son côté, pu accepter le pacte. Pas d'autre solution que d'admettre qu'il voulait le pouvoir, et qu'une fois parvenu à l'atteindre, grâce aux notables, il se savait capable de le garder, fût-ce contre eux. A la lumière des rapports analogues que d'autres époques ont vu se nouer, entre Louis-Philippe et les révolutionnaires de juillet 1830, entre Adolphe Thiers et les monarchistes de l'Assemblée de 1871, ou entre Charles de Gaulle et les partisans de l'Algérie française en 1958, l'ascension présidentielle de Louis Bonaparte paraît bien s'insérer dans la série des marchés de dupes historiques.

Reste que ce marché n'avait de sens qu'autant que la démocratie était menaçante pour l'ordre. On tient dès lors une des clefs de la période.

Bonaparte et les burgraves seront alternativement unis ou concurrents suivant que le péril rouge, adversaire commun, paraîtra imminent ou lointain.

Quant à savoir si Bonaparte voulait le pouvoir pour suivre son étoile, ou si sa destinée répondait à un besoin plus rationnel et plus collectif — et, dans ce cas, lequel — c'est une discussion que nous devons réserver pour l'instant.

1. Une œuvre de répression commune

Pendant neuf mois, règne encore l'incertitude (juin 1849-mars 1850).

Répression.

Le président et le parti de l'ordre (représenté par la forte majorité conservatrice qui domine l'Assemblée législative, mais aussi par les ministres du cabinet Odilon Barrot, légèrement remanié en juin) sont d'accord pour l'essentiel, qui est la répression de la propagande démocratique.

L'état de siège est décrété dans les départements où ont eu lieu des troubles au 13 juin. Les représentants qui ont manifesté sur les boulevards sont déchus de leur mandat et déférés en Haute Cour. Une nouvelle loi sur les clubs donne, pour la durée d'un an (mais cette exception est renouvelable et sera renouvelée en 1850), le droit au gouvernement d'interdire tout club ou réunion publique (le reste du dispositif de la loi de juillet 1848 étant inchangé). Enfin, le 27 juillet, une loi sur la presse définit de nouveaux délits politiques, tels que l'offense au président de la République, tandis qu'une loi sur le colportage soumet celui-ci à l'autorisation des préfets.

Premiers signes de désaccord. Le « 31 octobre ».

Les dissonances pourtant vont apparaître : le 18 août 1849 le président écrit à Edgar Ney, son ami personnel, épigone aussi de l'Empire — qui commandait à Rome —, que la présence française dans la capitale des États du Pape ne saurait avoir pour sens de couvrir une réaction totale; la lettre sera publiée le 7 septembre et fera sensation dans le public, comme elle l'avait fait d'abord en conseil des ministres. Elle prouvait d'un coup que le président avait des idées personnelles, que ces idées en politique extérieure étaient plus à gauche que celles des notables catholiques, et qu'enfin Bonaparte ne serait pas un chef d'État soliveau. De ce prudent libéralisme de notre diplomatie il y avait quelques autres signes : Tocqueville, qui la dirigeait alors, essayait de freiner la réaction austro-russe après la défaite des patriotes hongrois et il obtint du moins, de concert avec l'Angleterre, que Kossuth, réfugié en Turquie, puisse gagner Londres, au lieu des prisons de Vienne ou de Pétersbourg.

Mais l'essentiel était bien la faille apparue dans le système constitutionnel français. Après cette alerte, on pouvait deviner que le régime parlementaire qui s'était établi au printemps de 1849 (accord entre la composition du ministère et la majorité conformément à la tradition établie l'année précédente avec la Constituante) reposait sur l'assentiment du président, beaucoup plus que sur la lettre d'une Constitution nettement présidentielle. Cela devint tout à fait évident lorsque le 31 octobre Louis Bonaparte, par un message à l'Assemblée, annonça qu'il formait un ministère selon ses vues, responsable devant lui seul, et que l'Assemblée ne sortirait plus de ses attributions essentiellement législatives.

Le ministère Odilon Barrot (avec notamment Falloux, Tocqueville, Dufaure, Faucher) était remplacé par une équipe volontairement moins brillante, donc plus dépendante du président. A la tête (nominalement) de ce « ministère du 31 octobre », le général d'Hautpoul. Ferdinand Barrot (depuis lors dit « Caïn », pour avoir joué ce mauvais tour à son frère) avait l'Intérieur, Rayneval les Affaires étrangères, Baroche la Justice, Fould les Finances, de Parieu l'Instruction et les Cultes, J.-B. Dumas le Commerce. Les quatre derniers nommés passaient pour très liés avec le président, et même pour constituer l'amorce d'un « parti de l'Élysée ». La majorité de l'Assemblée fut choquée, et il y eut quelques semaines de tension. Mais quoi? Le parti de l'ordre était toujours représenté au Conseil par quelques royalistes de nuances diverses, ces royalistes divers n'avaient encore précisément aucune perspective de fusion qui pût leur permettre une offensive antiprésidentielle commune. Leur protestation n'aurait eu guère de fondement en droit, et le fond de la politique de Bonaparte ne semblait pas devoir changer.

La majorité s'habitua donc au ministère du 31 octobre et poursuivit sa grande affaire, qui était la loi sur l'enseignement.

La loi Falloux.

Il fallait une loi, pour trancher l'imbroglio de politique universitaire dont aucune des monarchies post-napoléoniennes n'avait pu sortir : deux conflits s'entrecroisaient, en effet, l'un entre la liberté d'enseignement et le monopole universitaire, l'autre entre l'esprit de libre pensée et le dogmatisme d'inspiration catholique, mais ces conflits ne se rejoignaient pas logiquement car on tenait la pensée libre comme mieux — ou moins mal — assurée dans l'Université que dans les collèges religieux. Dès lors les véritables libéraux (au sens de partisans de la liberté de pensée) tenaient donc au monopole universitaire, tandis que les cléricaux levaient le drapeau de la liberté d'enseignement. On se souvient que, faute de solution, en dépit d'ardents conflits, le problème était resté en l'état sous Louis-Philippe. A l'extrême fin du règne, Guizot penchait nettement du côté « jésuite », la suspension du cours de Michelet au Collège de France avait été l'une de ses dernières fautes; la révolution de février 1848 en avait tiré un aspect de revanche laïque, avec Michelet réintégré dans sa chaire, et Carnot installé à l'Instruction publique. Nous avons dit plus haut comment l'éviction de Carnot de ce ministère avait été, dès août 1848, un des signes les plus évidents du début de la réaction, une réaction conservatrice à forte composante cléricale.

Le problème de l'enseignement n'était pourtant pas seulement un conflit à épisodes, périodiquement réanimé depuis 1808. Il avait des aspects nouveaux et spécifiques, liés au progrès de l'instruction primaire. Celle-ci — on s'en souvient aussi — devait beaucoup à Guizot, le Guizot de 1833, qui avait obligé les communes à entretenir une école primaire, en les laissant libres de la confier à leur gré à des instituteurs laïques ou à des religieux. Dans les années 1830 on se souciait d'inculquer au peuple des notions élémentaires de culture et de moralité, mais on tenait ce peuple pour étranger à la sphère de la politique; il l'était en effet, par le régime censitaire, et dès lors la philosophie implicite de ses instituteurs n'avait guère d'incidences sur la marche des affaires publiques. Tout change évidemment, en 1848, avec le suffrage universel. Si le paysan est électeur, l'instituteur qui contribue à former son esprit se trouve forcément promu à un niveau de responsabilité analogue à celui du prêtre ou du médecin, du cabaretier ou du notaire : un guide de l'opinion, un « grand électeur », ou un petit notable. Ainsi, à la querelle presque cinquantenaire qui se jouait autour des lycées s'ajoute maintenant une querelle semblable autour de l'école communale.

On sait le principe de la solution. Conservateurs laïques et conservateurs cléricaux, les uns, pour la plupart, de tradition orléaniste, les autres souvent légitimistes, ont fait taire leurs querelles devant le « péril social »; ils font plus, ils s'accordent sur un diagnostic, tenant pour démontré que l'esprit de libre examen, chez les pauvres surtout, prédispose au socialisme, et que l'enseignement de la religion peut seul inculquer au non-possédant un solide respect pour l'ordre et la propriété. Montalembert déploya sur ces thèmes une éloquence qui avait au moins le mérite de se fonder sur une foi religieuse ancienne et sincère. De la part de Thiers et de ses amis, gens de formation rationaliste, et personnellement incroyants, c'était au contraire une véritable conversion. Comme l'a noté René Remond, on assiste là au premier exemple de passage à droite d'un groupe d'hommes et d'un courant d'opinion venu de la gauche, processus qui devait se reproduire encore à quelques reprises dans notre histoire. Cette conversion était un aveu d'impuissance ; était-il tout à fait impossible de fonder une pédagogie de l'ordre social sur des principes rationalistes ? Jules Ferry s'y emploiera plus tard, avec quelque succès. Mais Thiers n'était pas un puissant esprit, et l'année 1848 l'avait véritablement affolé : « Courons nous jeter dans les bras des évêques, eux seuls peuvent nous sauver... » Les évêques avaient ouvert les bras, et fait un devoir à Falloux d'entrer dans le ministère de janvier 1849, où il représentait l'Église plus encore que le groupe légitimiste.

Ainsi la peur sociale, en enlevant au camp laïque un certain nombre de bourgeois conservateurs, modifiait le rapport de forces antérieur et allait permettre à l'Église un succès longtemps recherché en vain.

Il serait particulièrement net aux dépens des instituteurs. On attribuait à des milliers « d'affreux petits rhéteurs » une part essentielle dans le vote des paysans rouges, ce qui nous paraît fort exagéré, pour l'époque (dans les régions où nous avons tenté de suivre de près le processus de radicalisation des masses rurales par influence de notables, nous avons trouvé beaucoup moins d'instituteurs que de véritables bourgeois, médecins, notaires, fils de famille même...). Mais le fait est qu'on croyait beaucoup à l'instituteur socialiste, et de toute façon c'est seulement sur le maître d'école que l'on pouvait avoir prise par la loi, non sur le notable indépendant.

En bref, après le succès négatif qu'avait été le renvoi de Carnot et l'abandon de son projet de développement de l'enseignement primaire (par l'obligation, la gratuité et la laïcisation des programmes), le parti de l'ordre s'est mis à la tâche au début de 1849. Falloux fait nommer une commission d'étude extra-parlementaire, présidée par Thiers, et où brillèrent notamment Victor Cousin et Mgr Dupanloup. Ce long travail poursuivi tout au long de l'année 1849, retardé parfois par les péripéties politiques que nous avons dites, aboutit maintenant au début de 1850, à deux lois.

L'une, la plus facile, dite la « petite loi » ou loi de Parieu, votée le 11 janvier 1850, règle le sort de l'enseignement primaire. Les congréganistes recevaient toute facilité pour devenir instituteurs (le brevet de capacité pouvait être remplacé par le baccalauréat ou la qualité de ministre d'un culte, ou par un certificat de stage, voire, pour les religieuses, par une simple lettre d'obédience). Et surtout la surveillance des instituteurs était confiée aux autorités administratives. Les préfets purent ainsi révoquer par centaines les instituteurs pensant mal.

Pour ce qui relevait de l'Université, ce fut plus complexe, et « la loi Falloux » (qui garde pour l'histoire le nom de son premier artisan, bien qu'il ne fût plus ministre au moment du vote) n'est adoptée que le 15 mars 1850. Le président Bonaparte ne souhaitait pas un abandon total de la construction napoléonienne ; les catholiques d'autre part n'étaient pas tous convaincus que la liberté intégrale leur serait avantageuse. L'existence de l'Université fut sauvée par ces réticences et ces doutes, mais une Université fragmentée par académies départementales, dans les conseils desquelles l'évêque siégerait ès qualités. A côté d'elle, la liberté d'enseignement est établie puisqu'un simple bachelier peut ouvrir une école et qu'aucun titre n'est exigé des maîtres. L'Université garde la collation des grades. Système complexe, par conséquent, mais dont l'orientation est claire : la loi « favorise l'Église à la fois hors de l'Université, par une liberté qui n'est pas de droit commun, et au sein de l'Université, qu'elle conteste pourtant, par des privilèges de fait » (A. Prost[1]).

Mais ce caractère de complication, issu d'un compromis, était inhérent à une loi émanée d'un parti de l'ordre lui-même composite, puisque né d'une coalition récente.

Sa portée.

L'important était que la loi Falloux, en faisant du cléricalisme une pièce maîtresse du système conservateur, unissait par contrecoup de façon extrêmement solide la défense de la laïcité de l'école et de l'État au programme démocratique.

1. Voir Biblio. n° 45, p. 175.

A cet égard, la loi était un grand événement. Tandis que ses dispositions de combat devaient être — comme on sait — modifiées trente ans plus tard, la situation morale qu'elle a créée dans la politique française devait se prolonger plus d'un siècle. Mais il convient ici de nuancer l'analyse. Dans l'immédiat, la liberté nouvelle entraîne un foisonnement d'écoles et de collèges confessionnels qui ne contribue pas peu à l'impression de renaissance catholique que donne la France en 1850-1851. Demi-paradoxe, car les cléricaux « s'emploient (ainsi) à développer un enseignement libre concurrent de l'enseignement public au moment même où ils n'ont plus lieu de se plaindre de celui-ci[1] ».

Les lycées et les collèges communaux réussissent pourtant à garder un esprit relativement différent de celui des établissements catholiques, et à offrir une sauvegarde à ceux qui résistaient à l'Église. Ainsi, comme on l'a noté depuis longtemps, la loi Falloux ouvrait-elle véritablement l'ère « des deux jeunesses » (les deux jeunesses françaises, élevées séparément, dans les filières rivales de l'Université et de l'Église). Or cette division était une division philosophique profonde. C'est que la croisade catholique était maintenant bien autre chose que le combat antisocialiste initial. Pour les Louis Veuillot et autres militants catholiques de ce temps, un bourgeois voltairien, réformé ou israélite était — tout autant qu'un socialiste — un ennemi à combattre, ou un esprit à conquérir. Favorisée au départ par un climat de peur sociale et une volonté de défense conservatrice, la loi Falloux, à l'arrivée, paraissait donner à l'Église un succès beaucoup plus profond : la revanche sur les Lumières. C'est ce thème que Victor Hugo développa, avec plus de grandiloquence que de succès, dans son célèbre discours à l'Assemblée législative. Au fond le poète voyait juste : il s'agissait de bien autre chose que de l'économie, de l'ordre et de la propriété. La loi Falloux était passée du terrain de la lutte des classes à celui des guerres de religion. Lancée pour effacer 1848, elle en arrivait à contester 1789.

On trouvera peut-être cette formule excessive. Nous voulons dire seulement qu'en cette année de 1850, au moment même où il paraissait évident (à Karl Marx par exemple) que la société fran-

1. Voir Biblio. nº 45, p. 179.

çaise allait se diviser sur un front social parfaitement net : peuple contre bourgeois, socialisme contre libéralisme, la politique traditionnelle ramenait au jour l'autre clivage : pour ou contre l'esprit de 1789[1]. Et le fait que ces deux frontières ne soient pas superposables devait être décisif pour la complexité présente et, surtout, à venir, de la politique française.

2. Le tournant politique de l'année 1850

Au moment même où le vote de la loi Falloux marquait l'aboutissement de la réaction conservatrice inaugurée en juin 1849 et menée, vaille que vaille, par la majorité comme par le président (en dépit de quelques nuances), une série de péripéties allait changer encore les données politiques immédiates.

Les élections partielles et la loi du 31 mai.

De mars à septembre 1850, se situe à cet égard un tournant de l'histoire de la République conservatrice.

Le 10 mars on devait voter pour pourvoir les sièges des représentants montagnards déchus de leur mandat à la suite de l'affaire du 13 juin. Vingt et un sièges détenus par des rouges étaient ainsi mis en jeu. Onze montagnards sont élus, ainsi que dix conservateurs. De nos jours un tel résultat ne manquerait pas de combler d'aise le parti au pouvoir, puisqu'il enlevait dix sièges à l'opposition. Mais c'est que nous avons une longue habitude du suffrage universel et de son rôle de thermomètre politique. Les contemporains n'en étaient pas là. Ils constatèrent seulement que, malgré un an de compression politique, l'opinion montagnarde ne s'était pas totalement effondrée : ce n'était donc pas une aberration

---

1. On peut retenir comme symbolique que le cours de Michelet au Collège de France, suspendu par Guizot en janvier 1848, rétabli en mars 1848 par la République de Lamartine, va être à nouveau suspendu, en mars 1851, par la République de Bonaparte et de Falloux.

passagère, mais un mal tenace, enraciné. En outre, on accordait, pour des raisons évidentes, plus d'importance au vote de Paris qu'à celui de la province. Or à Paris les rouges avaient particulièrement bien tenu, réussissant à garder les trois sièges en jeu. Une liste de trois candidats habilement composée et conjointement soutenue (ce qui supposait — *horresco referens* — des concertations) avait réuni l'ancien ministre Carnot, républicain vaguement socialiste mais surtout laïque, protestation vivante contre la loi Falloux, un ancien secrétaire de la Commission du Luxembourg F. Vidal, journaliste fouriériste, et un autre journaliste socialiste, P. Deflotte. Celui-ci surtout fit frémir. En juin 1848, on l'avait beaucoup vu dans l'insurrection, où il voulait seulement évaluer la situation, s'interposer, éviter le massacre ; il y avait gagné seulement d'être arrêté et de passer plusieurs mois en « transportation ». Ce n'était donc pas à proprement parler un « insurgé de Juin » que la capitale plébiscitait, simplement un militant socialiste et un homme de cœur, mais l'épouvante bourgeoise n'y regardait pas de si près. Pire : Vidal ayant été élu aussi dans le Bas-Rhin et ayant opté pour ce dernier siège, il fallut à nouveau voter pour un siège dans la Seine, le 28 avril. Ce fut au tour du parti de l'ordre de cultiver les symboles en présentant la candidature du boutiquier Leclerc, garde national qui avait combattu pour l'ordre en juin 1848 et avait entraîné au combat ses deux fils, qui y avaient trouvé la mort. La gauche lui opposa Eugène Sue, riche fils de famille, et romancier à succès, mais qui s'était sincèrement converti au socialisme et faisait par la plume une propagande efficace. Le cumul de ses notoriétés personnelle et politique lui valut un succès éclatant, et l'opinion bourgeoise fut plus atterrée encore qu'au 10 mars : le héraut du socialisme avait battu le héros de l'ordre.

Les conservateurs en conclurent que la compression n'était pas encore assez forte, et que le suffrage universel était incorrigible. De là deux nouvelles lois, celle du 31 mai 1850, qui restreignait le corps électoral, et celle du 8 juin, qui entravait la presse. Lois de classe tout à fait caractéristiques. La presse visée était la presse pauvre, dont la loi du 8 juin visait à rendre la vie impossible en augmentant le timbre et le cautionnement (pour nous en tenir aux dispositions principales). Et l'électorat visé était l'électorat pauvre, puisqu'on mettait pour condition à l'inscription sur les listes l'inscription au rôle de la taxe personnelle (ce qui excluait l'indigent), l'absence de toute condamnation même infime (ce qui excluait toutes les petites gens en conflit perpétuel avec le garde champêtre, et beaucoup de militants tracassés par le pouvoir) et trois ans de domicile continu (ce qui excluait le déraciné, le migrant, le chômeur quêtant l'emploi de ville en ville). La loi fit scandale à gauche par son caractère hypocrite (c'était un vrai rétablissement du principe censitaire, mais par le biais de conditions « techniques », et sans que le droit cesse d'être réputé universel), et aussi par certaines justifications données en termes provocants (Thiers dénonçant « la multitude, la vile multitude »). Contre elle la Montagne mena un beau combat oratoire, tandis que les journaux et les cercles républicains lançaient un pétitionnement massif qui obtenait en quelques jours environ 500 000 signatures[1]. Au vote l'opposition réussit à regrouper 241 voix (elle en avait réuni seulement 223 contre la loi Falloux, et 183 contre l'état de siège en 1849), mais le bloc du parti de l'ordre restait bien supérieur à 400.

La loi du 31 mai, une fois appliquée, réduisait le corps électoral de près d'un tiers, le nombre d'électeurs passant, en gros, de 9 600 000 à 6 800 000.

Les deux millions et demi de prolétaires radiés étaient-ils tous des rouges ? Rien n'est moins sûr. Mais l'important pour nous est bien de noter qu'on le crut. Pour s'en réjouir ou pour le déplorer, chacun tint pour acquis que la Montagne ne gagnerait pas les élections de 1852.

Et dès lors tout le jeu politique fut changé.

---

1. On a pu montrer (Huard, n° 59) qu'il se trouva bien plus de signataires dont le droit électoral n'était pas menacé que de signataires menacés de radiation. Ainsi les gens mobilisés l'étaient-ils plus par un principe que par une considération personnelle.

Signatures villageoises plus que citadines aussi : déjà on s'aperçoit que la propagande démocratique est efficacement bornée là où la surveillance policière est effective (villes) et non là où elle est faible (villages) ou même nulle (petits villages à maires démocrates). On retrouvera ces traits dans l'insurrection de décembre 1851.

La Gauche rejetée vers la conspiration.

Du côté de l'opposition, c'est un coup porté à l'optimisme et au légalisme, signalés au chapitre précédent, et qui nous sont apparus caractéristiques à la fois de l'idéologie démoc-soc essentielle et de la conjoncture ascendante de 1849-1850. Ce n'est pas par hasard certainement si c'est après le 31 mai qu'on voit surtout signaler à nouveau les « sociétés secrètes ». Mythe ou réalité ? Mythe certes, pour une part, en ce sens que, devant un redoublement de tracasseries administratives, les sociétés, cercles, clubs, chambres et autres lieux où l'on parle politique dissimulent cette vocation, ce qui les fait dire « secrets », mais avec une orchestration quelque peu abusive du terme. Réalité aussi d'autre part, cependant, car il n'en faut plus douter : certains républicains — quoique moins nombreux qu'on ne l'a dit à l'époque — ont bel et bien retrouvé les vieux chemins de la conspiration, c'est-à-dire les « sociétés secrètes », que nous dirions plus volontiers « à initiation », avec recrutement très circonspect, information partielle et graduée sur les buts et organes de l'association, prestation de serment solennel de fidélité et de discipline, mise en circulation de mots de passe, collecte d'armes. Jusqu'au fin fond de nos campagnes on apprendra ainsi que des paysans auront été amenés par une nuit sans lune, bandeau sur les yeux, dans une bergerie écartée ; ils y auront juré, la main tendue sur deux pistolets mis en croix, fidélité à la Nouvelle Montagne.

En août 1850 la police arrêtant à Lyon l'ancien représentant démocrate du Vaucluse, Adolphe Gent, qui faisait la liaison entre les sociétés du Sud-Est et la Suisse, découvrit l'essentiel de ces réseaux dans la vallée du Rhône, les Alpes, la Provence et le bas Languedoc. Ce fut le « complot de Lyon », ou « du Sud-Est », qui donna lieu à maintes arrestations puis au printemps de 1851 à un grand procès. Les condamnations furent lourdes bien qu'on n'ait pas trouvé de préparatifs concrets de rébellion offensive, mais seulement des liaisons. Gent et les deux autres chefs seront condamnés à la déportation à Nuka-hiva, îlot de l'archipel des Marquises, autant dire aux antipodes, éloignement fabuleux pour l'époque, et qui fit rude impression.

Police efficace, justice sévère, législation bien amendée, l'ordre pouvait être tranquille. Et c'est bien pourquoi, assurés de leurs arrières, président et « burgraves » peuvent à nouveau s'offrir le luxe de mener des jeux concurrents. C'est même surtout en cela que la conjoncture est nouvelle.

L'Élysée entre en campagne.

A vrai dire, l'initiative vient de Bonaparte, dont les ambitions se démasquent. A l'Élysée, il reçoit de plus en plus, et les cadres de l'armée avec une attention particulière. Il flatte aussi le simple soldat, visitant des casernes, passant des revues, et terminant ces belles journées par des distributions libérales de vin rouge et de saucisson; le journaliste bourgeois pouvait bien se gausser de ces grossières agapes, le troupier, lui, familier de plus tristes gamelles, en était tout reconnaissant.

Le président se montre en province, faisant en juillet 1850 une grande tournée dans l'Est, de l'Alsace à la Bourgogne en passant par la Franche-Comté et Lyon, puis à nouveau en septembre en Normandie. Il sait s'attarder dans les champs aux acclamations paysannes, et faire front dans les villes aux manifestations des démocrates qui crient contre lui: « Vive la République » et manquent parfois de le bousculer (Strasbourg, Besançon). Il sait doser ses discours : dans l'Est républicain il se pose en garant de la constitution (ce qui pourrait passer pour un blâme indirect de la loi du 31 mai, œuvre de l'Assemblée), tandis que dans la Normandie conservatrice il souhaite la continuité nécessaire (ce qui suggère le mérite d'un rétablissement monarchique en sa faveur).

L'important était cependant de parer au plus pressé : pour devenir empereur un jour, il fallait être sûr de ne pas cesser d'être président en 1852. Or la Constitution interdisait la réélection. Il fallait donc la changer : le mot d'ordre du bonapartisme sera la révision. Le président essaie de ce moyen. Les préfets, qui sont de plus en plus à sa dévotion, reçoivent la consigne d'inciter les conseils généraux, dans leur session d'été (août 1850), à voter des vœux en faveur de la révision. Ce plébiscite de notables donne des résultats appréciables, mais incomplets. Cinquante-deux vœux révisionnistes, sur quatre-vingt-trois départements; c'est une majorité bonne pour gouverner, non pour plébisciter (même de façon officieuse) un bouleversement.

Le président ne s'interdit pas des moyens moins solennels. Ses déplacements dans Paris sont suivis de plus en plus souvent par une sorte de brigade des acclamations capable de faire le coup de poing (et le coup de canne) contre les passants qui pousseraient des cris hostiles (c'est-à-dire... républicains). Cette police officieuse est organisée : c'est la « Société du 10 décembre » (ainsi nommée pour exalter la date de la grande élection de 1848); Marx y diagnostiquera une nouvelle émanation de cette sous-classe, la pègre, et Daumier en immortalisera la rebutante figure sous les noms de Ratapoil et Cazemajou.

Tout cela ne plaît guère aux notables conservateurs : comme royalistes, ils voient poindre un concurrent; comme libéraux (quand du moins ils le sont), ils redoutent un dictateur.

Reprennent dès lors, et bien plus vivement et fréquemment que dans l'été et l'automne de 1849, les escarmouches parlementaires. Elles portent d'abord sur la dotation du chef de l'État. Il dépensait beaucoup, et pour lui-même et pour sa propagande. Il était revenu en France à la fin de 1848 sans grands biens personnels, et avait vécu sur le crédit de quelques financiers, dont Fould, séduit par son nom et ses espérances politiques. Bref il avait des dettes, et on le savait vulnérable par là. Il y eut à l'Assemblée des augmentations demandées, refusées, ou accordées après des réticences, des retards et des compromis. Entre les amis des burgraves et le groupe de conservateurs bonapartistes, qui grandissait avec la montée de l'activisme présidentiel, et qu'on appelait maintenant le parti de l'Élysée, il y eut des tensions désagréables. Bientôt elles se concentreront autour de la question de l'armée, de sa discipline et de ses allégeances.

L'échec de la fusion dynastique et la division des conservateurs.

Avant qu'on en arrive là (à l'affaire Changarnier, qui sera un peu « le commencement de la fin ») un fait nouveau vint compliquer encore la conjoncture mouvante de l'été 1850. Le 26 août Louis-Philippe meurt dans sa résidence d'exil en Angleterre. Serait-ce l'occasion de réconcilier les Bourbons de la branche aînée avec les

Orléans? Louis-Philippe avait une belle descendance, le comte de Chambord n'en avait pas. On pouvait concevoir que celui-ci règne en cas de restauration puis désigne, comme chef de la maison de France après lui, son lointain cousin le comte de Paris, petit-fils de Louis-Philippe. Cette perspective par elle-même accroîtrait la « crédibilité », donc les chances de la restauration éventuelle. Le projet de fusion portait en somme au niveau dynastique l'alliance de fait conclue entre légitimistes et orléanistes sous le nom de parti de l'ordre; son succès pouvait être un coup dur contre la République et contre Bonaparte. Les modérés des deux camps royalistes s'emploient à le faire aboutir, Guizot d'un côté, Berryer et Falloux de l'autre. Mais il y a des obstacles : Chambord, et toute une aile intransigeante du parti blanc, se refusent, comme ils le feront après 1870, à faire les concessions de principe inéluctables (drapeau tricolore, constitution libérale). Du côté orléaniste, il surgit des réticences, mais pour des raisons différentes. Thiers a révisé son jugement sur l'élection présidentielle : il suppute, avec quelque raison, qu'en 1852 un prince d'Orléans, Aumale ou Joinville, hommes dans la force de l'âge, intelligents, parés d'un prestige militaire assez récent, pourraient faire bonne figure, voire conquérir sans trop de heurts, par étapes, un trône pour leur neveu (et un ministère pour Thiers...). Autour de Thiers le gros des orléanistes sera donc moins empressé à faire réviser la constitution qu'à lutter pour l'abrogation de la loi qui exilait les princes, et les empêchait ainsi de se montrer au peuple de France.

Tout compte fait la fusion échoue. Vers la fin de 1850 on peut dire que ce conflit dynastique ravivé, en créant une faille au cœur même du camp royaliste, a accentué la décomposition du parti de l'ordre et accru de ce fait les chances de l'Élysée.

3. L'ascension du bonapartisme

Avec l'automne de 1850 on entre vraiment dans une période politique dominée par la perspective d'un coup d'État.

L'armée et l'affaire Changarnier.

Or qui dit coup d'État dit emploi de la force, et la plus évidente force est celle de l'armée. Les querelles autour des généraux sont désormais aussi importantes que les débats constitutionnels, c'est un signe des temps.

Il n'y avait guère de bonapartistes dans le haut commandement. Les généraux en activité étaient trop jeunes pour avoir servi sous Napoléon Ier. Ceux qui avaient par tradition familiale ou intime une conviction politique assurée pouvaient être républicains (Cavaignac) ou légitimistes (Changarnier), ceux, plus nombreux, qui étaient patriotes sans autre précision étaient habitués aux Orléans. Au-dessous d'eux, il est vrai, la propagande de l'Élysée avait fait quelques conquêtes. Mais l'homme-clef était nécessairement le commandant en chef de l'armée de Paris. A ce poste la politique de réaction avait amené le général Changarnier, conservateur de nuance légitimiste, homme ambitieux, qui rêvait d'être l'épée ou le bouclier de la Législative comme Cavaignac l'avait été de la Constituante.

Si quelqu'un avait les moyens de faire obstacle à un coup d'État, c'était bien lui.

Toutefois il n'y avait guère qu'à l'Assemblée qu'on pouvait voir en lui un champion de la Constitution. Dans l'opinion démocratique, où l'on était moins attentif à ces divergences parisiennes, l'image de Changarnier était celle d'un militaire de droite, fort peu tendre pour le peuple. Nous avons vu que la chanson associait son nom à celui de Radezki.

C'est une revue des troupes au camp militaire de Satory qui fut l'occasion d'engager la lutte. On était au 10 octobre 1850. Au cours du défilé, quelques régiments crient « Vive l'Empereur ! » D'autres restent muets. Le général Neumayer, qui avait fait respecter le règlement par ces derniers, est alors destitué, d'ordre du président. Vive émotion. Le 2 novembre Changarnier se décide à défendre Neumayer en rappelant publiquement dans un ordre du jour qu'il est interdit de crier sous les armes. C'est un reproche direct à la propagande officieuse du bonapartisme. Le président paraît d'abord reculer, il change même son ministre de la guerre. Changarnier triomphe, et pas modestement. On colporte dans les salons et les couloirs ses mots railleurs contre le président (ce « perroquet mélancolique »), ses rodomontades de gardien de la Loi (le président? je le ferais conduire à Vincennes...).

La contre-attaque vient le 3 janvier 1851 : Changarnier est à son tour privé de commandement. C'est un tollé dans la majorité. Les burgraves viennent assiéger Bonaparte de plaintes; les ministres eux-mêmes, impressionnés, offrent leur démission. Une longue crise s'ouvre, dont le président, tenace, sort vainqueur. Il constitue le 24 janvier un ministère formé de personnages encore moins connus et plus dévoués que leurs prédécesseurs (on l'appelle le « petit ministère »). Certes la nouvelle équipe se heurte à la méfiance de l'Assemblée, où il se trouve une majorité pour émettre un vote hostile (la plus grande partie des conservateurs votant, avec la gauche, contre le pouvoir, tandis que seule une minorité de l'ancien parti de l'ordre, jointe aux amis de l'Élysée, vote pour). Mais rien n'oblige, on le sait, le président à en tenir compte.

Le bilan de cette affaire Changarnier est plus lourd qu'il ne paraît. Non seulement Bonaparte a fait preuve de résolution, non seulement l'obstacle Changarnier a sauté, mais encore le parti de l'ordre a éclaté.

Le désarroi à l'Assemblée.

Cette Assemblée qui deux ans plus tôt voyait s'affronter deux blocs solides, quelque deux cents démocrates contre plus de cinq cents amis de l'ordre, est maintenant à peu près coupée en quatre : républicains, orléanistes (qui inclineraient plutôt vers la gauche), légitimistes (qui seraient plutôt moins rebelles au pouvoir) et parti de l'Élysée. Groupes instables d'ailleurs, avec beaucoup de nuances, d'allées et venues, dont la vie politique tire une complication et un ésotérisme nouveaux. C'est l'époque des majorités contradictoires, formées d'alliances faites, défaites et refaites selon les questions. Entre autres résultats de cette fluidité, il y a la réintroduction des républicains dans le jeu politique, puisque avec les uns ou les autres ils peuvent se trouver parfois du côté du vote gagnant. C'est d'ailleurs pour eux aussi un facteur de division, car si certains, les moins nombreux semble-t-il, continuent à mettre tous leurs espoirs dans la lutte populaire (pour résister au coup d'État éventuel, et en tout cas pour réclamer et reprendre le droit de vote pour tout en 1852), d'autres mettent une confiance accrue dans le combat parlementaire, où les amis de Thiers joignent plus souvent que naguère leurs voix aux leurs.

On le vit bien dès février 1851, où à peu de jours de distance trois majorités successives et différemment composées infligèrent au président le rejet de ses frais de représentation, aux républicains le rejet d'une proposition d'amnistie, et aux orléanistes le refus de rapporter la loi d'exil des princes.

L'échec de la révision.

On n'en vint pas cependant au coup d'État aussitôt. Il faut rendre cette justice à Bonaparte qu'il se donna encore une chance de parvenir à ses fins par une procédure régulière. Mais celle-ci devait non moins régulièrement échouer.

Le printemps de 1851 voit refleurir la campagne révisionniste. Les préfets cette fois ne mettent pas en branle les conseils généraux mais un pétitionnement des citoyens.

Le succès est très inégal suivant les provinces, en fonction de l'influence des partis. Du côté de l'ordre on hésitait entre le refus de toute révision (ce qui était aussi — cela va de soi — l'opinion des républicains), une révision limitée à la clause de non-rééligibilité du président (ce dont Bonaparte se contentait alors), et une révision totale (qui avait la faveur des légitimistes intransigeants). Il y eut un peu moins d'un million et demi de signatures pour la révision, provenant surtout des régions de Champagne, Lorraine, Normandie et bassin d'Aquitaine.

Dans le Midi le succès populaire du bonapartisme fut faible, et sa campagne réussit seulement à déclencher, par contrecoup, une reprise de pétitionnement républicain pour l'abrogation de la loi du 31 mai. Bien qu'elle ait entraîné parfois (dans le Gard par exemple) certains légitimistes partisans de « l'appel au peuple », cette deuxième poussée de pétition républicaine n'égala d'ailleurs pas celle de mai 1850. Répression et découragement avaient porté quelques fruits depuis un an.

Quoi qu'il en soit de ces réactions populaires, la décision appartenait à l'Assemblée, qui, aux termes de la Constitution, ne pouvait engager une procédure de révision qu'avec une majorité des trois quarts.

Les républicains formant à eux seuls plus du quart des votants, la révision était extrêmement peu probable, et Bonaparte ne pouvait guère y croire. C'est pourquoi, au moment même où l'Assemblée engageait le débat, il prononça à Dijon un discours inquiétant qui, opposant le bien public qu'il voulait faire aux obstacles mis par l'Assemblée, laissait présager le coup d'État.

Le vote eut lieu fin juillet : 446 voix se prononcèrent pour la révision, soit les fidèles de l'Élysée, et la plupart des conservateurs, tant légitimistes qu'orléanistes; contre la révision, 278 voix, républicains, orléanistes libéraux (de la tendance Thiers) et une poignée de légitimistes partisans du tout ou rien. Les 278 représentaient en somme une gauche républicaine élargie, et les 446 un parti de l'ordre affaibli. Comme le seuil constitutionnel des trois quarts n'était pas atteint, la révision était repoussée, et l'alternative évidemment réduite au coup d'État ou à la sortie de charge régulière de Bonaparte dans un an.

De ceci il n'était pas question, et l'on arrive à la phase de préparation directe de la contre-révolution.

Les grandes manœuvres politiques.

Préparation technique : c'est alors que Saint-Arnaud va gagner sa troisième étoile en Kabylie, afin de pouvoir revenir en avancement à Paris. C'est alors que l'état-major officieux du président, Morny son demi-frère, Persigny son vieux compagnon d'exil et d'aventure, Fleury son aide de camp, étudient les mutations de personnel les plus opportunes.

Mais préparation politique aussi. A la fin de septembre le président se déclare partisan de l'abrogation de la loi du 31 mai. Par ce coup prodigieux de machiavélisme (mais bien dans sa manière), le président poussait un coin dans la coalition récente des républicains avec les amis de Thiers, puisque les uns étaient les principales victimes et les autres les principaux auteurs de la loi en question. Les conservateurs ennemis du suffrage populaire, désavoués désormais par l'Élysée, se voyaient d'un coup isolés et déconsidérés.

Quant aux républicains, dont ce projet d'abrogation comblait les vœux, ils se voyaient traînés d'un coup dans le camp de l'Élysée, c'est-à-dire dans l'extrême embarras et — fort probablement — dans la dissension et l'impuissance. Sur le moment, le propos présidentiel ne déclenche qu'une crise ministérielle : une fois de plus il se trouve quelques ministres, plus réactionnaires qu'élyséens, pour démissionner. Tel est le cas, entre autres, de Léon Faucher, qui était revenu à l'Intérieur dans les péripéties du début de l'année. La crise est l'occasion de le remplacer par un bonapartiste docile, Thorigny. Du même coup le préfet de police Carlier, fort conservateur lui aussi mais peut-être de penchant royaliste, perd sa place au profit de Maupas. Celui-ci précédemment en poste à Toulouse, avait un peu attiré l'attention : comme il avait demandé des poursuites contre des républicains de la ville, et que le parquet avant de rédiger des mandats d'amener s'inquiétait de savoir quelles preuves on avait, Maupas avait répondu qu'il serait toujours temps d'introduire aux lieux voulus des pièces compromettantes. Un tel préfet de police était un symbole, un défi et une menace.

Dans le pays, le trouble s'accroissait tant par les nouvelles surprenantes parvenant de Paris que par le simple effet de la lutte chronique qui opposait la police à la propagande démocratique. Pour peu que le climat social s'y prête, la lutte active paraît imminente. En octobre, à la suite d'incidents ruraux dans la vallée de la Loire, deux départements (le Cher et la Nièvre) sont mis en état de siège. Dans le Var, pour défendre la prospère coopérative ouvrière des bouchonniers contre les tracasseries d'une police complice des patrons, les villages des Maures sont en effervescence.

Même à Paris, et au niveau du monde politique, la situation paraissait commander l'urgence, car les intrigues s'entrecroisaient, les conspirations s'ébruitaient... Allait-on opérer tout de suite? Certains affidés firent observer à Bonaparte qu'avec les vacances parlementaires les représentants rouges étaient dispersés dans leurs provinces, tandis qu'en pleine session on les aurait à Paris d'un seul coup de filet. Le coup fut donc remis à la fin de l'automne.

Le 4 novembre, un message du président renouvelle son intention de proposer l'abrogation de la loi du 31 mai.

Saisie d'une demande de vote sur l'urgence, l'Assemblée la repousse de justesse, par 355 voix résolument conservatrices.

contre 348, qui réunissaient évidemment républicains et parti de l'Élysée. Échec pour Bonaparte? Ce n'est pas sûr car un résultat du moins était atteint, peut-être celui qu'on cherchait : l'hostilité se ravivait entre la gauche républicaine et le centre-gauche orléaniste. Ces derniers étaient maintenant d'autant plus résolus à faire obstacle au président qu'ils le voyaient capable de pactiser, au moins tactiquement, avec les « rouges ».

La proposition des questeurs.

Or l'imminence du coup d'État se précisait de jour en jour. En même temps que l'Assemblée discutait de l'urgence, la nouvelle se répandait que le nouveau ministre de la guerre, le général de Saint-Arnaud, avait adressé aux généraux de l'armée de Paris une circulaire qui rappelait le caractère absolu, impérieux, de la discipline militaire, l'exigence d'exécuter aveuglément les ordres reçus, la couverture totale de la responsabilité du subordonné par celle du chef.

Il omettait évidemment de rappeler que la Constitution était pour tous au-dessus du règlement militaire, et que sa violation priverait *ipso facto* les chefs coupables de tout pouvoir légal de commander.

Le sens de la circulaire était clair. Il était aisé de prévoir en effet que les défenseurs de l'Assemblée et de la République tenteraient d'ébranler le soldat en opposant la Constitution à la discipline régimentaire ; or ces tentatives avaient leurs chances de succès, car les groupes libéraux de l'Assemblée avaient bien des généraux dans leurs rangs : Cavaignac et Charras (celui-ci seulement colonel il est vrai, mais ancien sous-secrétaire d'État à la guerre) du côté républicain, Lamoricière, Bedeau, Le Flô, au centre-gauche, Changarnier lui-même. Bedeau était même vice-président, Le Flô questeur. Et tous ces hommes avaient des noms autrement prestigieux que Saint-Arnaud, militaire taré, d'ascension trop rapide. On voit l'intérêt qu'avait ce dernier à inculquer à l'avance à la troupe l'obéissance au chef immédiat, et le rejet de toute voix du dehors.

Précisément parce que l'affaire était claire, les royalistes antibonapartistes réagirent aussitôt, le 6 novembre, en inspirant la

Proposition des questeurs. Par ce texte, le président de l'Assemblée recevait (ou plutôt se voyait rappeler, car il l'avait en principe toujours eu) le droit de requérir la force armée pour assurer la sécurité et éventuellement la défense de la représentation nationale. C'était, ce pouvait être, une parade contre le coup de force de l'Élysée.

Mais cette énergie libérale, cet amour de la Constitution et de la République chez les disciples habituels de Thiers et de Changarnier, étaient encore de trop fraîche date pour ne pas paraître à la gauche insolites et même suspects. Ballottée depuis quelques semaines de surprise en surprise, la Montagne se divisa : fallait-il voter pour la proposition des questeurs, ce qui revenait à s'allier à Thiers et aux autres ouvriers de la onzième heure pour résister au bonapartisme ? ou combattre la proposition des questeurs, ce qui revenait à soupçonner Thiers et les siens de méditer un coup de force pour leur compte ? En d'autres termes, fallait-il voir le danger principal à l'Élysée, ou sur les bancs orléanistes ? La première attitude, qui était la bonne, comme l'événement allait bientôt se charger de le dire, ne fut pas la plus répandue, ce fut celle de quelques obscurs, Marc Dufraisse, Pascal Duprat, Jules Grévy, et de tous les républicains militaires, derrière Cavaignac et Charras ; c'est la seconde qui l'emporta : plus des trois quarts des montagnards allaient faire sans le vouloir le jeu de l'Élysée, rassurés par l'argument évoqué, avec son emphase habituelle, par leur leader Michel (de Bourges) : « ... s'il y avait un danger, il y a aussi une sentinelle invisible qui vous garde ; cette sentinelle, je n'ai pas besoin de la nommer, c'est le peuple... »

Mais en vérité la cause profonde du vote malheureux émis par la majorité des montagnards était bien l'insurmontable méfiance que leur inspiraient certaines figures de conservateurs. C'est ce que l'un des majoritaires (Victor Hugo, hélas !) notait dans ses carnets, en prose : « Je suis peu troublé par l'Élysée, mais je suis inquiet du côté de la majorité. Je ne vois pas Napoléon et je vois Pichegru » — et aussi en vers :

> « La Révolution montre quelque surprise
> Quand Thiers devient aimable et se familiarise...[1] »

1. Voir Biblio. n° 28, p. 293 et 295.

C'est ainsi que le 17 novembre, la proposition des questeurs fut rejetée, n'ayant obtenu que 300 voix, tandis que 403 votaient contre, renouvelant la conjonction des montagnards et des élyséens, mais grossie cette fois de tout un marais de conservateurs résignés. L'accroissement du nombre de ces derniers depuis le vote du 4 novembre donnait bien la mesure de la puissance d'attraction du bonapartisme sur cette assemblée disloquée. Mais l'essentiel était bien qu'un dernier barrage libéral tardivement érigé s'effondrait sous les coups des théoriciens de la sentinelle invisible, fâcheusement unis aux manipulateurs de soldats réels. Cette division manifestement profonde de la représentation nationale laissait aux conspirateurs, qui avaient suivi avec une nervosité visible le débat du 17 novembre, le temps de fignoler leurs préparatifs, et de les exécuter au moment même où l'on croyait la tension retombée.

6

Le coup d'État de Bonaparte et la résistance républicaine
(2-10 décembre 1851)

A certains égards, le coup d'État perpétré par le président Bonaparte est le prolongement logique de la politique des mois précédents. Constitué en force indépendante, le bonapartisme veut combattre à la fois les bourgeois royalistes et les républicains. Il adopte une partie des revendications démocratiques (rappel de la loi du 31 mai) pour isoler les bourgeois et les tourner sur leur gauche d'une part, et pour détourner à son profit la clientèle populaire des républicains d'autre part. L'homme du 2 décembre s'est émancipé du parti de l'ordre.

A d'autres égards pourtant, l'épisode va aboutir à un nouveau tournant, voire à un retour en arrière. Si, le 2 décembre, Louis-Napoléon semble détaché des vieux conservateurs, une semaine après il paraît bien au contraire s'être remis à leur tête et agir pour leur compte, comme en décembre 1848, ou comme en juin 1849. Il embouche à nouveau la trompette de la défense sociale. C'est que le coup d'État, techniquement réussi, a politiquement échoué. Les classes populaires, loin d'être neutralisées par la démagogie bonapartiste, se sont révélées comme l'obstacle principal à son entreprise dictatoriale. Devant cette situation pour lui inattendue, Bonaparte a changé de rôle, et presque de drapeau.

L'important est que cette conjoncture où se conjuguaient à nouveau les luttes politiques et les luttes sociales qu'on prétendait dissocier, soit apparue en province bien plus nettement qu'à Paris. Mais ceci du moins était dans la logique de la « République des paysans ».

1. Le coup d'État à Paris

L'annonce.

Le moment avait été plusieurs fois remis, nous l'avons dit. Mais le rejet de la proposition des questeurs avait donné un peu de répit au président, qui en profita pour choisir exactement son jour. Le 2 décembre, anniversaire du sacre de Napoléon et de la victoire d'Austerlitz, mettrait l'entreprise sous le signe du Destin des Bonaparte. En écrivant « Rubicon » sur la couverture du dossier secret qui contenait les documents préparatoires, Louis-Napoléon revendiquait aussi le patronage de César, le César de la guerre civile. Il avait toutefois la tâche plus facile que ses prédécesseurs, n'ayant point de Pompée non plus que de Barras à déloger. Son pouvoir matériel était déjà établi en fait puisqu'il disposait de l'exécutif et qu'il avait composé à sa guise le corps préfectoral comme les cadres de la police et de l'armée.

Le coup d'État du 2 décembre ne consistait donc pas à conquérir un pouvoir mais à se prémunir contre les résistances que ses initiatives constitutionnelles abusives allaient susciter. Ayant le choix du moment, la conspiration pouvait bénéficier de l'effet de surprise et se réduire, au petit matin, à une « opération de police un peu rude » d'une part aux dépens des législateurs dont on allait abolir la fonction, et d'autre part des leaders politiques les plus capables d'animer une résistance active. Toutefois, dans les perspectives initiales, qui n'étaient nullement terroristes, il était capital de faire accepter le fait à l'opinion par une grande opération de propagande. De nos jours ce but serait recherché par l'occupation immédiate des stations émettrices de radiodiffusion et télévision. En 1851, on n'avait pas d'autre moyen que l'affichage, et c'est pourquoi le coup d'État commença, à minuit dans la nuit du 1er au 2, par l'occupation de l'Imprimerie nationale, qui fut peut-être — on ne le dit pas assez — l'entreprise la plus délicate. Il avait fallu s'assurer de la complicité du directeur, trouver un prétexte pour convoquer les ouvriers à un moment aussi insolite, fragmenter les textes et proclamations à composer et en répartir les morceaux entre des équipes différentes pour qu'aucun typographe ne puisse deviner le sens de l'entreprise en lisant le total, et naturellement, pour plus de sûreté, cerner de troupes en armes tout le bâtiment de l'Imprimerie. L'affaire réussit et, à l'aube du 2 décembre, les afficheurs salariés de la préfecture, escortés et surveillés par des sergents de ville, placardèrent sur tous les murs de Paris une proclamation à l'armée et une autre à la population. Celle-ci, la principale, annonçait la dissolution de l'Assemblée législative, la préparation d'une nouvelle Constitution, et un plébiscite pour la ratifier ; pour justifier ces mesures, le texte développait l'antithèse classique sur les mérites de l'œuvre du Consulat, opposés aux lenteurs des assemblées délibérantes, et surtout il annonçait le rétablissement du suffrage universel par abrogation de la loi du 31 mai 1850. Ainsi les hommes du coup d'État, préférant dans ce premier temps la démagogie à la violence, se plaçaient-ils plus à gauche que l'Assemblée dissoute.

Les arrestations.

Ils n'espéraient pas pour autant que les républicains applaudiraient, et on le vit bien à la liste des arrestations.

Car, dans ces mêmes heures de la fin de la nuit, en même temps que l'on affichait les proclamations, que Morny s'installait au ministère de l'Intérieur évacué sans protestation par le pâle Thorigny, que le commandant de la garde nationale de Paris envoyait des hommes sûrs crever les tambours des diverses légions afin que nul officier zélé ne pût faire battre le rappel, et que Saint-Arnaud couvrait la capitale de régiments —, des dizaines d'équipes de fonctionnaires de police, que Maupas avait passé la nuit à constituer et à doter d'instructions minutieuses, se répandaient dans Paris. Parmi les cibles de ces équipées nocturnes figuraient d'abord quelque quatre-vingts militants démocrates connus comme influents et actifs, « chefs de barricades » possibles ; et figuraient aussi une vingtaine de représentants remarqués pour leur opposition.

On peut tenir pour significatif qu'il y ait parmi eux presque tous les militaires que comptait l'Assemblée, de Changarnier à Charras en passant par Bedeau, Lamoricière, Le Flo et Cavaignac, ainsi que deux officiers subalternes, qui étaient de la Montagne. Le pouvoir connaissait leur hostilité et pouvait à bon droit redouter leur énergie et surtout leur influence sur les exécutants militaires du coup d'État. Il fit aussi arrêter Thiers, qui s'était manifesté récemment comme un opposant résolu, et en d'autres temps comme un homme d'État capable d'initiative et de combativité. Il fit arrêter une demi-douzaine de montagnards, ceux qu'on savait les plus proches du peuple par leurs origines, ou les plus résolus à l'action : Martin Nadaud, Greppo, Miot, Perdiguier, Lagrange[1]... Il fit arrêter enfin les deux questeurs orléanistes, Baze et le général Le Flo, déjà nommé, qui s'étaient aussi mis en vedette par leur proposition de défense de l'Assemblée. Pour s'emparer de ces deux hommes, que leur fonction appelait à loger au Palais-Bourbon, il avait fallu qu'une escouade en force l'enceinte et en bouscule le garde par surprise, ce qui était le début de la violence faite à l'Assemblée.

Tous ces hommes furent surpris au saut du lit, dans leur sommeil même ; ils protestèrent hautement, parfois en évoquant la loi, parfois en se débattant physiquement, parfois en essayant d'ameuter les voisins pendant que les agents les traînaient dans les fiacres. Mais les rues étaient encore vides, et l'on atteignit vite la prison de Mazas. De là les militaires, objets d'une méfiance spéciale, devaient être très vite transférés sous bonne escorte à la gare du Nord à destination de la prison de Ham.

Pour tout le reste, depuis Dupin, président de l'Assemblée, jusqu'à la masse des représentants, et jusqu'au peuple de Paris, les conspirateurs comptaient sur l'intimidation, et sur le désarroi de gens privés de leurs guides habituels. Ce ne fut pas aussi aisé que prévu.

La résistance de l'Assemblée.

Les plus directement concernés par l'affaire étaient les représentants restés libres. Il y eut parmi eux trois attitudes. Ceux dont on

---

1. Les trois premiers, leaders de la minorité intransigeante et combative de la Montagne, dirigeaient un Comité central de résistance clandestin, qui s'efforçait depuis quelques semaines de regrouper les bons militants de Paris. Mais la police avait pu y introduire un mouchard et en connaissait les secrets (voir Biblio. n° 47).

parle le moins étaient tout de même les plus nombreux : une moitié environ des membres de l'Assemblée, acquis à l'Élysée de plus ou moins longue date, ou acceptant le fait accompli faute d'autre perspective ou même tout simplement de courage, restèrent chez eux et n'attirèrent plus l'attention. Deux cents autres environ eurent le réflexe de chercher à se concerter pour étudier les voies d'une résistance légale, c'était essentiellement le groupe bourgeois libéral qui s'était dessiné autour des orléanistes amis de Thiers, avec quelques légitimistes et quelques républicains modérés. Enfin quelques dizaines de montagnards optèrent pour une concertation plus réduite et plus clandestine visant à aboutir à une levée du peuple et à la résistance armée.

Le Palais-Bourbon, avons-nous dit, était occupé par un régiment. Quelques représentants qui s'y rendirent exprimèrent en vain leur indignation, mais se heurtèrent à nouveau au mur de fer de l'obéissance passive[1], opposé par des militaires bien stylés, fort incapables de comprendre l'accusation de complicité de forfaiture qui leur était adressée. Disons-le tout de suite et une fois pour toutes, ce dialogue de sourds entre citoyen évoquant le Droit et militaire évoquant la Consigne jalonnera tous les moments et tous les épisodes de ces journées des 2 et 3 décembre. Chassés de l'hémicycle, ces quelques représentants ne purent que se rendre au siège de la présidence pour réveiller Dupin à qui l'on n'avait pas fait l'honneur de l'arrêter. Il bredouilla que si nous, représentants, avions évidemment le droit de notre côté, ces messieurs avaient évidemment la force, et qu'il n'y avait qu'à s'en aller... Sur cette dérobade, les autres le quittèrent avec mépris pour se mettre en quête du gros de leurs collègues. Ceux-ci, ayant vu le Palais occupé, avaient, de rendez-vous en rendez-vous, réussi au milieu de la matinée du 2 à trouver une salle de réunion disponible dans un édifice public, la mairie du Xe, le Xe arrondissement d'alors, qui était sur la rive gauche, à peu de distance de là.

Une longue séance s'improvise, dans un formalisme scrupuleux,

---

1. *A l'obéissance passive*, ce sera, on l'oublie souvent, le titre douloureux de la célèbre pièce des *Châtiments* sur les « Soldats de l'an II », dont le thème précisément opposera le civisme du soldat de l'an II à la passivité des militaires du coup d'État.

qu'on pourrait trouver futile mais qui était en réalité symbolique : ne s'agissait-il pas d'opposer le règne de la règle, de la forme, du Droit, pour tout dire, à une entreprise qui les niait ? Donc on se compte, on se déclare « constitué en nombre suffisant pour délibérer », on désigne un bureau, autour des vice-présidents, Vitet et Benoist d'Azy, on dresse procès-verbal, et on délibère. En quelques brefs débats, surtout animés par Berryer (l'un des rares légitimistes qui avaient opté dans le sens libéral), et toujours à l'unanimité, on vote la déchéance du président de la République, en vertu de l'article 68 de la Constitution[1] —, la réquisition de la 10e légion de la garde nationale pour défendre le lieu des séances —, l'ordre à l'armée de Paris de se mettre à la disposition de l'Assemblée —, la nomination du général Oudinot (un des rares généraux représentants encore libres) à la tête de cette troupe, — l'ordre à tous les directeurs de prison de libérer les représentants arrêtés —, et l'on en était là quand la police se présente, appuyée par un régiment. Protestations solennelles, lectures de la constitution et des décrets, mais les militaires — nous l'avons dit — sont inébranlables. Leur mission était de disperser le « rassemblement » et de n'empoigner que ceux qui résisteraient. Les représentants toutefois eurent la dignité de mener jusqu'au bout leur défense symbolique et ils exigèrent d'être tous arrêtés. Une longue colonne de prisonniers encadrés de deux haies de soldats se mit donc en marche en direction de Mazas; un appel fait dans la Cour y dénombra deux cent vingt représentants dont Berryer, Falloux, Odilon Barrot, Rémusat, Tocqueville... Il était un peu plus de trois heures de l'après-midi. Leur incarcération durera peu. Elle laissera cependant des souvenirs qui pèseront toujours sur les rapports entre l'élite libérale de la haute bourgeoisie et le bonapartisme.

La résistance populaire.

Au milieu de la journée, le bruit s'était répandu dans Paris que l'Assemblée résistait à la mairie du Xe, et l'armée avait dû disperser

1. De même, dans la matinée, les magistrats de la Haute Cour se réunirent au palais de justice et ouvrirent une procédure contre le président en vertu du même article. Ils furent très vite eux aussi dispersés par les soldats, et n'insistèrent point.

de force une colonne de jeunes gens qui venait du quartier Latin et tentait de la rejoindre. Cette assemblée, réunion de la droite libérale pour une grande part, avait refusé, bien que l'idée en eût été émise par les quelques républicains qui y avaient pris part (Marc Dufraisse, Pascal Duprat), d'envoyer des émissaires pour appeler le peuple aux armes. Légalisme absolu ou peur sociale, les deux mobiles ont pu jouer. Quoi qu'il en soit, ces six heures de résistance symbolique avaient contribué utilement à donner l'impression que le coup d'État était en difficulté.

La plupart des républicains, pour leur part, avaient opté tout de suite pour l'appel au peuple, ce qui n'était pas moins conforme à la Constitution, en son article 110. Ils passèrent la journée du 2 à se retrouver, à se concerter, en rendez-vous clandestins, échappant parfois de peu à la police. Certains d'entre eux, avec l'aide des journalistes de la presse républicaine (que la troupe en occupant les imprimeries allait empêcher de paraître), réussirent à reproduire et à diffuser les décrets de l'Assemblée, et d'autres textes hostiles au coup d'État. D'autres commencèrent à haranguer les passants dans les rassemblements de boulevards. En fin de journée les représentants réunis avaient pu élire parmi eux pour diriger l'action un Comité de résistance[1] restreint, composé de Victor Hugo, Victor Schœlcher, Carnot, Michel (de Bourges), Madier de Montjau, Jules Favre et De Flotte. C'est ce comité qui décida que le lendemain matin 3 décembre les représentants montagnards descendraient dans la rue pour appeler le peuple aux barricades.

Cela paraissait difficile, non impossible.

Certes le peuple ne l'avait pas fait spontanément. Au matin, devant les affiches, la nouvelle que le suffrage universel était rétabli et que les notables conservateurs étaient dispersés, suscitait des mouvements favorables. Dans l'ensemble l'homme de la rue était neutralisé, ou hésitant. Toutefois en fin de matinée, on avait pu remarquer que Bonaparte, sorti de l'Élysée à cheval avec tout son état-major pour une brève inspection des troupes et des quartiers centraux de la capitale, avait été acclamé par les soldats, mais

---

1. Sans rapport avec celui que nous avons cité plus haut. Les hommes que nous citons maintenant appartenaient à la fraction de la Montagne qui avait été la plus légaliste jusque-là.

assez maigrement applaudi par les passants. L'après-midi, sur les boulevards, la foule des promeneurs bourgeois était effervescente, animée de discussions, plutôt hostile au déploiement de force policière et militaire. On pouvait penser que l'effet de neutralisation immédiatement atteint était plutôt en voie de se dissiper.

De bon matin le 3 décembre, Victor Schœlcher à la tête d'un groupe de représentants en écharpe commence à parcourir le faubourg Saint-Antoine, discutant avec les ouvriers, leur expliquant la situation, les appelant à agir. On rencontre des réticences, des propos hostiles aux représentants, qui ont une indemnité de 25 F par jour... on ne va pas se faire tuer pour eux. C'est alors que Baudin est amené à dire : « Vous verrez tout à l'heure comment on peut mourir pour 25 F par jour[1]. » D'autres ouvriers objectent qu'ils n'ont pas de moyens de se battre, depuis juin 1848 le faubourg est désarmé. Mais on peut s'en procurer ? Les représentants aidés de quelques militants envahissent deux postes de garde isolés et réussissent à désarmer les soldats surpris, à s'emparer de quelques fusils, à les distribuer. Finalement, sur leurs instances, et à leur exemple, l'on se met à barrer le faubourg en déplaçant quelques voitures, ébauche de barricades.

C'est alors qu'une forte colonne de troupe arrive de la place de la Bastille pour dégager la voie. La plupart des représentants, Schœlcher en tête, se portent les mains nues au-devant d'elle pour exhorter les soldats à respecter la loi. Baudin, lui, est resté sur la barricade, continuant à discuter avec les militants qui l'entourent. Schœlcher ne peut rien obtenir des soldats, qui l'écartent en le bousculant. Le croyant en péril, un militant de la barricade tire sur le soldat qui repoussait Schœlcher, et l'abat. Les autres soldats répliquent en faisant feu sur la barricade, et c'est alors que Baudin est tué, réalisant le mot prémonitoire qu'il avait lancé tout à l'heure, et le faisant du coup entrer dans la légende. Légende un peu simplifiée, comme on voit, mais, pour l'essentiel, point fausse. Victor Baudin, né dans la bourgeoisie de province,

---

1. Nous suivons le récit de Ténot (Biblio. n° 48). Faute de confirmations sur ce point précis, il est des historiens qui tiennent le mot de Baudin pour apocryphe. De toute façon, on ne peut pas ne pas le citer, tant il est connu.

et qui avait sacrifié une belle carrière médicale pour une vie de militant et de médecin de quartiers pauvres de Paris, avait gagné le droit de défendre l'honneur des représentants, et de rappeler aux travailleurs qu'il s'agissait du droit de tous, derrière la mission apparemment confortable de quelques-uns. Mais l'épisode Baudin n'aura de retentissement que beaucoup plus tard, comme on sait. Sur le moment, il ne galvanisa pas le faubourg, que le groupe Schœlcher continua à parcourir en vain, sans recueillir plus que les acclamations dues au courage malheureux. En d'autres quartiers pourtant, dans des conditions moins spectaculaires, au faubourg Saint-Marceau sur la rive gauche, à Belleville et aux faubourgs Saint-Denis et Saint-Martin sur la rive droite, d'autres représentants et militants avaient été plus heureux. Quelques barricades s'élevèrent, quelques coups de feu s'échangèrent. La nouvelle de la mort d'un représentant du peuple se répandit et accrut la tension. La foule acclamait plus volontiers maintenant les harangues des républicains.

L'écrasement.

L'atmosphère à la fin de la journée du 3 était si différente de celle de la veille que le Comité de résistance l'appréciait avec optimisme, tandis que, à la préfecture de police, Maupas s'affolait, et que du ministère de la Guerre Saint-Arnaud décrétait l'état de siège, avec de terribles menaces (fusillade immédiate pour quiconque sera pris construisant une barricade). Seul Morny, au ministère de l'Intérieur, gardait son sang-froid. C'est lui qui jugea que la journée du 4 devait être décisive.

Elle commença comme une journée de lutte du type classique des révolutions parisiennes en phase ascendante : au lendemain du jour où la première effusion de sang a eu lieu, les barricades se dressent en plus grand nombre et voient de nouvelles vagues de combattants les rejoindre (sans toutefois que ceux-ci soient aussi nombreux, à beaucoup près, qu'en juillet 1830 ou février 1848). Ces combattants sont résolus et se défendent énergiquement. Rue Montorgueil, l'histoire a retenu la mort du jeune Denis Dussoubs, qui était venu remplacer après lui avoir emprunté son écharpe officielle son frère, représentant de la Haute-Vienne, cloué

au lit par la maladie. Rue Saint-Denis, il faut des heures de canon-
nade pour ébranler une barricade de pavés parfaitement construite.
Insurrection classique du Paris pauvre des venelles du centre et
des faubourgs ouvriers? C'est à la fois plus et moins que cela :
le peuple se bat beaucoup moins nombreux qu'en février ou qu'en
juin, c'est certain, mais ceux qui se battent ont, infiniment plus
qu'en juin, la sympathie de l'opinion des classes moyennes. La
mobilisation du bourgeois de Paris qui avait puissamment soutenu
Cavaignac contre les insurgés de juin ne se renouvelle en aucune
façon derrière Bonaparte. Sur les boulevards élégants, d'où l'on
peut entendre le bruit du canon, les « gants jaunes » (tenue de
bourgeoisie) crient « Vive la Constitution », conspuent les troupes qui
passent. Cette aide morale adressée aux insurgés va-t-elle devenir
bientôt une aide effective? Va-t-on tirer sur la troupe des fenêtres
du boulevard des Italiens comme on le fait de celles de la rue
Beaubourg? Les soldats, que les généraux, sur ordre de Morny,
font maintenant circuler partout par épaisses colonnes, paraissent
l'avoir cru. Au signal de quelques coups de feu isolés partis du
boulevard Bonne-Nouvelle, la troupe réplique par une fusillade
intense, générale, propagée de proche en proche sur toute la ligne
des boulevards, et visant comme autant d'ennemis les badauds,
hostiles mais désarmés, des balcons et des fenêtres. Après plusieurs
minutes de ce feu meurtrier, le Paris bourgeois est ensanglanté
et terrorisé, et du coup la situation politique retournée.

En fin de soirée, les troupes, très supérieures en nombre et en
armement aux combattants républicains, ont abattu la plupart
des barricades, et, surtout, ce qu'il peut rester encore de défenseurs
savent qu'ils n'ont plus la moindre chance de bénéficier d'un élargissement de la lutte. La « fusillade des Boulevards », dérisoire sur
le plan tactique, a eu un effet psychologique décisif en révélant
la résolution des hommes de l'Élysée d'aller jusqu'au bout de la
violence.

Mais au matin du 5 décembre, comme Paris achevait de s'en
convaincre, les villageois des provinces lointaines l'ignoraient
encore. Leur chronologie politique en était alors au point qu'avait
atteint Paris l'avant-veille.

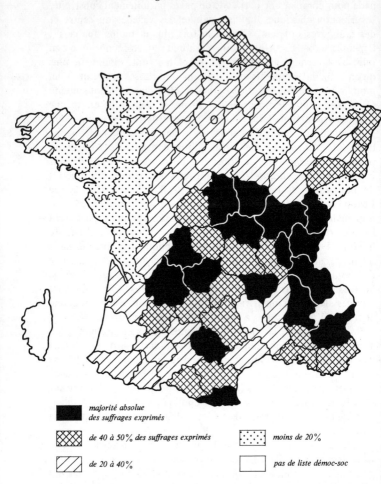

Suffrages obtenus par les démoc-soc aux élections
législatives du 13 mai 1849

majorité absolue
des suffrages exprimés

de 40 à 50% des suffrages exprimés

moins de 20%

de 20 à 40%

pas de liste démoc-soc

Pour le commentaire de cette carte, voir ci-dessus notre chap. 4.
(d'après J. Bouillon, Biblio n° 43)

Décembre 1851 :
Événements insurrectionnels

[zone] principales zones rurales insurgées	**x** batailles rangées
o principaux chefs-lieux envahis ou occupés pendant quelque temps	• autres localités à événements sanglants remarqués

(d'après Eugène Ténot, Biblio n° 48)

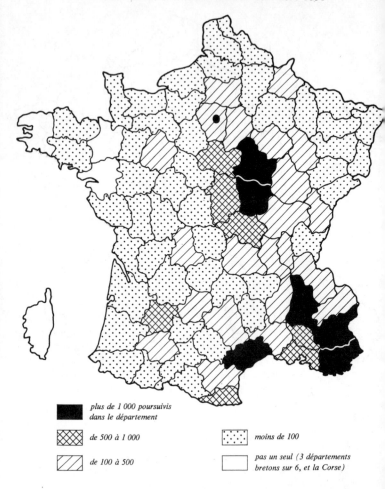

Nombre d'individus arrêtés ou poursuivis
à l'occasion de l'Insurrection de décembre 1851

■ plus de 1 000 poursuivis
dans le département

▨ de 500 à 1 000

◌ moins de 100

▧ de 100 à 500

☐ pas un seul (3 départements
bretons sur 6, et la Corse)

*La carte de la répression coïncide par ses taches sombres avec celle de
l'insurrection, mais elle a aussi tendance à la déborder largement en extension.*

(d'après Arch. nat. BB 30 424 *)

Départements soumis à l'état de siège en décembre 1851

L'état de siège nuance encore la carte de la méfiance politique. On y retrouve certes, comme attendu, les grandes zones rebelles du Midi et du Centre. Mais aussi les villes et régions industrielles suspectes en quelque sorte a priori (Bordeaux, Strasbourg, la Normandie, etc.).

(d'après G. Weill, Biblio nº 34 p. 272 note)

2. La résistance en province

Elle est le grand événement de ce mois de décembre, et peut-être même de la seconde République. Si partielle qu'elle ait été, la prise d'armes des départements contre le coup d'État fait l'originalité de l'épisode. Il est devenu banal de dire, en effet, que tout au long du XIXᵉ siècle « la province » a enregistré, subi, suivi, les changements de régime survenus dans la capitale, sauf précisément celui du 2 décembre, auquel elle tenta de s'opposer. Mais le début d'éveil politique de la province n'avait-il pas été le fait essentiel des trois années qui précédèrent?

Ce qu'il conviendrait de remarquer plutôt, nous semble-t-il, c'est que la mémoire de l'événement n'est pas à proportion de son importance. Entre les « chouanneries » (au sens large) du temps de la Iʳᵉ République, réprimées par le Consulat, et les « maquis » des années 1943-1944, on ne voit guère d'autres prises d'armes rurales de quelque ampleur, que celle de 1851. Mais cette insurrection est desservie précisément dans la mémoire historique commune par ce caractère de province, et surtout de partie de province, et même de province méridionale. L'idée reçue, fondée d'ailleurs sur la situation la plus fréquente, étant qu'au cœur du XIXᵉ siècle « le paysan » est borné, conservateur et bonapartiste, le paysan républicain du Centre ou du Midi est un cas aberrant que la mémoire simplificatrice refoule et abolit. Pourtant, un quart de siècle ne s'écoulera pas avant que cette minorité, en devenant majorité, vienne consolider en France, et cette fois pour plus d'un siècle, une république nouvelle[1].

Il s'agissait, en attendant, de défendre la république présente.

---

1. Il y a peut-être encore une autre raison à cet oubli collectif de l'insurrection de décembre 1851, c'est son caractère ambigu : mouvement insurrectionnel destiné à défendre la Constitution, elle était en somme légaliste par sa finalité et révolutionnaire par sa méthode. Dans cette combinaison originale, personne ne pouvait se reconnaître, ni la future extrême-gauche socialiste, pour qui le légalisme du but était trop peu radical, ni la future République sage, pour qui la prise

Causes générales.

En province, comme à Paris, on savait qu'on aurait à le faire. Partout où la propagande républicaine avait pénétré, elle avait fait connaître jusqu'au fin fond des villages l'article 68 et l'article 110 de la Constitution, en vertu desquels la nouvelle du coup d'État serait *ipso facto* un signal d'insurrection. Il est vrai que la nouvelle du viol de la Constitution arriverait accompagnée de celle du rétablissement du suffrage universel. Mais il semble bien que l'effet démobilisateur de la démagogie bonapartiste ait été moins grand sur les paysans que sur les ouvriers parisiens. L'antiparlementarisme — pour des raisons évidentes — est toujours moindre en province que dans le peuple de Paris. Et surtout peut-être la province rouge était, à un plus haut degré encore que la population parisienne, exaspérée contre le pouvoir. La guerre tenace des préfets contre les cercles, contre les municipalités républicaines, contre les journaux du parti y était particulièrement ressentie, précisément parce que la vie municipale y était plus familière, et les journaux plus rares et fragiles. La répression policière et judiciaire avait perpétré dans les départements des dizaines de petits coups d'État locaux, contre lesquels on attendait le signal de la revanche. Ceci n'est pas une déduction abstraite, l'histoire détaillée des insurrections le révèle : nulle part la résistance au coup d'État ne sera si vigoureuse que là où elle pourra constituer la réparation locale d'une injustice récente, telle que la mise à mort d'une innocente coopérative ouvrière, l'étouffement « du » journal, ou la dissolution d'un conseil municipal représentatif. On a même l'impression que la démagogie bonapartiste s'est parfois retournée contre le pouvoir et que la formule si souvent entendue les 4 ou 5 décembre dans les villages insurgés : « Le Peuple rentre dans ses droits » amalgamait le droit d'insurrection ouvert par l'article 68 et le droit au suffrage rendu par l'abrogation de la loi du 31 mai.

La province rouge ne manquait donc pas d'ardeur. Reste à savoir pourquoi elle n'est pas « partie » d'un seul élan le 3 décembre.

du fusil l'était trop. Ainsi effacée à la fois par les Guesde et par les Ferry, la révolte provinciale de Décembre ne pouvait avoir qu'un prolongement moral bien restreint.

Facteurs d'échec et de succès.

Mais d'abord pourquoi le 3 ou le 4 ou le 5? Un premier obstacle à la simultanéité venait du temps mis par les nouvelles à circuler, et qui allait de quelques heures à deux jours, car si presque tous les préfets étaient atteints par une ligne télégraphique il fallait ensuite qu'ils répercutent la nouvelle dans les sous-préfectures par estafette à cheval. Pour la plupart des particuliers, qu'il s'agisse de correspondance privée, de circulation de journaux ou de voyageurs, la vitesse maximale était toujours le trot soutenu du cheval attelé, puisque le chemin de fer ne fonctionnait encore que sur quelques portions discontinues de grands itinéraires.

Toutefois ce n'est sans doute pas le principal. Tout convaincus qu'ils fussent de leur droit à s'insurger, voire de leur devoir de le faire, bien des leaders, avant d'en donner le mot d'ordre, prirent le temps de s'assurer qu'ils ne seraient point seuls. Attente de l'issue de la lutte à Paris? Pas tellement, car au matin du 4 encore on pouvait l'espérer heureuse. Bien plutôt attente de la capitale régionale proche, de Lyon, de Marseille ou de Toulouse, voire d'un chef-lieu plus modeste. Or c'est précisément ici, dans ces relais décisifs entre la capitale et les profondeurs de la nation, que l'insurrection devait échouer, et le pouvoir gagner la partie. Les grandes villes étaient garnies de troupes, et commandées par des préfets résolus, le parti républicain y était plus faible qu'à Paris, et moins riche en cadres actifs. On ne saurait sous-estimer ce dernier aspect du problème, la province a souvent manqué de chefs. Tel était en prison, ou en partance pour Nouka-hiva; tel autre, représentant du peuple, donc surpris à Paris par l'événement, jugeait plus urgent d'aider à soulever la rue Saint-Denis ou la rue Montorgueil que de regagner la préfecture lointaine où il avait ses électeurs. Ceux qui étaient sur place en province, souvent des remplaçants de remplaçants, n'étaient ni les plus capables ni les plus populaires. Certains devaient passer beaucoup de temps à essayer de convaincre « leur » préfet, « leur » procureur de la république ou « leur » maire que l'article 68 exigeait qu'ils démissionnassent...

Finalement l'insurrection s'est dressée là où les gens des petites villes et des campagnes, ces provinciaux au second degré, avaient,

soit par l'ardeur d'un chef exceptionnel, soit en raison d'un conten-
tieux local chargé, des motifs locaux puissants d'adhérer au mot
d'ordre général de mouvement.

Lorsque ces motifs existaient, l'insurrection était possible, car
si l'armée tenait les grandes villes, si beaucoup de petites villes
étaient aussi tenues grâce aux forces conjuguées d'une garnison,
et des bourgeois conservateurs armés en garde nationale, un chef-
lieu de canton rouge pouvait facilement submerger sa brigade de
gendarmerie, et un village son garde champêtre. Mais même là,
il fallait tenir compte des habitudes. Si les paysans des gros bourgs
de basse Provence, en habitat concentré, pouvaient être « touchés »
chaque soir dans leurs « chambrées », comme des ouvriers de ville
dans leur cabaret, dans telle commune du centre de la France[1]
l'insurrection ne « partira » que le 7 décembre, jour de dimanche,
en fin de matinée, parce que, avec ou sans messe, c'était le seul
moment de la semaine où l'on savait se réunir...

Après ces considérations générales, nous pouvons suivre les
événements principaux dans leur ordre, en nous contentant d'abord
d'évoquer les lieux et dates. L'analyse viendra ensuite.

Chronologie. Les premiers jours. Centre et Sud-Ouest.

Le *mardi 2 décembre* les préfets reçoivent la nouvelle par
télégraphe, et mettent en place leur dispositif militaire et policier.
Les républicains peuvent tout au plus commencer à se concerter.
Mais tout cela ne concerne que les grandes villes.

Le *mercredi 3* la nouvelle se répand davantage, atteignant maintenant d'un bout à l'autre du pays toutes les villes de quelque importance, et, dans la moitié nord du pays, la totalité du territoire ; là
toutefois, nous le savons, les campagnes sont assez généralement
conservatrices.

En fin de journée des rassemblements de républicains dans la
rue, devant les mairies, tournant parfois à la manifestation spontanée, ont lieu dans la plupart des grandes villes ; là où ils sont
amples, les forces de l'ordre les contiennent, là où la réaction est
plus faible ou nulle, les préfets ordonnent des arrestations de mili-

---

1. Bonny-sur-Loire et Neuvy-sur-Loire, d'après Ténot (n° 48).

tants. Souvent cependant les républicains, sans descendre dans la rue, se contentent de se concerter en secret et d'envoyer des émissaires prévenir leurs frères des campagnes (ainsi font notamment ceux d'Agen, d'Auch, de Béziers), fixant l'action au lendemain 4.

Mais dès ce mercredi 3 des premières manifestations vigoureuses ont eu lieu dans quelques petites villes ou bourgs, comme Saint-Amand (Cher), Le Donjon (Allier)[1], et parfois elles ont pris forme d'insurrection en envahissant la mairie et changeant le pouvoir municipal : ainsi à La Suze (Sarthe), Poligny (Jura) ou Orange (Vaucluse).

Le *jeudi 4* la nouvelle est maintenant partout connue, et du coup d'État, et des premières résistances. Cette journée, décisive à Paris, est aussi celle où la plupart des pays démocrates de la province engagent le combat.

La plupart des grandes villes sont maintenant matées, des manifestations de rue sont réprimées encore à Toulouse, Marseille, Limoges, Perpignan, Bayonne, ne laissant aux militants qui veulent se battre d'autres ressources que d'aller rejoindre les petites villes environnantes (l'insurrection du Var formera ainsi son armée à partir du 5 sous la direction d'un journaliste de Marseille, que ses articles du *Peuple* avaient fait connaître : le « général » Duteil). Toutefois, à Orléans, à l'appel de représentants arrivés de Paris le matin — chose rare — l'effervescence est grande tout le jour.

Mais surtout les premières poussées offensives venues des campagnes apparaissent : les villageois du Donjon vont envahir leur chef-lieu d'arrondissement, Lapalisse (Allier). Les villageois du Bitterois entrent dans Béziers prêter main-forte aux républicains de la ville, où des incidents sanglants se déroulent. Les paysans du Gers marchent vers Auch et ne seront arrêtés par l'armée qu'aux portes de la ville. Dans d'autres petites villes du Gers, Fleurance, Mirande, l'insurrection est déclarée. Dans le Lot-et-Garonne, plusieurs communes de l'arrondissement de Nérac marchent sur Agen, dont la garnison les arrêtera. D'autres velléités d'invasion des chefs-lieux sont moins amples ou moins heureuses

---

1. Ici, et dans tout ce qui suit, il s'agit des cas principaux, non de listes absolument exhaustives.

comme, dans le Gard, les marches vers Nîmes des villageois (presque tous protestants) des communes de la Vaunage.

C'est enfin le soir du 4 que l'insurrection commence dans des pays déjà plus reculés, ainsi au fin fond de l'Hérault dans la petite ville industrielle de Bédarieux, où le sang va couler aussi ; et dans le Var, au Luc et à La Garde-Freinet, communes ardemment républicaines, pour des raisons diverses, qui fourniront les contingents principaux du mouvement dans ce secteur.

Chronologie (suite). Échecs ici, là extension. Le Sud-Est.

La journée du *vendredi 5* voit se dérouler simultanément, en vertu du décalage chronologique inévitable que nous avons signalé — et en totale ignorance réciproque, cela va sans dire —, des extensions du soulèvement dans les pays tardivement alertés, et ses premières défaites dans ceux qui étaient partis les premiers. Ainsi Le Donjon, où les hommes sont revenus, n'ayant pas réussi à entraîner Lapalisse, est occupé par une colonne de troupe venue du chef-lieu du département. Ainsi à Poligny, également occupée le même soir.

Journée de l'échec aussi dans le Gers, malgré le soulèvement de Condom et la formation d'une colonne à Mirande pour aller à la préfecture. On peut dire que dans le Sud-Ouest et le Midi l'autorité a réussi à sauver les chefs-lieux. Quelques localités seules, à l'écart, tiennent encore et resteront quelques jours gouvernées par des commissions républicaines, ainsi Bédarieux et Capestang (Hérault) Marmande et Villeneuve-sur-Lot (Lot-et-Garonne).

Mais c'est aussi ce jour-là qu'on se soulève à Clamecy (Nièvre) après deux journées d'expectative, et à Montargis (Loiret) où la nouvelle du mouvement de la veille à Orléans a constitué un signal.

Surtout, c'est la journée du 5 qui voit s'insurger les départements du Sud-Est où l'insurrection va connaître ses plus gros effectifs et ses mouvements stratégiques les plus spectaculaires. Dans le Var, l'insurrection est vite étouffée aux environs de Toulon (échec sanglant à Cuers) mais elle se généralise dans tout le centre. A partir de deux foyers, Brignoles, où est arrivé Duteil, et le massif des Maures (La Garde-Freinet), des colonnes d'insurgés commencent à s'organiser ; le chef-lieu, Draguignan, où le préfet est protégé par une petite garnison, est isolé du reste de la France.

Dans les Basses-Alpes le signal de l'insurrection part de la région de Manosque, la sous-préfecture de Forcalquier tombe et tout le sud du département s'insurge et se rassemble, menaçant là encore Digne le chef-lieu.

Dans la Drôme enfin, où les villages étaient en effervescence depuis deux jours, les républicains de Valence se décident à lancer le mot d'ordre d'insurrection attendu ; ils l'annulent quelques heures après, les mauvaises nouvelles de Paris leur étant arrivées entre-temps, mais il est trop tard, la moitié du département, surtout en pays protestant, est soulevée.

Le *samedi 6* les forces de l'ordre répriment à Bordeaux et à Strasbourg les dernières et tardives manifestations de rue, continuent à reprendre en main la situation dans le Sud-Ouest et dans le Centre (sauf à Clamecy), mais dans le Sud-Est le gouvernement n'en est encore qu'à préparer la répression dans ses bases urbaines. L'insurrection fait tache d'huile et s'organise dans les trois départements soulevés ; elle gagne même dans le Vaucluse l'arrondissement d'Apt.

Le *dimanche 7* voit quelques soubresauts dans la vallée de la Loire (nous y avons déjà fait allusion), la dispersion, après un petit combat, des gens de Marmande, et surtout une sorte de guerre de mouvement commencée dans le Sud-Est. Les colonnes formées par le rassemblement organisé des contingents villageois s'ébranlent. Celle de la Drôme, qui voulait atteindre Valence, est arrêtée et vaincue à Crest après une vraie bataille rangée. Celle du Var, rassemblée à Vidauban, renonce à attaquer Draguignan et s'oriente vers le Nord, commençant une « longue marche » de trois jours, dans un vague projet de jonction avec les Bas-Alpins.

Ces derniers en revanche, rassemblés par milliers à Malijai, réussissent à submerger Digne où la garnison capitule. C'est la première préfecture de France (ce sera la seule) qui tombe au pouvoir des républicains.

Bien loin de là, à Clamecy, où le succès du coup d'État n'a pu manquer d'être connu, le découragement règne et la dispersion commence spontanément.

Le *lundi 8* Clamecy voit arriver les forces de l'ordre, qui partout maintenant dans le Centre, dans le Midi languedocien et aquitain ainsi que dans la Drôme commencent à parcourir systématiquement le pays et à rétablir les pouvoirs officiels dans les communes réoccupées.

Dans le Sud-Est, la contre-offensive est partie de Marseille, en direction du Var intérieur et de la vallée de la Durance. Les forces de l'ordre traversent les villages rouges vidés de leurs combattants et cherchent le contact avec les deux colonnes encore intactes. Ce même jour pourtant voit une troisième colonne se former dans la région d'Apt pour essayer de soulever le Vaucluse comtadin et d'atteindre Avignon.

Le *mardi 9* cette révolte vauclusienne échoue devant les portes fermées de Cavaillon et se disperse. Au cœur des Basses-Alpes, aux Mées, les républicains retranchés pour barrer la route de Digne livrent bataille aux troupes venues de Marseille et sont vaincus après une vive fusillade, comme ceux de la Drôme l'avant-veille.

Dans le Var cependant le contact n'est pas encore pris, mais les nouvelles de leur total isolement ont fini par atteindre ces derniers insurgés, que le découragement accable.

Le *mercredi 10*, à Aups, ils sont à leur tour mis en déroute, après un très bref combat. C'est ce même jour qu'à des centaines de kilomètres de là Capestang et Bédarieux sont réoccupés aisément. On peut, à cette date, une semaine exactement après les premiers mouvements insurrectionnels, tenir la résistance républicaine de province pour terminée.

L'armée ne se déplace plus que pour rafler les insurgés qui tentent, à travers champs, de gagner la frontière de l'Espagne ou du Piémont, ou même leurs villages, si ce sont des paysans naïfs; mais, là, ils seront à la merci d'une dénonciation, ou d'une enquête de police. Ceux que l'armée ou la gendarmerie captureront dans ces battues de décembre seront également incarcérés, mais dans quelques cas aussi abattus sommairement. Les barricades parisiennes et les fourrés du Morvan ou de haute Provence auront ainsi servi de cadre à des drames semblables, pour conclure une même aventure.

Mais cette aventure, en quoi consistait-elle au juste ?

L'insurrection, fait politique et militaire général.

Le fondement de l'insurrection, en province comme à Paris, il faut y insister, est l'article 68 de la Constitution : « Le président est déchu..., les citoyens sont tenus de lui refuser obéissance. » On pouvait en déduire assez naturellement que les autorités administratives qui continuaient à obéir à Louis-Napoléon Bonaparte au-delà du 2 décembre, étant complices de sa forfaiture, devaient être frappées de la même déchéance, et remplacées par des citoyens résolus à respecter la Constitution et la République. Mais comment ? L'article 68 poursuivait : « Le pouvoir exécutif passe de plein droit à l'Assemblée Nationale. » Or celle-ci n'avait pas eu le temps de s'en saisir ; les citoyens en étaient donc réduits à improviser les formes de leur fidélité à l'esprit constitutionnel. C'est ce qu'ils ont fait, au premier et plus populaire des échelons du pouvoir, dans les mairies. Le mouvement a été partout, d'abord, municipal, et sa forme la plus élémentaire a été de prier le conseil municipal de se réunir, de constater la déchéance du chef de l'État et de se proclamer en insurrection. Là où les conseils ou les maires s'y sont refusés, la victoire de l'insurrection a consisté à les chasser de la mairie et à proclamer leur remplacement par une Commission municipale provisoire. L'urgence empêchait que l'on parle d'élections ; du moins a-t-on souvent fait ratifier la liste par les acclamations « du peuple » rassemblé. Plus significatif de cette inspiration du mouvement est le formalisme juridique avec lequel ce changement municipal a quelquefois été inscrit, séance tenante, sur le registre de délibérations du Conseil.

Au reste, nous l'avons déjà dit, l'opération municipale n'a jamais été si enthousiaste que lorsqu'elle avait pour effet de rétablir à la mairie un maire rouge, régulièrement issu des élections trois ans plus tôt, et révoqué depuis, sous quelque prétexte, par un préfet répressif. Alors en effet, au plein sens du terme, « le peuple rentrait dans ses droits ».

Installé dans les mairies, le peuple insurgé, sachant déjà, ou soupçonnant, que les fonctionnaires supérieurs ne se laisseraient pas faire, songeait avant tout à s'armer. Opération grave. Moins toutefois qu'il ne nous paraît, à nous citoyens désarmés du xxᵉ siècle. Les hommes du siècle dernier vivaient au temps de la garde nationale, où le fusil aux mains du civil n'avait rien d'incivique, au contraire. L'occupation de la mairie avait d'ailleurs pour effet pratique de permettre souvent de s'emparer des fusils officiels de la garde nationale qui y étaient entreposés. A défaut, on prendra son fusil de chasse... ou celui du voisin. Car s'armer c'est aussi désarmer l'adversaire potentiel. Les invasions de gendarmerie, fréquentes, et « légitimes » puisque ce corps restait aux ordres de Bonaparte, avaient pour but de neutraliser les gendarmes en prenant leurs armes à feu et leurs sabres.

Bien des fois elles tournèrent mal, parce que les gendarmes tentèrent de se défendre, et aussi parce que de vieilles colères séparaient les gendarmes des insurgés ruraux, vieil arriéré de tracasseries allant du politique au social, de la cravate rouge du militant politique aux mauvaises habitudes du journalier-braconnier — mais nous reviendrons sur cet aspect de la question. S'armer ce pouvait être aussi désarmer les éléments civils du parti de l'ordre, que les républicains soupçonnaient souvent, parfois avec raison, d'être capables comme eux de se battre pour leur drapeau. Il y avait en effet des « propriétaires », nobles ou « bourgeois », des manufacturiers, des notaires, qui possédaient des fusils, une longue pratique de la garde nationale, et même parfois des « cercles » ou « sociétés » blanches où il était envisagé de prêter main-forte au pouvoir. Ainsi s'expliquent, dans mainte commune insurgée, les visites domiciliaires pratiquées chez les notables pour réquisitionner les armes; voire, à la limite, les incarcérations des hommes énergiques du parti blanc.

Les colonnes.

Au-delà des mairies, l'échelon de pouvoir à conquérir pour faire obstacle au coup d'État et rétablir la République se situait dans les sous-préfectures. Conquête difficile. Un chef-lieu a toujours sa petite garnison, quelques fonctionnaires résolus (sous-préfet, procureur de la république, commissaire de police), et une population bourgeoise. Même quand ils étaient les plus nombreux, les démocrates des sous-préfectures ne se sentaient pas matériellement en force, et l'insurrection a souvent consisté pour eux — nous l'avons vu — à alerter et appeler les villages. C'est par là que le mouvement républicain de décembre a pris si souvent l'allure d'une montée des campagnes vers et contre les villes, et c'est de cette apparence que la thèse de la jacquerie tirera le plus grand parti.

De ce besoin de rassembler du fond des campagnes toutes les forces disponibles, afin de faire jeu égal avec les garnisons des villes, sont nées les fameuses colonnes, dont nous avons vu les fortunes diverses. Zola fera bientôt entrer l'une d'elles en littérature dans *la Fortune des Rougon*.

Avec une sûre intuition (ou information) historique, et avec ce sens de l'animation des objets-symboles qui n'appartient qu'à lui, le romancier des Rougon-Macquart devait ordonner tout le drame de l'insurrection du Var autour de deux « personnages », les Remparts et la Colonne : les Remparts de Plassans, petite ville peureuse, claquemurée comme aux siècles passés, symbole de conservatisme archaïque, et la Colonne des paysans, déroulant sa marche sur les routes, symbole du peuple en mouvement.

Il l'a bien vue, cette Colonne[1], avec son vague essai d'organisation militaire, son armement hétéroclite, et surtout sa forte structuration communale : les hommes en marche restaient groupés par origine locale, les compagnies ou sections n'étaient que des villages, et les cadres inférieurs n'étaient rien d'autre que les militants que leur commune reconnaissait depuis toujours pour chefs de file. Au-dessus, « l'état-major » était beaucoup plus instable, et il s'en faut de beaucoup qu'il soit sorti tout préparé des conciliabules de « sociétés secrètes ». Improvisé, bien plutôt, et non sans tiraillements. Une fois désignés, les principaux chefs avaient pris une écharpe rouge pour signe distinctif, des chevaux pour aller et venir; il y avait auprès d'eux un médecin qui soignait les malades, un étudiant en droit qui rédigeait les ordres du jour et un clerc de notaire qui tenait une vague comptabilité. Et il y avait surtout une femme pour porte-drapeau. A celle-ci Zola, moins attentif aux autres détails, n'a pas manqué de faire un sort. On peut aujourd'hui se demander comment il faut le comprendre. Était-ce la preuve que le militantisme démocratique et social

1. Pour les détails qui suivent, voir notamment notre *République au village* (n° 58), dernier chapitre.

commençait à s'étendre aux femmes? ou, bien au contraire — souvenir déjà archaïsant — une femme-mannequin, choisie pour jouer, comme dans les fêtes de la première République, le rôle de « déesse de la liberté »? Nous avons discuté ailleurs ces problèmes, et trouvé des signes en faveur des deux interprétations, dont au reste la convergence est possible.

Tout ceci — prise de pouvoir dans les mairies, prise d'armes, organisation de combat en vue de la prise de pouvoir dans les chefs-lieux administratifs — constitue la série d'opérations logiquement déterminée par la visée de défense républicaine du mouvement. Et c'est la forme qu'on pourrait dire universelle du soulèvement, si, en tant de départements, elle n'avait été interrompue à un moment quelconque de son exécution. Il n'y eut guère que le Var et les Basses-Alpes à voir ce processus se dérouler en entier, mais c'est bien lui qui était commencé partout. On peut donc dire que ces aspects politiques, ou, si l'on préfère, juridico-militaires, sont les aspects généraux et typiques du mouvement démocratique de Décembre.

L'insurrection, faits économiques et sociaux sporadiques.

Mais il s'en faut de beaucoup qu'ils aient été les seuls. Arrivons au particulier.

Le sang a coulé quelquefois dans la première levée du mouvement, fort rarement du reste si l'on songe au grand nombre de localités intéressées. Parfois c'était lors des invasions de mairies ou de gendarmeries, conséquences malheureuses mais (si l'on ose dire) normalement liées à ces épisodes (Cuers, Bédarieux). D'autres fois ce fut, loin des lieux et des épisodes politiques, en attentats plus obscurs, comme à Clamecy, et à Béziers; accidents ou même vengeances privées, point toujours éclaircies aujourd'hui encore.

On signale quelques vols d'argent, lors de telle invasion de bureau de poste, de mairie, ou en visite domiciliaire, malgré les précautions prises et les appels lancés par les dirigeants.

Il y eut des actions ou tentatives d'action sur des institutions impopulaires qui n'avaient rien à voir avec la Constitution (mais en avaient beaucoup, en revanche, avec les aspirations du peuple au mieux-être). Ainsi des nombreuses proclamations un peu partout

contre les contributions indirectes. La Commission départementale au pouvoir à Digne du 7 au 9 décembre ne put pas éviter de
décréter l'abolition totale de l'impôt sur les vins pour les Basses-
Alpes. Le 5 décembre, à Cuers, les insurgés sortant en vainqueurs
de la mairie et de la gendarmerie s'étaient portés aussitôt chez le
receveur des indirectes pour brûler les registres.

Il y eut enfin des actions colorées de revendication ou de rancœur sociale. Les ouvriers bouchonniers de La Garde-Freinet
firent prisonniers deux patrons, avec d'autres notables, et les ame-
nèrent avec eux dans la colonne sous bonne garde. Ceux des
manufactures textiles de Bédarieux, maîtres de la ville le 6 décembre,
en profitèrent pour se réunir et étudier l'amélioration des salaires,
et ordonner aux boulangers de cuire du pain pour les chômeurs.
Les paysans de Saint-Étienne-les-Orgues (Basses-Alpes) allèrent
piller en fort bonne conscience la maison du maire, dans la pensée
de récupérer ce qu'il leur extorquait depuis longtemps comme
notaire-usurier. Ceux de Beaudinard (Var) partirent comme un
seul homme, sûrs que la vraie République ne manquerait pas de
faire gagner le procès que la commune traînait depuis des années
contre le duc de Sabran au sujet des droits d'usage en forêt...

Il existe pourtant deux différences, entre cette série d'événements
particuliers (meurtres, vols, attentats contre les institutions, les
personnes ou les biens) et la série générale des faits de politique
pure. La première, nous l'avons dit, c'est que les actes de ce
type-ci ont été, précisément, généraux, partout présents, alors
que les autres ont été sporadiques. La deuxième différence est que les
actes de type politique, juridique, militaire, ont fait l'unanimité
des insurgés, alors que les seconds ont souvent été cause de tensions
entre eux au sein même du soulèvement. Les cadres politiques
ont fait ce qu'ils ont pu pour prévenir les violences inutiles et les
vols, pour bien traiter les quelques bourgeois ou gendarmes prisonniers qu'ils avaient, pour contenir les effervescences populaires
dans le cadre d'un mouvement de légalité scrupuleuse, mais il est
vrai qu'ils n'y sont pas toujours parvenus; la colère globale de
l'insurgé de base ne savait pas toujours distinguer la lutte contre
le président parjure de la lutte contre l'exploiteur de village.

C'est là tout le problème, pour l'historien, ce le fut aussi pour la
politique immédiate.

3. Interprétations et conséquences

Les faits locaux de violence ou de rébellion sociale n'étaient pas les plus nombreux, ni les plus typiques. Mais ils étaient les plus spectaculaires, et surtout ceux qu'il était le plus opportun de mettre en évidence. La presse conservatrice, seule encore à paraître, le fit sans mesure, et en tira la thèse de la jacquerie.

La « jacquerie ».

Comme nous l'avons déjà dit au passage, cette thèse s'étayait d'abord d'une présomption d'ordre géographique : voilà donc une insurrection qui ne venait pas des grandes villes, mais des campagnes, et du fond des provinces (et quelles provinces! vieilles terres « fanatiques » de Provence et de Languedoc, montagnes « farouches » des Alpes ou du Morvan). Comment ne pas voir en elle un signe non de « progrès », même dévoyé, mais d'arriération! Et ces marches de paysans, de bûcherons, de flotteurs (de la vallée de l'Yonne) foulant les pavés des quartiers bourgeois (de Clamecy ou d'autres microcapitales)! « La jacquerie » diagnostiquée avec évidence devint ainsi le maître mot de la presse et de la politique française en cet hiver de 1851-1852. On feignit d'y voir l'explosion de subversion brutale et de rancœur bassement économique (pauvres contre riches!) que les rouges étaient censés préparer pour 1852. Le parti de l'ordre voulut y trouver confirmation de l'image épouvantable qu'il se faisait du socialisme. Pour achever la démonstration, sa presse fit bonne mesure. Des « faits » eux-mêmes, elle négligea les principaux : les processus proprement politiques, et monta en épingle, en les affectant en outre d'une généralisation tout à fait abusive, les quelques épisodes à caractère sanglant ou déprédateur.

La thèse en outre s'enjoliva de détails purement et simplement inventés mais qui révélèrent, comme après Juin 1848, un fond singulièrement tenace d'imagination sadique dans les esprits des journalistes bien pensants. Pas un gendarme mort sans qu'on ait dansé autour de son cadavre une sorte de danse du scalp; à Clamecy, les pillards rouges se seraient fait servir leur banquet par les dames et demoiselles des principaux notables, évidemment vouées à l'orgie, etc.

Des auteurs plus sérieux empruntèrent des arguments à des réalités moins contestables, mais en les interprétant de façon tendancieuse. La plus courante de ces déformations consistait à mettre sous la rubrique « pillage » (donc « vol », donc... « socialisme ») les actes de réquisition que les insurgés avaient accomplis en effet. Car il y en avait eu. On ne promène pas loin de chez eux, pendant des heures, parfois jusqu'à trois ou quatre jours de suite, des bandes de quelques centaines d'hommes sans assurer l'essentiel de leur vie matérielle; on était certes peu exigeant sur la qualité, se contentant de pain, de vin et de paille (pour dormir) mais il fallait la quantité. Les chefs d'insurrection avaient donc fait ce que faisait alors couramment tout chef d'armée en marche, signant pour les maires (même conservateurs) des communes-étapes des bons de réquisition en forme, soigneusement établis et comptés. La plupart des « pillages » dénoncés étaient de cette sorte, — additif, de grande taille, au chapitre des malentendus que nous avons écrit tout à l'heure.

Importance de cette thèse. Suites politiques immédiates.

Cette interprétation de l'insurrection provinciale comme jacquerie eut aussitôt une importance politique extrême. Conservateurs bonapartistes et conservateurs libéraux rivalisèrent de zèle dans la dénonciation, et s'y retrouvèrent d'accord. Ce n'est pas en effet le moindre résultat — bien involontaire — du mouvement républicain que d'avoir reconstitué l'unité du parti de l'ordre. Le péril rouge justifiait les uns (les royalistes de province, qui auraient pu avoir des scrupules devant la dispersion de leurs élus) d'avoir laissé faire le coup d'État, et il justifiait les autres (les bonapartistes) de l'avoir fait. Car le mythe de la jacquerie permit aussitôt à Louis-Napoléon et à son entourage d'infléchir très habilement leur propagande : c'est maintenant pour « sauver la société » du péril révolutionnaire qu'il leur fallait consolider l'État. Ainsi le coup d'État bonapartiste, qui comportait le 2 décembre à Paris une vague composante de gauche (au point d'obtenir sur le moment quelque indulgence de Proudhon), est devenu vers le 10 décembre une entreprise radicalement conservatrice. C'est une nouvelle péripétie dans l'histoire oscillante des rapports politiques entre Bonaparte et la majorité des classes dirigeantes. Le Bonaparte des « idées napoléoniennes », ami des nationalités, vaguement social, novateur en tout cas, celui qui dégageait progressivement son jeu de celui des burgraves et des prêtres, est brusquement remisé, au moins pour quelque temps. On retrouve le Bonaparte de décembre 1848, porte-drapeau de tout l'ordre traditionnel. Un signe : nous nous souvenons que quelques semaines plus tôt il avait écarté de la préfecture de police Carlier, gênant parce que suspect de complaisance pour Changarnier. Voici maintenant (dès le 8 décembre) que ce même Carlier est investi par Bonaparte d'une mission extraordinaire de commissaire du gouvernement pour les départements du Cher, de l'Allier et de la Nièvre. L'ordre qu'il s'agit d'y aller rétablir ne connaît pas, en effet, les subdivisions dont avait tant discuté l'Assemblée.

Le chapitre de la répression vient ainsi de s'ouvrir.

La thèse de la lutte pour le droit.

Avant de l'aborder cependant, il convient de conclure, pour n'y plus revenir, celui de l'insurrection rurale, et des problèmes qu'elle pose. Les républicains n'avaient plus aucun moyen d'expression en France. Ils en eurent en exil, et beaucoup prirent aussitôt la plume (Victor Hugo, Victor Schœlcher, Marc Dufraisse, entre autres), mais plutôt pour dénoncer le coup d'État et raconter les journées parisiennes. Les journées provinciales devaient attendre plus de dix ans pour trouver avec Eugène Ténot leur premier historien. Fruit d'une enquête consciencieuse, en même temps que d'un sentiment républicain non dissimulé, le livre de Ténot devait en 1865 tracer les traits principaux de la thèse de l'Insurrection pour le droit, complètement opposée à celle de la Jacquerie. On en devine les composantes : rappel de la Constitution, du serment, de la forfaiture présidentielle; mise en évidence de la motivation juridique fondamentale des insurgés; dénonciation des inventions calomnieuses lancées par la presse blanche; rétablissement de la vérité sur les quelques crimes et délits des insurgés, et juste appréciation de leur rareté; mise en valeur du légalisme et de la modéra-

tion des chefs; contraste, enfin, entre la rareté des violences impu-
tables aux insurgés et le nombre de celles qu'entraîna une répression
démesurée.

Il y a là, dès la fin du second Empire, un acquis historiographique
fondamental, inattaquable, et qui, par là même, devait donner le
ton presque jusqu'à nos jours à la tradition républicaine comme à
l'histoire universitaire (d'ailleurs souvent parentes, comme chacun
sait, et comme le montre bien l'exemple de Charles Seignobos[1]).

Discussion sociologique.

Mais les réactions vont souvent trop loin, et les « légendes roses »
peuvent desservir l'intelligence historique autant que les « légendes
noires ». Disons, pour simplifier, que derrière les outrances abomi-
nables que comportait la thèse de la jacquerie, il y avait cette intuition juste que la lutte des classes avait quelque peu coloré le mouvement. A l'inverse, emportés par le souci louable de dénoncer les
calomnies-jacqueries (pillages, viols, etc.), les historiens républicains ont eu tendance à minimiser, voire à estomper, les faits de
lutte des classes.

Ils devaient s'appuyer notamment pour cela sur la grande
statistique des « individus arrêtés », dressée au ministère de la
Justice et comportant indication de leur profession. Sur plus de
26 000 personnes, remarque Seignobos, on n'y trouve qu'une minorité de paysans (5 423 cultivateurs, 1 850 journaliers), la majorité
vient des artisans et ouvriers de vieux métiers (en tête, par ordre
d'importance, 1 607 cordonniers) et le nombre des bourgeois est
tout de même impressionnant (1 570 rentiers, 325 médecins,
225 avocats...). Mais cette argumentation est fragile.

La statistique, étant nationale, totalise des situations locales
fort différentes. Si l'on considère les seules régions où l'insurrection ait eu le temps de se développer amplement, on trouve des
proportions de paysans déjà très supérieures : 48 % dans les
Basses-Alpes et 40 % en Vaucluse d'après Ph. Vigier[2], 43 % dans
le Var d'après nos propres études.

1. Voir Biblio n° 33.
2. Voir Biblio n°s 54 et 58.

Et surtout Seignobos omettait de tenir compte du fait que cette statistique des gens *arrêtés* ne coïncidait pas absolument avec la statistique des insurgés *réels*. Il est certain qu'on a arrêté (nous y reviendrons) des quantités de propagandistes républicains connus, que le pouvoir jugeait organisateurs ou complices du soulèvement, même s'ils n'y avaient pas pris part, même s'ils l'avaient déconseillé (dans le Var la statistique compte ainsi 13 médecins prévenus, dont deux seulement ont marché dans la colonne). En revanche dans tel village de forêt où il est certain qu'une centaine de paysans pauvres sont partis en bloc vers la colonne, il n'y eut qu'une poignée de gens arrêtés; les autres, la masse des simples et des ignorants, étaient rentrés chez eux, l'oreille basse, et on les avait laissés tranquilles.

Il est donc infiniment probable que la célèbre statistique surestime la part de la classe politique (bourgeois, intellectuels, etc.) et sous-estime celle des paysans.

Et puis, demeure l'évidence des faits révélés par les études locales : oui on s'est battu pour le droit et la Constitution, mais on s'est battu pour eux avec une ardeur redoublée, lorsque l'injustice avait le visage familier d'un hobereau, d'un notaire ou d'un patron détestés, lorsque l'appel abstrait du droit pouvait s'étayer d'une aspiration de justice concrète.

L'explication des insurrections de province en décembre 1851 débouche ainsi sur le problème des rapports entre motivation sociale et motivation idéologique dans les mouvements populaires. C'est le problème même de la République qui fut l'enjeu de cette lutte.

Discussion idéologique.

La République... C'était en principe celle qu'avait fondée la Constitution de novembre 1848, et qui fonctionnait ainsi depuis trois ans. Mais cette république-là avait peu de raisons d'être vraiment populaire, et c'est pour une autre que les insurgés se sont battus. Ils l'appelaient « la Sainte », ou « la Belle », ou « la Bonne », et par ce dernier mot ils voulaient dire l'authentique, la véritable, par opposition à la République décevante et falsifiée du moment.

L'idée subsistait encore que la République, puisqu'elle établissait la loi du nombre, et que les pauvres étaient en nombre bien plus grand que les riches, était nécessairement démocratique et sociale ; s'il n'en était pas ainsi, c'est que quelque chose manquait encore à l'essence du régime, anomalie à réparer, apprentissage à finir. La république présente est conservatrice parce qu'imparfaite, la vraie république sera sociale parce qu'achevée. C'est cet achèvement que la Montagne attendait de 1852, et c'est à coup sûr la même espérance qui s'est déversée dans l'insurrection. Chasser le président failli, « rentrer dans ses droits », pour le peuple, c'était amener tout de suite, puisque les circonstances avaient ainsi bousculé le calendrier, l'échéance de 1852.

A cet égard, il n'y avait pas de différence entre les cadres bourgeois du parti républicain et les masses. Victor Hugo, Ledru-Rollin, et leurs émules provinciaux pensaient bien, eux aussi, que la République ne pouvait être que démocratique et sociale.

La différence, quand il y en avait, était ailleurs, non pas au niveau des finalités mais à celui des délais. Les insurgés les plus cultivés, donc les plus légalistes (c'est-à-dire souvent — mais non toujours — les plus bourgeois), pensaient que rétablir la Constitution, avec le suffrage universel restitué, ramenait au *statu quo ante*, c'est-à-dire à la possibilité du vote libre et massif qui donnerait normalement la victoire à la Montagne, par les voies de l'élection, d'où sortiraient des lois de progrès social. Les plus frustes au contraire, les moins capables de penser abstraitement ce processus, tiraient au contraire de certaines formules (le Peuple rétabli dans ses droits) et peut-être de l'atmosphère même du processus insurrectionnel, levée massive, bataille, mouvement, l'idée que l'exercice de cette démocratie sociale commençait immédiatement. Pour eux brûler quelques registres n'était pas anticiper coupablement sur une loi à venir, mais saluer d'un feu de joie la fin d'un ancien régime.

Mais l'idée générale était bien commune à tous : que la République comme forme, et le réformisme social comme contenu, étaient indissociables.

C'est donc une République à langue de juriste et à cœur de socialiste qui a reçu du coup d'État l'occasion de se révéler une nouvelle fois.

Il lui restait à connaître près de vingt ans d'épreuves avant de revenir au jour. La première de ces années, celle qui va de décembre 1851 à décembre 1852, nous reste à raconter. Mais dès la première semaine qui suit le coup d'État, le principal du bilan historique de l'histoire ouverte en Quarante-huit est désigné dans cette liaison intime qui unit sous le nom de République l'idée du Droit et celle des Vœux populaires.

7

Du coup d'État à l'Empire
(décembre 1851-décembre 1852)

Il avait fallu quatre années au premier Bonaparte pour passer de la prise du pouvoir personnel à l'Empire, tant l'idée de restauration monarchique répugnait aux hommes qui avaient renversé Louis XVI dix ans auparavant. Louis-Napoléon trouvait au contraire, en raison notamment du précédent créé par son oncle, une opinion mieux préparée. Son « Consulat » à lui ne durera qu'un an — et même un an jour pour jour, puisque la superstition napoléonienne l'amènera à choisir à nouveau le 2 décembre, en 1852, comme date du rétablissement de l'Empire. Le Consulat de l'oncle d'autre part était encore républicain par ce titre même de consuls donné aux premiers magistrats; simplement, « Rome remplaçait Sparte... ». Le « Consulat » du neveu, lui, fut d'emblée un principat, puisque Louis-Napoléon arbora officiellement, après le coup d'État, le titre éminemment bâtard, donc évidemment transitoire, de « prince-président ». Il fut alors aisé de prévoir que l'année 1852, commencée à l'Élysée, s'achèverait aux Tuileries.

La résistance inattendue rencontrée par le coup d'État compliquait cependant quelque peu le programme. La mise en place du nouveau système constitutionnel devait être menée en même temps que la répression des insurrections. L'une et l'autre occupèrent ensemble la fin de l'année 1851 et les premières semaines de 1852. Toutefois, pour la clarté du récit, il convient de les raconter séparément. Après quoi, la répression organisée et la Constitution mise en fonctionnement, nous pourrons voir les grandes décisions sociales et économiques qui donnent son sens au nouveau régime, et enfin la préparation de l'avènement impérial, qui lui donne forme achevée.

1. La répression antirépublicaine

Les principes.

Elle avait commencé dans le feu de l'action, nous l'avons vu à Paris, avec les redoutables arrêtés et proclamations de Maupas et de Saint-Arnaud, pris en vertu de la mise en état de siège. Celui-ci avait été étendu successivement aux départements de province d'où parvenaient des nouvelles de troubles. L'armée y agissait non moins rudement, en collaboration complète d'ailleurs avec les préfets; c'est une étape de la « mixité » dont nous aurons à parler dans un instant.

Dans le détail des opérations l'armée (et en province souvent aussi la gendarmerie) se montra parfois expéditive, et les « chasses » aux insurgés en fuite furent peut-être aussi meurtrières pour eux que les batailles rangées.

Le caractère massif et inique de la répression vint cependant de l'assimilation qui fut officiellement faite de l'insurrection effectivement accomplie à un complot républicain de longue date préparé. La notion de société secrète, avec toutes ses équivoques (sur lesquelles nous n'avons plus à revenir), jouait ici le rôle essentiel : tout républicain militant était évidemment organisé; or toute organisation était réputée société secrète, toute société secrète réputée source de complot, et toute insurrection constatée n'était que l'élément visible de ce complot universel. Ainsi tout républicain pouvait être arrêté comme ayant été un insurgé en puissance, un complice ou un inspirateur d'insurgé; il suffisait qu'il ait eu des fréquentations politiques que l'administration puisse baptiser société secrète.

C'est en vertu de ces raisonnements — nous l'avons déjà dit au passage dans le chapitre précédent — qu'on trouvera dans la statistique des prévenus bien des militants républicains qui n'avaient pas pris les armes.

Surtout, c'est en vertu de ces mêmes raisonnements que l'armée, la gendarmerie, la police, firent à partir de la mi-décembre et jusqu'en janvier d'immenses rafles de suspects qui encombrèrent les prisons.

Les commissions mixtes.

Il y en avait trop, et pour opérer un tri dans cette foule, au début du mois de février, une circulaire ministérielle organisa les fameuses *commissions mixtes.* Dans chaque département, le préfet et le général commandant la force militaire se voyaient adjoindre un troisième fonctionnaire : un magistrat représentant le parquet. La mixité était maintenant complète. Préfets et magistrats avaient été souvent associés avant Décembre dans la surveillance du parti montagnard, préfets et militaires l'avaient été aux jours de Décembre dans la répression directe, les trois hiérarchies garantes de l'ordre se rejoignaient maintenant tout à fait. Du point de vue moral la seule institution des commissions mixtes fit sur les républicains le plus déplorable effet. Loin de voir dans la présence d'un magistrat une garantie d'équité, ils virent seulement que la magistrature prostituait la justice dans cette collaboration, et ils devaient faire à Bonaparte un grief de plus d'avoir bafoué la séparation des pouvoirs.

Les commissions mixtes eurent en effet une procédure expéditive, tranchant sans débats, après une rapide instruction, mais sans entendre de défenseurs, et sans possibilité d'appel. En outre elles restèrent fidèles à la thèse officielle que nous énoncions tout à l'heure. Il ne s'agit pas pour elles de décider qui avait, ou n'avait pas, commis tel ou tel acte précis d'insurrection, de rébellion, de déprédation, etc., mais qui avait, dans la subversion globale, joué ou non un rôle important.

La masse des prévenus examinés fut ainsi arbitrairement répartie en huit catégories, selon le caractère de danger qu'ils représentaient. On distingua 1) des gens renvoyés devant un conseil de guerre. C'étaient les chefs présumés, et les insurgés qui avaient tiré sur la troupe ; 2) des gens envoyés au bagne de Cayenne (Guyane) sans autre forme de procès : ceci s'appliquait aux insurgés armés qui étaient repris de justice ; 3) des gens envoyés en Algérie en résidence forcée (le fameux signe Algérie $+$) ou en résidence libre (Algérie $-$) : c'était le sort des « démagogues » notoires, selon leur degré présumé de nocivité ; 4) des gens expulsés de France ou 5) éloignés momentanément de leur résidence : ces deux derniers cas s'appliquaient aux républicains dont la présence était un « élément de désordre ». Les gens simplement entraînés par les meneurs étaient 6) internés dans une ville déterminée ou 7) mis en surveillance. Enfin, 8) les insurgés prévenus de délits de droit commun étaient renvoyés en correctionnelle.

Comme on le voit, les catégories 1) et 8) laissaient place à l'application des formes classiques de justice. Les autres ouvraient au contraire un vaste champ à l'arbitraire. On règle ainsi le sort de milliers d'hommes, parce qu'un passé militant apprécié à travers de vieux rapports ou de sommaires ragots leur attribuait des étiquettes aussi vagues que « exalté », très « dangereux », ou « dangereux pour la société ».

La répression judiciaire.

Mais la justice ne fut pas plus satisfaisante, qu'il s'agisse des conseils de guerre ou des cours d'assises, où furent aussi déférées les quelques affaires de meurtre commis au cours de l'insurrection. Dans l'affaire de Cuers (Var), meurtre d'un brigadier de gendarmerie, l'accusation s'acharna à obtenir la peine capitale non seulement pour le jeune paysan analphabète qui avait fait feu mais encore pour le jeune paysan instruit et politisé qui avait mené l'insurrection et qui était censé (bien qu'il s'en défendît avec énergie) avoir donné au précédent l'ordre de tirer. Ainsi magistrats et jurés, non contents de châtier un fait partiel de « jacquerie » (peut-être accidentel d'ailleurs), voulaient à tout prix démontrer que cet acte de jacquerie avait été voulu par les républicains conscients[1]. L'iniquité partielle de cette affaire locale était tout à fait accordée, comme on voit, à l'iniquité globale de la thèse conservatrice, devenue la thèse officielle. Le cas fut loin d'être isolé. A Clamecy également le jeune leader républicain Eugène Millelot fils d'un patron-imprimeur, leader actif et combatif, mais scrupuleux et légaliste, de l'insurrection locale, ne fut pas seulement condamné pour la direction effective du soulèvement, mais aussi

---

1. Pour le détail de cette discussion, voir notre *République* (nº 58). Les deux paysans eurent leur peine commuée en travaux forcés à perpétuité (voir plus loin) et moururent à Cayenne.

pour un meurtre de bourgeois dont il était innocent. On l'envoya mourir au bagne de Cayenne.

Ce déchaînement de brutalités militaires et de haines provinciales en arriva à inquiéter le prince-président, qui n'avait pas de méchanceté intime, et qui pouvait même craindre que sa politique à long terme en fût gênée. La Restauration, après tout, n'avait-elle pas été durablement compromise par quelques épisodes de Terreur blanche qui avaient marqué son avènement?

En mars et avril trois conseillers d'État furent envoyés en mission extraordinaire, pour examiner, l'un dans le Centre, l'autre dans le Sud-Ouest et le troisième dans le Sud-Est, l'œuvre des commissions mixtes, et pour préparer les mesures de grâce à proposer au chef de l'État. Un certain nombre de peines majeures furent ainsi commuées, des peines mineures révoquées. Mais cet épisode, significatif de la politique napoléonienne, ne réussit pas à effacer les précédents. En quantité d'abord les grâces ne portèrent que sur un petit nombre de « condamnés » des commissions mixtes, et d'autre part, qualitativement, ces grâces hâtivement décidées, loin d'atténuer l'impression globale d'arbitraire, ne pouvaient que lui ajouter un degré de plus.

La proscription des représentants.

Pendant que se réglait ainsi le sort des républicains de province, celui des leaders et des cadres qui avaient animé la résistance centrale s'accomplissait aussi.

A Paris comme en province il y avait trop de prisonniers, et trop illustres. Un tri s'imposait. Les représentants de l'opposition de droite ne restèrent pas longtemps à Mazas ni à Vincennes; ils furent relâchés presque aussitôt, à l'exception de cinq orléanistes en vue (Rémusat, Duvergier de Hauranne et trois autres) qui furent envoyés en exil rejoindre leurs amis Thiers et Baze, ainsi que les généraux. La proscription s'étendit beaucoup plus lourdement à l'opposition parlementaire de gauche puisque c'est quelque soixante-dix représentants républicains qui en furent frappés; parmi eux Hugo et Schœlcher, Madier de Montjau et Raspail, Nadaud et Perdiguier, Pierre Leroux et Edgar Quinet, pour ne citer que les noms les plus célèbres. Un sort spécial était prévu pour la dizaine de républicains (dont deux représentants) qui avaient soulevé Orléans[1] et surtout pour les cinq représentants que la police tenait pour les chefs du mouvement organisé : Marc Dufraisse, Miot, Greppo, Richardet et Mathé. Ce sort était la déportation à Cayenne, redoutable perspective, souvent meurtrière, à terme. Au dernier moment cependant la décision fut adoucie, Miot reçut l'Algérie pour destination, et les autres l'exil, comme la plupart de leurs collègues de la Montagne.

Cas de conscience.

Il est probable que George Sand a contribué à obtenir ce premier adoucissement. Républicaine ardente en 1848, assez déçue ensuite par la République bourgeoise, elle avait, comme Lamartine, pris ses distances par rapport à la politique active, et cet éloignement même lui permettait maintenant d'intervenir avec plus d'efficacité en faveur de gens dont elle partageait l'idéal sans en être directement l'associée. D'autres influences jouaient dans le même sens auprès du prince. Tout ce qu'on pourrait appeler le bonapartisme de gauche, gens de tempérament à la fois progressiste et autoritaire, et qui avaient pris au sérieux la composante populiste revendiquée par le coup d'État, ne pouvaient qu'être effrayés d'une répression massivement conservatrice, tout imprégnée des rancœurs du parti de l'ordre. Par exemple Jérôme Napoléon, le montagnard cousin de l'Empereur, obtint ainsi du prince pour Démosthène Ollivier l'exil simple, au lieu de la Guyane. Les saint-simoniens, tel Enfantin, très vite ralliés au despote éclairé qu'ils voulaient voir en Bonaparte, pesaient dans le même sens. A ces diverses pressions, on devra sans doute la plus spectaculaire des mesures de grâce, le rappel d'Algérie de Pauline Roland, que sa situation de famille rendait hautement digne de pitié (elle élevait seule, par principe féministe, les deux enfants qu'elle avait eus, tout en déployant par ailleurs, d'école en coopérative et de coopérative en barricade, la plus pleine des vies militantes). Hélas! la détention à Lambessa, et un pénible voyage de retour, en hiver, sur le bateau entre Alger et Marseille, devaient achever de compromettre sa santé et la faire

---

1. Et qui avaient déjà été arrêtés et ramenés à Paris, vu la proximité des deux villes.

mourir à peine rentrée en France à l'âge de quarante-sept ans.

Le trouble pouvait ainsi gagner les consciences républicaines. Fallait-il savoir gré à Bonaparte de n'être ni vraiment cruel ni vraiment réactionnaire, ou bien le maudire pour avoir aboli le règne du droit? Michelet, dans son *Journal* à la date du 7 mars 1852, nous rapporte une pénible conversation qu'il eut à ce sujet avec sa vieille amie George Sand.

« Je trouvai Mme Sand toujours imposante et simple, toujours bonne, ce qui fait beaucoup pardonner. Toutefois on ne lui sait pas gré de cette bonté. Pourquoi? parce qu'elle tient en partie à une sorte de facilité sceptique d'accepter tout, d'aimer tout. Je suis si naturellement contraire à cet état d'esprit que tout mon cœur s'insurgea, et j'éprouvai le besoin de confesser ma foi. Elle-même m'en donnait l'occasion et m'y invitait. Elle ne cachait pas beaucoup qu'entre les vainqueurs et les vaincus du jour elle sentait peu la différence, les uns et les autres disant : la fin justifie les moyens.

— Et la justice, Madame, n'est-ce rien, entre les deux camps? Je replaçai la question sur le terrain solide du Juste et du Droit.

Non, la fin ne justifie pas les moyens. Mais rien n'a droit que le droit. Le droit seul peut employer légitimement les moyens de la force, seul appliquer les sévérités de la justice[1]. »

La sécession de l'intelligence.

Il est hors de doute que la grande majorité des intellectuels républicains pensaient, comme Michelet, que la justice en politique, autrement dit la République, ne saurait se définir par le seul bien du peuple mais aussi par le règne du droit, et c'est dans la mesure où ils étaient juristes au plein sens du mot qu'ils devaient être irréconciliables à l'Empire. C'est cet esprit qui avait grossi encore la proscription de tout un flot d'émigrés volontaires, dès qu'il était apparu que le nouveau régime rétablissait pour les titulaires de fonctions publiques l'obligation du serment de fidélité. Un serment de ce genre, si largement exigé, avait naguère discrédité les monarchies (on se souvient du sarcasme de Chateaubriand

1. Voir Biblio. n° 29.

sur ces vieux notables dont on pouvait mesurer la carrière au nombre de serments qu'ils avaient prêtés, comme on mesure l'âge des vieux cerfs au nombre de leurs andouillers...). Ce genre de serment avait été aboli par la Révolution de 1848, comme étant monarchique en son essence, et contraire à la liberté. **On** n'avait laissé subsister alors que le seul serment de fidélité à la Constitution, imposé au seul chef de l'État. Et voici que Bonaparte, après avoir violé sa propre foi jurée en décembre 1848, l'imposait en sa faveur aux citoyens devenus sujets! L'Université se vida des professeurs républicains. Ceux qui étaient proscrits comme rebelles allèrent peupler les écoles et les bibliothèques de Suisse, d'Angleterre ou de Belgique. C'est à cette circonstance par exemple qu'un futur président de la République française, Paul Deschanel, devra de naître à Bruxelles en 1855, au foyer d'un agrégé en exil. Les autres trouvèrent asile dans quelques établissements libres laïques du quartier Latin, tels que Sainte-Barbe, ou bien vécurent de leur mieux de professions libres diverses, formant comme une nouvelle sorte d'émigration à l'intérieur. Michelet en faisait partie : déjà privé de sa chaire du Collège de France, il perd maintenant, par refus de serment, sa principale fonction, la direction des Archives nationales, et il n'a plus pour vivre que sa plume, dont l'indignation heureusement n'a pas tari la fécondité.

Dans l'ensemble, on peut bien le dire, par les effets conjugués de la répression et du refus, une grande partie des élites intellectuelles tourne le dos au régime.

Mais, avec le serment, l'histoire du refus nous a menés au seuil de l'histoire institutionnelle, qu'il faut maintenant parcourir à son tour.

2. Les institutions

Le premier plébiscite.

C'était, dès l'origine, la grande affaire des auteurs du coup d'État. Le 2 décembre avait annoncé qu'une Constitution conforme à l'exemple de l'an VIII serait soumise au vote populaire, les grandes lignes du système annoncé étant un chef responsable nommé pour dix ans, des ministres dépendant du pouvoir exécutif seul, un Conseil d'État pour préparer les lois, un Corps législatif élu pour les voter, et une seconde Assemblée « formée de toutes les illustrations du pays », pour servir de « pouvoir pondérateur, gardien du pacte fondamental et des libertés publiques ».

Le vote fut rondement organisé. On fit d'abord voter l'armée et la marine, par registres ouverts dans les casernes (il y eut 300 000 oui, 37 000 non, 3 000 abstensions), puis, le 20 décembre, les civils, dans les mairies, et au scrutin secret. Le résultat fut ce qu'il devait être dans un pays en plein désarroi, dont un tiers du territoire était en état de siège, où ne paraissait plus aucun journal d'opposition, et où les hommes politiques non exilés ni emprisonnés se terraient. On put dénombrer 7 millions et demi de oui, contre 640 000 non, 36 000 votes nuls et environ 1 million et demi d'abstentions. Bien entendu, les plus fortes minorités d'opposants se trouvaient dans les grandes villes (à Paris, où l'on dénombra 80 000 non et 75 000 abstentions, les 132 000 oui n'atteignaient pas tout à fait la moitié des inscrits).

Un seul canton, celui de Vernoux (Ardèche), à population protestante majoritaire, donna une majorité de non. Dans l'ensemble, les non venaient surtout des pays libéraux, trop modérés pour s'être insurgés, mais qui par cela même n'avaient pas été terrorisés par la répression. Dans les pays les plus radicaux au contraire, là où on avait pris les armes, et où la peur régnait seule maintenant, nul ne se risque à déplaire au pouvoir. Les zones rurales rouges étaient comme rayées de la géographie électorale, et l'opposition redevenait un fait essentiellement citadin.

Le bon résultat proclamé en grande cérémonie le 31 décembre permit à Bonaparte, dans un discours célèbre, de laisser transparaître une sorte de mauvaise conscience.

La France a compris, dit-il notamment « que je n'étais sorti de la légalité que pour rentrer dans le droit » — formule embarrassée, et qui intervertissait les termes, car c'est bien plutôt du droit que l'on était sorti, et une nouvelle légalité que l'on allait établir. Il ajoutait, s'avouant ici implicitement coupable : « plus de sept millions de suffrages viennent de *m'absoudre* »...

Le prince-président ne tarda pas à user du blanc-seing accordé puisque dès le 14 janvier paraissaient simultanément la Constitution promulguée, et une longue proclamation par laquelle il en commentait les fondements et les dispositions.

Le maintien du suffrage universel.

La principale était le suffrage universel, maintenu tel qu'il était avant la loi du 31 mai 1850.

Les sept millions de voix du 20 décembre semblaient justifier — quand on ne regardait pas de trop près les circonstances — l'acte qui avait rendu la parole à la « vile multitude » bâillonnée par M. Thiers.

Cette « absolution » par l'assentiment du plus grand nombre donnait bien au nouveau régime son principe le plus durable : le plébiscite, qui permettrait au maître du pouvoir, chaque fois qu'il le voudrait, d'en appeler directement au peuple par-delà la classe politique; il retournait ainsi contre les républicains le suffrage universel qui, deux ans plus tôt, paraissait l'arme absolue entre leurs mains.

En fait il administrait seulement la preuve — si besoin était — que le suffrage universel n'est pas une panacée et qu'il ne sert le progrès que dans des conditions bien précises : totale liberté d'expression politique, éducation des masses paysannes, éviction de l'influence politique du clergé. Tout le programme de la République à venir va bientôt se préciser ainsi en réaction directe et explicite contre la pratique plébiscitaire de cet « Empire des Ruraux ».

La réaction constitutionnelle.

Le droit de suffrage mis à part, les autres pièces du système politique étaient surtout des régressions vers l'état antérieur à février 1848.

Nous l'avons déjà dit à propos du serment (qui forme l'article 14).

C'est vrai aussi de l'exécutif, qui est plus qu'à demi monarchique puisque le nom de son titulaire, « le prince Louis-Napoléon Bonaparte », figure en clair dans la Constitution elle-même (article 2).

C'est vrai du législatif, qui entre autres dispositions, retrouve le bicamérisme (article 4). Pour ne pas rétablir une Chambre des pairs, « pâle reflet de la Chambre des députés », comme elle était sous Louis-Philippe, on établit un Sénat... qui reflètera surtout les vues de l'exécutif. Ne se compose-t-il pas, en effet « 1) des cardinaux, des maréchaux, des amiraux; 2) des citoyens que le président de la République juge convenable d'élever à la dignité de sénateur »? (article 20).

Régression encore que le système d'élection du Corps législatif par le suffrage universel : « les députés sont élus (...) sans scrutin de liste » (article 36) et les considérants précisaient que le scrutin de liste « fausse l'élection ». Pour échapper en effet aux grands courants d'opinion qui s'expriment plus volontiers par les listes de candidats composées dans le cadre départemental, on revenait au scrutin uninominal, scrutin de clocher et de notables, qui avait fleuri sous Guizot. Jusqu'au nombre des députés qui traduisait un penchant significatif. Les assemblées de la IIe République avaient été nombreuses (750) comme au temps de la Révolution, le Corps législatif de 1852 va retrouver les effectifs restreints (moins de 300) des chambres de l'époque censitaire.

L'ensemble de ces dispositions constitutionnelles comportait tous les éléments d'une véritable autocratie, celle qui fonctionnera, après un simple changement de titre, pendant l'Empire autoritaire. On en trouvera donc une analyse plus complète dans le volume suivant de cette collection. Il suffisait ici d'indiquer la tendance. Malgré une démagogie anti-orléaniste insistante, on retouchait parfois le modèle venu du Consulat par quelques emprunts au temps de Guizot, le libéralisme en moins.

Flanquant une Constitution déjà fort autoritaire en elle-même, deux autres éléments politiques apparaissent aussitôt, que l'on retient fort justement comme typiques : le régime de la presse, et la candidature officielle.

Autres moyens de la dictature.

Le sort de la presse est réglé dès le 17 février, dans l'un de ces décrets que le prince-président avait reçu le droit de prendre lui-même, avec force de loi, au titre des dispositions transitoires prévues par le dernier article de la Constitution. Les journaux sont soumis au régime de l'autorisation préalable; bien entendu, le timbre et le cautionnement demeurent; et surtout est instauré le système des avertissements. L'« avertissement » est donné par le pouvoir lorsqu'un article a déplu; au bout d'un certain nombre d'avertissements la suspension intervient d'office. Plus besoin, par conséquent, de l'impopulaire censure; le système imposait aux journalistes une circonspection qui était une autocensure efficace.

On pourrait parler d'hypocrisie, mais il ne faudrait pas généraliser, car en matière électorale la tendance était, tout au contraire, à une cynique franchise : pour réagir contre les régimes qui avaient pratiqué la candidature officielle inavouée, l'intrigue subtile des préfets de Guizot par exemple, Morny fit de la candidature officielle une pratique normale : candidat du gouvernement désigné par affiche blanche, appels et propagande directe du préfet ou du sous-préfet en sa faveur, facilités de propagande pour lui, tracasseries pour les opposants, quand il y en aurait...

Les élections de 1852.

Dans l'immédiat, cette absence radicale de libertés porta les vices du système jusqu'à la caricature lors de la première application qu'on en fit : les élections de février-mars 1852 pour le Corps législatif donnèrent seulement huit opposants; cinq d'entre eux appartenaient à la droite, notables légitimistes non ralliés, mais indéracinables dans leurs fiefs ruraux de l'Ouest. Les trois autres étaient de la gauche. Dans trois circonscriptions en effet, deux à Paris, une à Lyon, les électeurs avaient réussi, sans la moindre campagne électorale publique, à élire des républicains : Carnot, Cavaignac et le docteur Hénon, mais ceux-ci pour ne pas prêter le serment de fidélité au dictateur renoncèrent à occuper leur siège.

« Nous remercions (les électeurs) — écrivirent les trois non-acceptants — d'avoir pensé que nos noms protestaient d'eux-mêmes contre la destruction des libertés publiques et les rigueurs de l'arbitraire, mais ils n'ont pas voulu nous envoyer siéger dans un Corps législatif dont les pouvoirs ne vont pas jusqu'à réparer les violations du droit; nous repoussons la théorie immorale des réticences et des arrière-pensées[1]. »

Au bord opposé de l'éventail politique, Berryer avait réussi, pour sa part, à dissuader ses électeurs de Marseille de le porter candidat et de voter pour lui, et il l'avait fait en termes presque semblables : « Qu'irais-je faire dans ce Corps législatif, privé de toute espèce de vitalité, et dans lequel je ne retrouverais même plus cette indépendance et cette liberté que les révolutions de 1830 et de 1848 ne nous avaient point enlevées[2]? »

L'élection de Hénon dans le quartier ouvrier de la Guillotière à Lyon, avait été un petit chef-d'œuvre de propagande organisée clandestinement, d'atelier en atelier, et la nuit de porte en porte. Il y avait là des réseaux naturels de communication entre prolétaires, à la fois compagnons de travail et voisins de logis, où la police ne pouvait pas grand-chose, et qui montraient bien qu'en cette phase extrême de contraction le parti républicain trouvait dans la classe ouvrière des grandes villes son noyau le plus solide. Peut-être y avait-il là le milieu populaire le plus étranger aux influences cléricales, dont le régime usait et abusait ailleurs, et notamment dans les campagnes?

Le rôle de l'Église.

L'Église catholique en effet avait prêté sa voix et ses moyens d'influence au parti de l'ordre, nous l'avons assez dit. Du même élan elle le prêtait au coup d'État. L'immense majorité du clergé était bien plus sensible au « spectre rouge » brandi par la propagande officielle qu'aux réserves exprimées (et avec quel écho?) par la poignée de conservateurs restés libéraux. Dans le monde des notables d'ailleurs, un Montalembert, fidèle à la ligne qu'il suivait depuis l'été de 1848, faisait la théorie et la propagande éloquente de cette alliance de l'Église avec le pouvoir actuel; au point d'accepter pour lui-même une candidature officielle et d'entrer ainsi au corps législatif. Bonaparte, renonçant sur ce

1. Lettre au président du Corps législatif, citée par G. Weill (n° 34), p. 308, note.
2. Cité dans l'*Encyclopédie des Bouches-du-Rhône* (Marseille 1929), tome V, p. 185.

point décisif à écouter l'aile gauche de l'entourage, se mettait en frais pour l'Église. On remarquait dans la Constitution la place faite aux cardinaux dans le Sénat, à l'exclusion des représentants des autres cultes concordataires. On remarqua aussi la restitution du Panthéon au culte catholique. Sur ce chapitre, hautement symbolique, la régression politique allait rejoindre, en deçà même de la monarchie de Juillet, le temps de la Restauration. Comme Louis XVIII, l'un de ses prédécesseurs qu'il omettait d'invoquer, Louis-Napoléon, quoique sceptique et point méchant dans son for intérieur, laissait faire par intérêt politique un peu de Terreur blanche et beaucoup d'alliance du trône et de l'autel. Comme Louis XVIII aussi, il est vrai, il savait parfois sauver l'essentiel, et procéder à une réaction plus tapageuse qu'effective. Par exemple, à l'instruction publique, la circulaire du ministre Fortoul interdisant aux professeurs de porter la barbe, « symbole d'anarchie », ne passa pas inaperçue. On songe moins à remarquer que l'Université subsista, avec seulement quelques retouches, alors que les cléricaux les plus fanatiques auraient volontiers achevé de la démanteler.

Dans l'ensemble, pourtant, la conjoncture politique est bien d'une réaction conservatrice et cléricale, qui conjugue ses effets avec ceux de la constitution, et ceux de la compression administrative, pour donner au pouvoir un support de docilité massive.

Qu'allait-il en faire ?

Les soutiens sociaux souhaités.

On remarqua les directives données par Morny aux préfets pour le choix des candidats officiels :

« Des hommes entourés de l'estime publique, plus soucieux des intérêts du pays que des luttes des partis, sympathiques aux souffrances des classes laborieuses, et s'étant acquis, par un bienfaisant usage de leur fortune, une influence et une considération méritée », et encore :

« Quand un homme a fait sa fortune par le travail, l'industrie ou l'agriculture, a amélioré le sort de ses ouvriers, a fait un noble usage de son bien, il est préférable à ce qu'on est convenu d'appeler un *homme politique :* car il apportera à la confection des lois un esprit pratique, il secondera le gouvernement dans son œuvre de pacification et de réédification[1]. »

On pourrait résumer la tendance en disant : foin des hobereaux! foin des bourgeois rentiers! foin des avocats et des journalistes! donnez-nous des industriels!

Ce choix est profondément éclairant, parce qu'il l'est doublement. En un premier sens en effet, le plus évident, cette préférence du régime appartient à une conjoncture politiquement réactionnaire : la classe *politique* qu'on rejette explicitement (et qui est relativement homogène : on ne saurait y opposer absolument l'avocat au propriétaire, car la plupart des avocats d'alors avaient du bien au soleil, et la plupart des propriétaires rentiers avaient fait leurs humanités), cette classe politique, donc, était une classe d'humanistes, de juristes, de gens à principes (royalistes ou républicains), donc de gens incommodes. Mieux valait des hommes nouveaux, sortis de leur usine (et souvent, à cette date encore, assez proches du peuple), moins cultivés, moins doctrinaires, et qui laisseraient faire « la politique » par les ministres. C'est d'ailleurs ce qui se passera en effet pendant les deux premières sessions.

Mais en un autre sens, la préférence de Morny avait valeur novatrice. Elle impliquait l'idée que le monde des notables, monde d'intellectuels et de rentiers du sol, n'avait pas fait la place assez belle aux créateurs de richesses nouvelles, aux hommes utiles, aux « industriels » (comme disaient les saint-simoniens), ou aux entrepreneurs, comme nous dirions. Bref, qu'il fallait pousser plus fortement le pays dans la voie de la modernité économique, et pour cela recomposer sa classe dirigeante à l'avantage de ceux qui travaillaient effectivement à ce progrès.

Les choix politiques et les choix économiques opérés par le coup d'État avaient donc une certaine cohérence. Nous avons vu les premiers, il convient maintenant d'examiner les seconds.

_____

1. Textes cités par Albert Thomas (nᵒ 32), p. 39.

3. Les grandes initiatives économiques

Mettre en avant des industriels, disait en substance Morny, mais des industriels philanthropes (« sympathiques aux souffrances des classes laborieuses », ayant « amélioré le sort de (leurs) ouvriers »). C'était peut-être limiter le choix ? Il faut pourtant observer, pour être équitable, qu'on était encore, autour de 1850, assez près du temps où, dans une société en grande partie agricole, la principale source du « paupérisme » était le sous-emploi rural, et où par conséquent la principale forme de philanthropie consistait bien à créer une industrie dans un canton, parce qu'on y transformait des demi-chômeurs en salariés complets[1].

Certes cela commençait à changer. Depuis une dizaine d'années on pouvait savoir que l'industrie installée engendrait son paupérisme spécifique, et que le patronat n'était pas toujours paternel. Disons que les deux appréciations, la pessimiste et l'optimiste, coexistaient dans l'opinion du temps, et que le choix du régime était naturellement pour l'optimisme, c'est-à-dire pour un industrialisme à la fois hardi et social.

La politique sociale.

Une des mesures les plus significatives à cet égard est le décret-loi du 26 mars sur les sociétés de secours mutuel. Certes il vient après toute une série de décisions, prises d'urgence, mais durables, et par lesquelles, dans le cadre de la répression, l'on fermait tous les cercles, sociétés, chambrées, etc., où les gens du peuple se réunissaient; de même que la surveillance des cafés et cabarets était renforcée. La phobie conservatrice de la vie d'association civique, ou sociale au sens large du mot, atteignait là son paroxysme. Mais en contrepartie le régime tenait à systématiser l'asso-

1. Voir ce roman très napoléonien qu'est *le Médecin de campagne*, de Balzac. Voir aussi dans *les Misérables*, le personnage de M. Madeleine, industriel bienfaisant plus caractéristique encore. Sur ce point au moins Victor Hugo a la même conception « sociale » que son grand ennemi Bonaparte.

ciation professionnelle, pour ses vertus d'éducation ouvrière et
par là, pensait-on, de modération. D'où les avantages légaux appor-
tés aux sociétés de secours mutuels, pourvu qu'elles présentent
ces deux garanties : avoir quelques membres honoraires (non
ouvriers), et avoir leur président nommé par le pouvoir. Ainsi
se dessinait la stratégie bonapartiste de dissociation entre le politique et le social : le mouvement républicain est proscrit totalement,
anéanti si possible ; le mouvement ouvrier au contraire est contrôlé,
canalisé, mais il peut et même doit subsister.

L'affaire des biens des Orléans.

Tout est alors sous le signe de l'ambivalence, et souvent les
mêmes mesures s'efforcent à faire à la fois de la répression politique et du progrès social. Ainsi le grand éclat du 23 janvier, la
nationalisation des biens de la famille d'Orléans (c'est-à-dire des
biens personnels dont, le 7 août 1830, Louis-Philippe avait fait
donation à ses fils, au lieu de les réunir au Domaine). C'était
un acte de vengeance (et peut-être de précaution) politique contre
ces princes dont Bonaparte avait pu penser qu'ils étaient ou seraient
des rivaux plus redoutables que le parti républicain ; mais c'était
aussi une pièce majeure de l'entreprise de séduction sociale,
puisque le décret prévoyait que dix millions de francs de cette
origine seraient attribués aux sociétés de secours mutuels, dix millions à des logements ouvriers, dix millions à des institutions
de Crédit foncier, etc.

Le prince-président ne se doutait peut-être pas qu'il soulevait
là le premier orage politique de son principat. Car c'était bel et
bien une nationalisation, une atteinte à la propriété. Les grands
bourgeois, à peine remis de leurs émotions du 2 décembre, et qui
les avaient presque pardonnées à la faveur de l'écrasement du
communisme, furent stupéfaits de voir renaître celui-ci là où ils
l'attendaient le moins. A l'Institut, dans les salons, jusqu'au
Conseil d'État et dans les couloirs des ministères, un vent de fronde
se leva contre le président qui se remettait à faire du « socialisme ».
Et comme, pour les conservateurs, le socialisme était frère du
cambriolage, l'ex-président Dupin lança un calembour qui fit
fortune : « C'est le premier vol de l'aigle »...

Le plus grave pour Louis-Napoléon fut la réprobation de quatre de ses fidèles, Morny, Fould, Rouher et Magne, qui quittèrent le ministère pour ne pas être associés à la spoliation des princes d'Orléans, dont ils avaient été les familiers jadis. Imperturbable, le prince-président remplaça les démissionnaires par des comparses, et attendit que la clameur retombe. Elle retomba en effet, et les mécontents revinrent, lorsqu'on s'aperçut qu'il n'y aurait aucune autre propriété menacée et qu'au contraire le climat économique souhaité par le pouvoir serait plus que jamais libéral et expansionniste.

La relance industrielle.

L'essentiel en effet est bien là : relancer ce que nous appellerions aujourd'hui l'expansion, que la conjoncture économique mondiale sollicitait depuis 1850, mais que la conjoncture politique proprement française freinait, avec la hantise de « 1852 ». En donnant la certitude politique que le capital et la libre entreprise ne seraient pas menacés à brève échéance, le coup d'État par lui-même était déjà — et voulait être, très consciemment — une condition de la reprise.

Très vite en effet, stimulées par quelques habiles mesures techniques du ministère (retouches au statut de la Banque de France, conversion de la rente), les affaires reprirent, et le climat de la Bourse fut faste. Mais Louis-Napoléon voulait faire davantage encore pour donner l'impulsion.

Il voyait parfaitement que le nouvel élan industriel serait lancé par l'achèvement du réseau ferré (à la fois comme moyen radical de faciliter les échanges, et comme stimulation décisive des industries du fer, du charbon, et de la construction mécanique). Mais les entreprises ferroviaires ne pouvaient rien sans les groupes bancaires. Or dans le monde de la Banque dominaient les Rothschild, et les Rothschild étaient depuis vingt ans liés aux Orléans, donc plutôt favorables à une opposition politique de type thiériste. Il fallait se passer d'eux, si c'était nécessaire, et Louis-Napoléon s'en jugeait capable. Il avait en effet pour lui d'autre capitalistes, comme les Fould (les deux frères, Achille, homme politique, et Benoît, resté à la tête de la banque familiale). Nous avons vu que l'association politique Bonaparte-Fould remontait déjà à plus de deux ans, et ne serait pas longuement compromise par l'affaire du « vol de l'aigle ». En outre, au sein même de la maison Rothschild, deux jeunes « cadres » ambitieux, les frères Péreire, voués, par leur profonde conviction saint-simonienne, à préférer le despote éclairé au régime parlementaire, étaient disposés à collaborer avec le gouvernement. Ainsi s'explique un très rapide démarrage.

Le nouveau capitalisme.

Dans un premier temps, l'entremise des Péreire fait aboutir très vite, sans que les Rothschild soient encore le moins du monde évincés d'ailleurs, des négociations qui traînaient. Ainsi l'affaire du Paris-Lyon, que l'État avait dû racheter en août 1848 à une compagnie en faillite, et dont il poursuivait lentement la construction. Il l'aurait bien recédé à un groupe privé s'il n'y avait eu dans l'Assemblée des résistances (reflétant en partie celles d'intérêts financiers rivaux) contre l'idée d'une aliénation en bloc[1]. L'Assemblée éliminée, dès le 5 janvier 1852 le gouvernement concède le Paris-Lyon à un consortium financier dans lequel Rothschild, Péreire, et d'autres, ont leur place. C'est alors et à cette occasion qu'est lancé dans le public un titre nouveau « l'obligation à 300 F, titre bon marché à revenu *fixe*, qui devait coaguler d'immenses épargnes tirées des couches sociales moyennes et être la pierre d'angle du financement des grands réseaux pendant les décennies suivantes[2] ».

Expansion industrielle, et capital relativement « démocratisé », Bonaparte voyait avec faveur ce double aspect de l'innovation.

Le 19 février 1852, toujours grâce aux Péreire, aboutit une autre

---

1. Dans cette affaire, au début de 1850, Lamartine, spécialiste et partisan convaincu des chemins de fer à grande échelle, avait plaidé sans résultat la cause du Paris-Lyon unifié, qui était la plus saint-simonienne d'esprit, la plus conforme aux intérêts Rothschild, et, dans ce cas précis, la plus agréable à l'Élysée. Mais l'Assemblée avait eu dans sa majorité une réaction classique d'opposition libérale, contre le gigantisme ferroviaire.
2. J. Bouvier (n° 74), p. 157.

négociation que James de Rothschild n'avait pas réussi à mener à bien antérieurement avec l'État : la Compagnie du Nord, moyennant quelques engagements d'extension du réseau, voit sa concession portée à 99 ans.

Encouragés par ces succès, les frères Péreire vont alors jouer leur jeu personnel, misant à fond sur le nouveau régime, comme le régime sur eux. Les Rothschild étaient les perdants de cette situation nouvelle. Mais n'était-ce pas aussi parce que le temps était venu pour des banques d'affaires d'un type nouveau? Il conviendra de mieux les décrire et d'en apprécier la portée dans l'étude consacrée au second Empire, auquel elles sont typiquement liées. Il importait ici de marquer la précocité de leur naissance, antérieure même à celle de l'Empire proprement dit; la chronologie ici achève de donner son sens au coup d'État de celui qu'on a pu dire un « César saint-simonien » (Louis Girard[1]).

L'option prise en faveur de compagnies à grande échelle, puissantes, concentrées, est très nette. Au printemps de 1852 Talabot fait opérer, avec le soutien de Rothschild, et cette fois en rivalité avec les Péreire, la fusion entre Lyon-Avignon et Avignon-Marseille. Ce n'est que plus tardivement qu'on aboutira au P.L.M., l'une des six grandes compagnies issues des « fusions » définitives. Il nous suffit de noter que dès juin 1852, à propos de cette fusion Lyon-Avignon-Marseille, Morny avait fait officiellement la théorie des compagnies « puissantes », seules capables d'avoir de grandes vues, de réaliser des améliorations audacieuses, donc de servir le bien public[2]. Quant à la rupture survenue dans ce cas précis entre James de Rothschild et les Péreire, elle devait amener ceux-ci à faire le pas décisif. En septembre se constituait le Crédit mobilier, avec les Péreire, Benoît Fould, Mirès et le duc de Morny en personne. L'établissement type du néo-capitalisme impérial était né, hardi, novateur, expansionniste, avec un désir ambigu de démocratiser la richesse, et peut-être une tendance à en monopoliser les créations. Comme l'écrit un éminent spécialiste[3] :

« [Le Crédit mobilier] se présentait avant tout comme une banque

1. Biblio. n° 50.
2. Cité par J. Bouvier dans *Initiation aux mécanismes économiques contemporains*, Sedes, 1969, p. 94.
3. J. Bouvier (n° 74), p. 167.

commanditaire du développement ferroviaire et métallurgique, mais aussi comme un établissement financier apte à traiter toutes opérations avec les gouvernements, et tout spécialement préposé au maintien et à la hausse en Bourse des cours des valeurs de son groupe.

« L'originalité de la nouvelle entreprise tenait surtout aux procédés de drainage des capitaux qu'elle envisageait : pour gonfler ses ressources propres, elle voulait emprunter au public, à grand débit, en lançant des obligations, les unes à courte échéance, les autres remboursables à plus long terme. Cet amas d'argent drainé, les Péreire pensaient le réinjecter dans l'investissement industriel, les emprunts d'État, les tactiques de Bourse, mais leur but véritable tendait à une sorte de monopolisation des grandes créations industrielles.

« Ils rêvaient sans aucun doute d'établir leur contrôle sur les grosses sociétés ferroviaires et métallurgiques, d'absorber leurs titres, et de faire des propres obligations et actions du Crédit mobilier une sorte de « valeur omnibus » qui représenterait les dettes de toutes les grandes entreprises fusionnées par branche sous son égide... »

Vaste programme, et qui échouera, comme on sait, dans ses ambitions ultimes. Mais il est significatif qu'il ait pu naître en 1852.

La politique agricole.

« Démocratiser » la diffusion des titres ferroviaires ou métallurgiques, c'était aider l'industrie. Les mêmes hommes pensaient réparer une autre faiblesse des régimes antérieurs en démocratisant, pour aider l'agriculture en souffrance, un autre type de crédit. C'est dans ce but en tout cas que fut fondée la Banque foncière de Paris, qui prit en décembre 1852 le nom de Crédit foncier de France. L'intention est intéressante, mais l'on verra en étudiant le second Empire que l'amélioration, incontestable, de la production agricole et de la condition des paysans sera obtenue par des moyens beaucoup moins directs, et presque par la force des choses.

Aussi bien, il serait tout à fait faux de se représenter le régime comme interventionniste. Capable d'intervenir pour donner l'impulsion en quelques points décisifs (tels que les fusions ferroviaires), il était pour tout le reste profondément attaché au libre jeu des intérêts et initiatives privées. En matière d'agriculture, par exemple, le pouvoir prit à peu près le contrepied de la politique attentive que les Assemblées d'avant le coup d'État avaient réussi à faire prévaloir[1]. D'abord il va sans dire que les membres des chambres d'agriculture établies par arrondissement ne furent plus élus mais désignés par le sous-préfet. En outre le Conseil général de l'Agriculture cessa d'être réuni et tomba en désuétude ; surtout, les fermes-écoles furent abandonnées, et enfin en septembre 1852 l'Institut agronomique de Versailles fut fermé. Le ministère du Commerce et de l'Agriculture fut à nouveau rattaché à celui de l'Intérieur. C'était la fin du beau zèle agronomique si caractéristique à la fois du régime de Juillet et du régime républicain. Louis-Napoléon ne désirait pas moins que ses prédécesseurs le progrès à la campagne, mais un progrès qui se diffuse spontanément, comme conséquence de l'élan économique global, et sans qu'il en coûte trop à l'État, pour qui l'on envisageait déjà des occasions de dépenses plus classiques.

Car le faste monarchique et la gloire militaire coûteraient cher. Et ils étaient déjà à l'horizon. Déjà un ancien roi, le dernier frère survivant de l'empereur Napoléon, Jérôme, occupait le fauteuil de président du Sénat.

4. Le retour à la monarchie impériale

Le premier trimestre de l'année 1852 avait été empli entièrement par la liquidation des suites des soulèvements, la mise en place des nouvelles institutions et le lancement de la nouvelle politique économique, la petite « affaire » des biens des Orléans, enfin les élections législatives.

---

1. D'après Charles Warner, « Le Journal d'agriculture pratique », in *From the ancient regime to the popular Front* (New York, Columbia University Press, 1969), p. 104-105.

La session du Corps législatif.

A la fin du mois de mars, on put rentrer officiellement dans la vie normale. La pacification étant achevée, l'état de siège fut partout levé le 28 mars. Le lendemain le Corps législatif ouvrit une session de trois mois, dans laquelle une seule séance suffit pour voter en bloc un budget préparé par décrets dans la période transitoire. Le reste du temps, on discuta sagement de diverses lois à caractère étroitement technique. Point de grands discours, du sérieux. « M. de Montalembert semblait seul perpétuer les souvenirs parlementaires dans cette assemblée de clients » (Albert Thomas). Il avouera plus tard qu'il s'y était fourvoyé.

Le voyage en Provence.

Le prince-président voulut reprendre le contact avec le pays, comme il l'avait fait en 1850, pour préparer la prochaine étape de ce qu'il aimait appeler la construction de « l'édifice ». Il choisit hardiment de visiter les régions méridionales, où les récentes insurrections venaient de rappeler que le bonapartisme n'avait jamais été très populaire, même au temps de l'Empereur. Il traversa d'abord les départements du Centre, eux aussi naguère insurgés. Grandes précautions policières, point d'hostilité marquée. A partir de Bourges, on constate que les autorités locales, peut-être sur mot d'ordre de Paris, commencent à faire crier par les troupes Vive l'Empereur sur le passage du cortège. La tendance ne fera que s'accentuer. Ensuite, descendant la vallée du Rhône, le prince-président arriva le 25 septembre à Marseille. Visite particulièrement importante, et minutieusement préparée : proclamations du préfet et du maire, rappel des vieux soldats de l'Empire, incarcération préventive des républicains réputés dangereux, accord même avec le Piémont pour qu'il fît interner à Nice les proscrits qui auraient pu essayer de repasser le Var clandestinement pour perpétrer un attentat.

En fait d'attentat, on découvrit bien dans la banlieue de Marseille les préparatifs d'une machine infernale, mais on discute encore pour savoir s'il s'agissait d'un complot réel ou d'une affaire montée par la police pour en tirer un effet de propagande.

Quoi qu'il en soit Louis-Napoléon fut reçu avec pompe, salves d'artillerie, volées de cloches, arcs triomphaux, et toute la liesse d'une foule abreuvée de spectacles, de fêtes et de cérémonies. Dans tous les discours comme au fronton des arcs de triomphe, les allusions à l'Empire, les emblèmes impériaux ne laissent plus aucun doute sur l'avenir politique.

Mais à Marseille il y a deux puissances qui comptent, le négoce et l'Église. Le prince-président fit les gestes qui convenaient : le 26 après la messe « Son altesse impériale » pose la première pierre de la nouvelle cathédrale ; l'après-midi du même jour, après les joutes, elle pose encore la première pierre du nouveau palais de la Bourse et de la Chambre de commerce.

Le lendemain Louis-Napoléon s'embarque pour Toulon, et il accorde habilement à la ville une satisfaction longtemps demandée en vain à tous les régimes antérieurs : le déclassement de la vieille enceinte militaire, ce qui permit aussitôt la démolition des remparts et la construction de l'indispensable ville nouvelle.

Le discours de Bordeaux.

Le 29, il quittait la Provence pour le Languedoc et l'Aquitaine, ayant obtenu l'essentiel : un succès de prestige, par un voyage faste, accompli dans des régions d'opinion douteuse, et un succès politique grâce aux gestes symboliques de déférence renouvelée pour le catholicisme et pour les milieux d'affaires. Le reste du voyage ne devait pas le démentir.

La dernière étape à Bordeaux du 8 au 10 octobre, fut plus remarquable encore[1]. Le préfet de la Gironde, Haussmann, avait bien fait les choses, on sait qu'il y gagna de poursuivre brillamment sa carrière à Paris. Le prince-président arrivant en bateau par le fleuve (pas plus qu'entre Marseille et Toulon, il n'y avait encore de liaison ferroviaire achevée de Toulouse à Bordeaux), l'accueil fut sur les deux rives ample et majestueux. Dans la ville, rien ne manqua, revues, réceptions, visites, bals, Te Deum. C'est le 9, dans le banquet offert par la Chambre de commerce à l'issue du lancement du *Louis-Napoléon*, beau navire, à la proue « décorée

1. A. Charles (n° 51).

d'un buste colossal du prince », que l'heureux parrain prononça le discours décisif :

« Aujourd'hui la France m'entoure de ses sympathies, parce que je ne suis pas de la famille des idéologues. Pour faire le bien du pays, il n'est pas besoin d'appliquer de nouveaux systèmes; mais de donner, avant tout, confiance dans le présent, sécurité dans l'avenir. Voilà pourquoi la France semble vouloir revenir à l'Empire.

« Il est néanmoins une crainte à laquelle je dois répondre. Par esprit de défiance, certaines personnes se disent : " l'Empire c'est la guerre ". Moi je dis : " l'Empire, c'est la paix ". C'est la paix, car la France la désire, et lorsque la France est satisfaite, le monde est tranquille...

« J'en conviens cependant, j'ai, comme l'empereur, bien des conquêtes à faire. Je veux, comme lui, conquérir à la conciliation les partis dissidents (...). Je veux conquérir à la religion, à la morale, à l'aisance, cette partie encore si nombreuse de la population qui (...) connaît à peine les préceptes du Christ; qui (...) peut à peine jouir des produits de première nécessité.

« Nous avons d'immenses territoires incultes à défricher, des routes à ouvrir, des ports à creuser, des rivières à rendre navigables, des canaux à terminer, notre réseau de chemins de fer à compléter...

« Voilà comment je comprendrai l'Empire, si l'Empire doit se rétablir... »

Le surlendemain la France entière pouvait connaître par *le Moniteur* cet acte de candidature, qui donnait le signal du processus de restauration.

La restauration de l'Empire.

Revenu dans la capitale, le chef de l'État est accueilli par des discours empressés qui le prient ouvertement maintenant, avec appui d'acclamations et d'arcs de triomphe, de donner suite à son intention.

Aux termes de la Constitution, la révision devait être proposée par le Sénat. L'avis de ce grand corps ne pouvait faire de doutes, puisqu'il avait été recruté par le prince. Il comptait bien dans ses rangs (notons-le à cette occasion) le dernier survivant de la Convention nationale, l'octogénaire Thibaudeau, mais cet ancien régicide avait aussi fort bien servi le premier empereur.

Le Sénat dûment convoqué propose donc la modification de l'exécutif. Celui-ci l'ayant agréée, on passe à la rédaction du sénatus-consulte du 7 novembre.

La dignité impériale est rétablie. Louis-Napoléon Bonaparte, empereur des français, prend, par égard pour la mémoire de son cousin (l'éphémère Napoléon II du 6 avril 1814), le nom de Napoléon III. La constitution du 14 janvier est maintenue dans toutes ses autres dispositions. Un plébiscite devra ratifier le nouveau régime.

Il eut lieu en effet le 20 novembre dans les mêmes conditions que celui de l'année précédente, et avec un résultat encore amélioré, 7 800 000 oui, 250 000 non.

Nous l'avons déjà dit, le calendrier choisi permettait de faire coïncider la proclamation officielle du second Empire avec le 2 décembre, date fameuse et désormais quadruple anniversaire. Mais, des quatre Deux-Décembre[1], c'est le troisième seul, qui devait rester symbolique, comme un « Deux-Décembre » tout court. Il donne en quelque sorte la signification négative du bonapartisme, dont le discours de Bordeaux, discours-programme autant qu'acte de candidature, exposait la signification positive.

C'est cet ensemble de significations (et du bonapartisme, et de la République, voire *des* Républiques) qu'il convient maintenant d'examiner pour conclure.

---

1. Rappelons 1804 (sacre de Napoléon Ier), 1805 (Austerlitz), 1851 (coup d'État), 1852 (avènement du second Empire).

Conclusion

La République démocratique ayant fini par s'imposer comme régime politique normal de la France contemporaine, on peut se demander ce qu'ont apporté à sa maturation les quatre années de première expérience dont nous venons d'achever le récit.

Certes la République qui prévaudra finalement dans les années 70 du siècle dernier devra d'abord de reparaître à l'échec des solutions monarchiques, qu'il s'agisse de l'inadaptation des héritiers des Bourbons au monde moderne, ou de l'effondrement à Sedan du dernier des Bonaparte. La République renaîtra lorsque le second Empire se sera rendu impossible, trop belliqueux pour une Europe inquiète, et trop autoritaire pour une société éveillée.

Ce n'est pas le lieu de montrer ici comment la République de Gambetta et de Jules Ferry se définira contre le bonapartisme, — les volumes suivants de cette Histoire y pourvoiront. L'aspect principal de cette antithèse était pourtant déjà perceptible en 1851 et 1852 : le bonapartisme, héritier en cela du parti de l'ordre, tire sa force de la docilité, docilité des soldats à « l'obéissance passive », docilité des « ruraux » aux candidats officiels. Contre lui la République trouve ses partisans dans les milieux d'esprit indépendant, ouvriers de Paris et de Lyon, intellectuels, voire paysans de ces provinces rouges dont les villages-bourgs ont déjà des mœurs de villes; enfin, s'il est possible, des « baïonnettes intelligentes »... Le bonapartisme comme fruit de l'inéducation politique, la République comme résultat de l'éducation, de la conscience, du civisme universel, — telle sera la pensée de Jules Ferry mais telle était déjà celle des « quarante-huitards ». On comprend que les survivants de la deuxième République dont Victor Hugo n'est que le plus célèbre se soient parfaitement reconnus dans la Troisième et lui aient accordé avec empressement leur parrainage.

Nous avons déjà énoncé ainsi le premier point du bilan de la deuxième République, le premier acquis de cet apprentissage : la nécessité d'une éducation complète des masses, depuis l'instruction élémentaire qui permet la lecture jusqu'à la pratique politique démocratique qui permet le journal libre, la réunion libre, l'association libre.

Bien entendu ce bilan et cet apprentissage ne sont pas dus à l'ensemble des gouvernements qui ont exercé le pouvoir pendant les quatre années. Ils sont dus en partie à cette République qui a tenté de vivre de février à juin 1848, de survivre encore de juin 1848 à janvier 1849; ils sont dus surtout à la République idéale définie et voulue de 1849 à 1851 par les seuls vrais républicains du temps, ceux de l'opposition.

L'histoire devra donc bien distinguer deux bilans, celui de cette République idéale, régime des « quarante-huitards » véritables, idéal des montagnards, et celui de la République réelle, pratique des conservateurs qui ont effectivement gouverné.

1. La République des quarante-huitards

C'est donc, d'abord — nous l'avons dit — une éducation, un civisme universel, qui ne peut être obtenu que par l'école et par la liberté.

C'est ensuite — nous l'avons dit aussi, notamment à propos de l'insurrection de 1851, et de sa combinaison de motifs — une forme constitutionnelle qui ne se contente pas d'être telle, mais qui veut se définir aussi par un contenu populaire. La République n'est pas la « vraie », n'est pas la « bonne », si elle est seulement absence de monarchie ou de dictature, elle n'est vraiment *la* République que si ses règles de fonctionnement servent une visée progressiste.

Cette visée, c'est le bien du peuple, ou si l'on veut, le socialisme. Si vagues que soient les notions de bien-être, et de peuple, et

même de socialisme, on ne saurait pourtant les déprécier; l'impré-
cision de leurs contours n'empêche pas (peut-être même condi-
tionne-t-elle, au contraire) leur force d'impulsion. La République
des quarante-huitards, des « démoc-socs » si bien nommés, est
une république qui débouche sur le socialisme aussi naturellement
que l'idéal des sans-culottes de 1793 les conduisait au babou-
visme de l'an IV; aussi naturellement que dans le discours d'Albi
de Jaurès le premier développement (République) s'enchaînera
avec le second (socialisme) et avec le troisième (paix universelle)
dans une progression de conquêtes morales de plus en plus
ambitieuses.

Mais, il faut y revenir, cette République à visée socialiste est
une République du socialisme par le droit. De l'extrême début
à l'extrême fin, des journées de Février 1848, où Lamartine obtenait
qu'on répudie tout ce qui était violence et contrainte dans l'héritage de 1792, aux journées de Décembre 1851 où les insurgés
mouraient pour ce « chiffon de papier » d'article 68, — c'est la
plus solide constante. La République étant le règne de la loi, la
violence n'est plus justifiée que pour la défense de la loi elle-même,
et de ses représentants autorisés. C'est pourquoi, au fond, la
rébellion ouvrière de Juin, si conforme par ailleurs à toute une
tradition qui vient des sans-culottes et mène aux communards,
a été si insolite, si étrangère et finalement si isolée dans la France
politique de ce temps. L'esprit nouveau ne pouvait y voir qu'une
sorte de régression. C'est pourquoi aussi, et surtout, le coup
d'État, avec son mépris du droit, a inspiré une si profonde répulsion. Louis-Napoléon eût adhéré sans nul doute à la hiérarchie
des valeurs ainsi formulées par un chef d'État plus récent : « La
nécessité en premier lieu, la politique en deuxième lieu, le droit,
dans la mesure où on peut le respecter, en troisième lieu[1]. » L'esprit
de Quarante-huit consistait précisément à se révolter contre
cette idée du droit, mis en troisième lieu, si possible..., et à réclamer
au contraire la toute première place pour ce qu'on appellera
plus tard du terme consacré de « respect de la légalité républicaine ».

1. Charles de Gaulle, parlant à M. Jean Foyer, conversation citée
par J. R. Tournoux dans *Jamais dit*, Plon, 1971, p. 286-287.

De leurs expériences malheureuses, celles de 1850 (loi Falloux) et de 1851-1852 (clergé soutenant le régime issu du coup d'État), les quarante-huitards ont encore tiré un anticléricalisme profond. On parle trop de l'euphorie conciliatrice des premières semaines, et de la République lamartinienne bénie par les prêtres; elle fut si éphémère! On parle trop de ces syncrétismes républicains où Jésus-Christ était prolétaire et où Dieu couronnait l'édifice métaphysique, oubliant que ces déismes-là faisaient horreur aux croyants véritables. En fait, les hommes de Quarante-huit ont très vite dû voir un ennemi dans le catholicisme. Certes, avec des degrés : certains mettaient l'accent sur le rôle de l'Église comme force politique et sociale de conservation, d'autres, allant plus loin, jugeaient que l'esprit même de la religion était à combattre comme incompatible avec l'éducation nouvelle. Mais tous étaient d'accord pour penser qu'il fallait pour le moins repousser l'Église hors de la sphère de l'influence temporelle et sociale. Ce qui sera le grand combat de la troisième République faisait déjà partie des vœux des républicains de la Seconde.

Tout cela cependant, République idéale, éveil des consciences et civisme de masse, bien du peuple, règne du droit, laïcisation, a été vécu et senti d'enthousiasme en même temps que raisonné. Et ce n'est pas le moindre poste de ce bilan, encore qu'on n'en parle guère que sur le ton de la caricature.

L'esprit de Quarante-huit est chaleureux, éloquent, sentimental, échevelé. On parle, avec le sourire, des « vieilles barbes romantiques ». L'expression est aussi équivoque qu'elle est banale. A vrai dire ces « barbes romantiques » ne seront vraiment *vieilles* que sous la troisième République. A la veille de 1848, les nonconformistes qui laissaient croître leur barbe (et leurs cheveux) étaient surtout des jeunes gens, qui défiaient ainsi les têtes rondes et les faces rasées de tous les messieurs graves[1], qu'ils fussent bourgeois ou même républicains (parmi les onze du gouvernement provisoire, le seul vrai barbu était le plus jeune et le plus pauvre, l'ouvrier Albert, Armand Marrast avait une fine barbiche, « impériale » avant la lettre, et Flocon portait la moustache; les huit

---

1. On trouvera une bonne collection de portraits d'époque dans H. Guillemin, *La Première Résurrection...* (n° 39).

autres étaient glabres[1]. Peu à peu, seulement, la barbe deviendra caractéristique des militants révolutionnaires, des opposants, et finalement de leur doctrine, au point d'être proscrite comme telle dans l'université, comme nous l'avons rappelé. Romantisme? sans doute [2]. C'est assez évident au niveau des militants instruits, ceux dont la conviction politique avait été colorée par la lecture des Lamartine, Hugo, Michelet, George Sand. Mais il y eut aussi une sorte de romantisme populaire spontané, plus important peut-être.

On ne saurait oublier en effet que l'idée républicaine en beaucoup de régions a conquis très vite des gens très pauvres et très simples, aux comportements spontanés encore infrarationnels. Faut-il dire « traditionnels », « folkloriques », « primitifs »? Quel que soit le terme juste, l'essentiel est de noter que la République n'a pas toujours conquis les masses au terme d'une éducation positiviste de leur esprit, mais parfois d'emblée, comme une mystique nouvelle issue d'une véritable conversion. La République est souvent apparue, surtout dans les campagnes bien sûr, mais pas exclusivement, comme une Espérance et une Valeur chargée de sacré. En bref, non pas en négation de religion, mais en religion nouvelle. Cette *aura* sentimentale et mystique est essentielle. Elle aide à comprendre d'abord la force et l'ardeur du parti républicain de 1849 à 1851. Elle aide surtout à comprendre son intense expressionnisme, et par exemple l'importance de l'élément allégorique et figuratif que les quarante-huitards laisseront dans leur héritage. C'est eux qui ont — non pas certes inventé tout à fait (la première Révolution y avait contribué) — mais achevé de définir, de dessiner, de populariser *Marianne*, et d'abord qui l'ont baptisée.

C'est cet idéalisme que n'avait pas prévu Karl Marx et qui lui

---

1. Victor Hugo, bourgeois rassis et rasé en 1848, était encore rasé en 1851; il ne se laissera pousser la barbe qu'en exil, à Guernesey, et — dit-on — pour préserver du froid sa gorge fragile... Vérité prosaïque, qui aura bien du mal à triompher de la vérité symbolique! Comment imaginer sans barbe l'auteur des *Misérables* et de *la Légende des siècles*, et le sénateur de 1880?
2. Le publiciste bourgeois Louis Reybaud, créateur du type de *Jérôme Paturot*, s'amusait à employer systématiquement dans cet ouvrage l'adjectif « chevelu » à la place de « romantisme », et comme un synonyme railleur.

a inspiré sa première erreur de diagnostic. Il semble avoir pensé en effet que seules les monarchies pouvaient être « mystificatrices », et qu'au contraire la République, système de relations politiques dépersonnalisé, serait par là même transparente aux rapports de classe. La rationalisation des luttes politiques selon des clivages sociologiques purs devrait donc faire des progrès rapides une fois la République établie. La lutte des classes en Juin 1848 était le corollaire normal de Février. En fait, il n'en fut rien, et pour maintes raisons, dont l'une était peut-être que la République était moins sèchement abstraite qu'il ne semblait. « Mystificatrice » ou non, elle n'apportait pas la mort des idéalismes politiques, mais bel et bien un idéalisme de plus.

2. La République officielle

Celle-ci au contraire était « réaliste ». De janvier 1849 à décembre 1851, la République a fonctionné sans gouvernants républicains, avec des hommes pour qui le régime, non voulu mais subi, était un expédient provisoire, en attendant que les circonstances permettent une restauration monarchique. Certes la restauration qui est venue n'a pas été l'une de celles qu'espéraient contradictoirement Thiers et Falloux, mais celle d'un « troisième larron ». Reste que, pendant trois ans, les forces de la bourgeoisie conservatrice avaient gouverné la France sans monarque, et sans perdre pour autant ni leurs biens, ni leurs têtes.

Cette expérience involontaire qu'une République pouvait être bourgeoise, et d'abord qu'elle permettait aux partisans de monarchies concurrentes de travailler ensemble à ce qui les unissait, abstraction faite de ce qui les divisait, — cette expérience-là n'est-elle pas aussi un legs historique de cette période aux périodes suivantes ? Ce n'est certes pas par hasard qu'Adolphe Thiers, principal meneur de jeu politique dans la phase conservatrice de la seconde République, est destiné à figurer parmi les fondateurs de la Troisième. Thiers acceptera simplement comme durable après 1870 ce qu'il avait subi comme nécessité temporaire en 1848-1851.

Cela ne veut certes pas dire que Thiers deviendra montagnard sur ses vieux jours. Car il ne s'agira pas de la même République. Celle qu'il acceptera, fort différente en cela de la République des « quarante-huitards », sera bien, elle, une forme constitutionnelle pure ; satisfaite d'être sans monarque ni dictateur, juridiquement à peu près sans reproches, mais dépouillée de toute mystique populiste et de toute visée de réforme sociale ; prudente, bien prudente, dans la démocratisation de la vie civique.

On pourrait dire en somme que la République des quarante-huitards est une république à conception morale et à contenu maximum, tandis que la République involontaire de M. Thiers est une république à conception purement constitutionnelle, et à contenu minimum.

Est-il besoin d'ajouter que ces deux conceptions sont celles qui sont aujourd'hui familières sous les noms respectivement de gauche et de droite ?

La seconde République est donc bien à la source commune de nos deux principales traditions politiques de l'époque contemporaine ; elle est l'ancêtre authentique de toute l'idéologie de gauche par ses « quarante-huitards », héros malheureux ; tandis que, par les burgraves et autres dirigeants conservateurs, elle fournit précédent et modèle pour tous les centre-droit à venir.

3. La dictature bonapartiste

Cependant, avant que les politiques ainsi conçues de 1848 à 1851 aient à nouveau l'occasion de s'affronter, le devant de la scène devait être occupé vingt ans par l'homme du Deux-Décembre.

Qu'est-ce que cela signifie ? Nous connaissons la réponse de la gauche républicaine : la République a pu être renversée parce que les masses (surtout rurales) n'étaient pas encore totalement éveillées et éduquées. Soit ! Mais pourquoi Bonaparte plutôt que les burgraves ? pourquoi un césarisme vaguement démagogique plutôt qu'un franc conservatisme bourgeois ? Parce que Bonaparte était là, présent, tandis que Joinville et Chambord étaient en exil ?

ou pour des raisons plus profondes, pour lesquelles l'Histoire avait besoin d'un exécutant neuf?

On s'est posé très vite la question, notamment du côté des penseurs socialistes.

Proudhon, dans *la Révolution sociale démontrée par le coup d'État*, acceptait la thèse bonapartiste suivant laquelle Louis-Napoléon était plus proche du peuple que les bourgeois de l'Assemblée, qu'il était lui-même un produit du suffrage universel, un effet de l'avènement des masses; et dès lors, pourquoi pas? une occasion peut-être de remplir le vœu socialiste des masses. D'où l'exhortation célèbre :

« Qu'il [Bonaparte] prenne donc hardiment son titre fatal[1], qu'il arbore à la place de la croix, l'emblème maçonnique, le niveau, l'équerre et l'aplomb : c'est le signe du moderne Constantin, à qui la victoire est promise : *in hoc signo vinces!* Que le Deux-Décembre, sortant de la fausse position que lui a faite la tactique des partis[2], produise, développe, organise et sans retard, ce principe qui doit le faire vivre : l'antichristianisme, c'est-à-dire l'antithéo-cratie, l'anticapitalisme, l'antiféodalité; qu'il arrache à l'Église, à la vie inférieure, et qu'il crée en hommes ces prolétaires, grande armée du suffrage universel, baptisés enfants de Dieu et de l'Église, et qui manquent à la fois de science, de travail et de pain. Tel est son mandat, telle est sa force.

« Faire des citoyens avec les serfs de la glèbe et de la machine; changer en sages des croyants ahuris [...] il y a de quoi satisfaire l'ambition de dix Bonaparte[3]. »

Avec beaucoup de lucidité, Proudhon percevait donc ce qu'il y avait de virtuellement réformateur dans tout un côté du bona-partisme, mais aussi la difficulté qu'il y aurait à accomplir ce progrès à cause de l'alliance conservatrice et cléricale dont il était lesté d'autre part. Quelques mois à peine après avoir écrit sa bro-

---

1. Entendons son titre populaire, qui est « fatal » parce que lié nécessairement (*fatum* « destin ») à l'origine première de son pouvoir, le vote du 10 décembre 1848.
2. Entendons : l'alliance avec le parti de l'ordre, vers laquelle il a été rejeté par la résistance des montagnards, que Proudhon blâmait précisément pour cette raison.
3. Cité par A. Thomas (n° 32), p. 35-36.

chure, il devait reconnaître en privé[1] que le gouvernement penchait
du mauvais côté, et que « c'est l'orléanisme et le jésuitisme qui
se trouvent en majorité à l'Élysée ». Il redevient donc très vite
opposant. L'important est qu'il ait mis le doigt sur la contradiction
politique majeure de ce bonapartisme, clé de ses oscillations perpé-
tuelles entre l'alliance avec le parti de l'ordre et le détachement
à son égard. Proudhon cependant ne semble pas avoir conçu
autre chose que cette grande alternative : conservatisme rétrograde
ou révolution sociale, et c'est pourquoi sans doute, dans la conjoncture de 1860, on pourra qualifier, non sans excès, de « proudho-
niens » ceux qui se remettront à croire au progrès social par le
despotisme éclairé.

Et s'il y avait un autre terme à l'alternative, un bonapartisme
sui generis, qui ne représente ni les prolétaires ni les vieux notables?

On sait qu'à la même époque Karl Marx a cru trouver cette
réalité. Publiant lui aussi son analyse (*Le 18 Brumaire de Louis
Bonaparte*) au lendemain du coup d'État, il établissait en des
pages restées célèbres la conformité des « idées napoléoniennes »
avec les vœux, les besoins, les préjugés du « paysan parcellaire ».
Ce petit propriétaire isolé — masse principale de la population
française — ne « pouvait » pas être républicain, il « devait » s'exprimer dans le bonapartisme, et c'est la chute à venir du bonapartisme, brisant les illusions, ouvrant les yeux du paysan parcellaire,
qui est maintenant donnée par Marx comme « nécessaire ». La
démystification que n'a pas accomplie la République de 1848
sera en somme l'œuvre de la suivante :

« La parodie de l'impérialisme était nécessaire pour libérer
la masse de la nation française du poids de la tradition, et dégager
dans toute sa pureté l'antagonisme existant entre l'État et la
Société [2]. »

Il n'est plus de notre ressort d'examiner cette autre prédiction;
il nous appartient en revanche, pour en rester à cet écrit de 1852,
de noter que Marx donnait à Bonaparte, en plus des paysans,
une deuxième série de mandants : les sous-prolétaires. Nous avons
noté à diverses reprises combien Marx et Engels avaient été impres-

---

1. Lettre de juillet 1852, *ibid.*, p. 37.
2. Voir Biblio. n° 25, p. 97.

sionnés par le rôle contre-révolutionnaire du « lumpen-prolétariat » parisien ; ils faisaient allusion en dernier lieu, à la Société du 10 décembre. Élargissant alors audacieusement la notion de pègre, Karl Marx y inclut par analogie les aventuriers distingués et les affairistes mondains, ce qui l'amène à écrire :

« Bonaparte se pose avant tout en chef de la Société du 10 décembre, en représentant du sous-prolétariat, *auquel il appartient lui-même*[1], ainsi que son entourage, son gouvernement et son armée, et pour lequel il s'agit, avant tout, de soigner ses intérêts et de tirer du trésor public des billets de loterie californienne [2]. »

Tout le livre s'achève ainsi, de cette encre de pamphlétaire. Le nouveau personnel gouvernemental est une « foule de drôles », venue on ne sait d'où, une « bohème bruyante, mal famée, pillarde », bref une « couche supérieure de la Société du 10 décembre ». C'était d'ailleurs à peu près l'image qu'allaient en donner aussi bien Hugo dans *les Châtiments* que Rémusat dans ses *Mémoires*.

Pour Marx, en somme, le bonapartisme, représentant ces deux séries de groupes sociaux hétérogènes qu'étaient les paysans parcellaires et les parasites de toutes volées, restait étranger aux deux classes fondamentales, bourgeoisie capitaliste et prolétariat. Le diagnostic était sans doute faussé à la fois par l'émotion issue des violences de Décembre, et par le manque de recul historique.

A quelques années de distance, s'il avait continué ses observations sur la France (mais il n'y reviendra que pour la Commune et dans une tout autre perspective), Marx n'eût pas manqué d'observer que, dans l'intense activité d'affaires de 1852, il y avait un peu plus que les spéculations parasitaires d'une pègre en gants jaunes ; il y avait bel et bien la deuxième génération du capitalisme français. Le même Karl Marx était beaucoup plus utilement suggestif lorsqu'il notait deux ans plus tôt (au début des *Luttes de classes en France*) que sous Louis-Philippe ne régnait qu'une partie de la bourgeoisie, une sorte « d'aristocratie financière », et que la « bourgeoisie industrielle » proprement dite était dans l'opposition. Sans entrer dans le détail de ces identifications, sur

1. Souligné par nous.
2. *Le 18 Brumaire*, p. 98. La dernière allusion se rapporte aux perspectives boursières ouvertes par la découverte des mines d'or d'Amérique, effectivement décisives en ce moment de la conjoncture.

lesquelles il y aurait de longues discussions à engager, il suffit d'en retenir le principe de distinction entre des groupes d'intérêts installés, et conservateurs, et des groupes novateurs, dynamiques et mal à l'aise. En termes de « nécessité » historique, on dirait volontiers que le bonapartisme apportait la secousse dont le secteur moderne (« saint-simonien ») de la bourgeoisie avait besoin pour se dégager des timidités de la coalition de nantis dont le parti de l'ordre était plutôt l'expression.

Le fâcheux pour la morale était que ce progressisme économique ne soit pas accordé au progressisme politique... mais ceci ouvrirait une autre série de réflexions, étrangères à l'histoire.

Quant aux analyses de Marx sur les affinités du bonapartisme avec « la parcelle » et le « sous-prolétariat », sont-elles vraiment contradictoires avec la thèse de l'Empire « saint-simonien »? Pas nécessairement. En d'autres temps, il arrivera aux disciples de Marx d'analyser tel grand parti français du XXᵉ siècle tantôt comme un instrument de certains groupes d'affaires et tantôt comme un représentant des classes moyennes urbaines et rurales[1]. S'agira-t-il d'analyses contradictoires? Pour une part, sans doute, et l'on voit bien pourquoi. Mais il s'agit bien aussi, plus profondément, d'analyses complémentaires, dont les unes cherchent dans un parti les forces sociales dominantes qui l'utilisent, et dont les autres cherchent les forces sociales subordonnées et plus ou moins mystifiées qui lui servent de base de masse. Les esquisses d'études qui furent consacrées en 1852 à ces grands faits nouveaux et déconcertants qu'étaient la République et le césarisme plébiscitaire, sont bien à l'origine lointaine de la science politique moderne.

L'histoire de la seconde République est encore actuelle, aussi, par ce côté de laboratoire.

---

1. Ces appréciations diverses sont de Maurice Thorez et visent le parti radical. Ce n'est pas ici le lieu d'en discuter le bien-fondé; nous les citons seulement comme exemple de l'ambivalence contenue dans l'identification *sociale* d'une réalité politique.

Statistique de la répression
de l'insurrection de décembre 1851
(Arch. Nat. BB 30,424. Registre.)

Définition :
  « Le nombre des individus arrêtés ou poursuivis en France à l'occasion de l'insurrection de décembre 1851 est de 26 884. »

Classements :

  a. Par origine géographique (départements). Les nombres s'échelonnent de Var (3 147), Seine (2 962), Hérault (2 840), Basses-Alpes (1 669), ... à Manche 1 et enfin à Corse, Finistère, Ille-et-Vilaine et Loire-Inférieure (zéro). Se reporter à la carte n° 6 ci-dessus, page 176.

  b. Par profession (ordre alphabétique des métiers). Voir plus loin.

  c. Par état-civil.
— hommes : 26 715, femmes : 169 (Seine 44, Hérault 20, Drôme 19, etc.)
— Français : 26 634, étrangers : 250 (pas de précisions sur cette donnée)
— mariés (ou veufs) : 17 403, célibataires : 9 481
— moins de 16 ans : 52 (Seine 35, etc.) — de 16 à 20 ans : 1 253 — 21 à 30 ans : 8 332 — 31 à 40 ans : 9 648 — 41 à 50 ans : 5 873 — 51 à 60 ans : 1 882 — 60 ans et plus : 344.

  d. Par destination : « Ces inculpés ont été classés, tant par les commissions mixtes que par les commissions militaires, ainsi qu'il suit » (1ʳᵉ colonne de chiffres).
  « Mais par suite des mesures de clémence, les décisions qui précèdent ont été modifiées » ... aboutissant au « chiffre réel dans chaque catégorie au 30 septembre 1853 » (2ᵉ colonne de chiffres).

Catégorie	1	2
Envoi ou placement		
en Conseil de guerre	247	244
Cayenne	239	198
Algérie plus	4 549	1 718
Algérie moins	5 032[1]	1 288
Expulsion	980	368
Éloignement	640	299
Internement	2 827	1 199
Police correctionnelle	645	611
Maison de correction	29	6
Surveillance	5 194	7 676
Liberté	5 857	12 632
Renvois au Parquet	645	645
	26 884	26 884

Détail du classement professionnel.

Rappelons que ces 26 884 individus arrêtés ou poursuivis *à l'occasion (sic)* de l'insurrection constituent moins une liste d'insurgés effectifs qu'une liste de démocrates socialistes présumés actifs (on a arrêté dans la quasi-totalité des départements, et non pas dans les seules zones de troubles). On pourrait presque dire, à la limite, qu'il y a plutôt là une statistique des cadres et militants du « parti républicain ». On ne saurait reproduire ici l'interminable liste des métiers qui figure par ordre alphabétique sur le registre, pas plus que nous n'avons donné en entier celle des départements. Nous tentons à notre tour de donner les regroupements de catégories les plus admissibles[2], en indiquant, pour chaque catégorie, les professions qui lui fournissent le plus[3], classées par ordre d'importance numérique décroissante[4].

a. *Classes supérieures et moyennes :* total 3 854, soit 14 %.
1 570 *rentiers,*
  393 professions libérales juridiques (225 *avocats,* 168 *officiers ministériels*),
  472 professions libérales médicales (325 *médecins,* 92 *pharmaciens,* 3 *dentistes,* 52 *vétérinaires*),
   83 professions libérales scientifiques (47 *géomètres,* 25 *architectes,* 11 *ingénieurs*),

1. « Encore bien que le chiffre des inculpés soumis à la transportation soit de 9 581 (4 549 + 5 032), il n'y en a eu réellement de transportés que 6 151. »
2. Nous donnons assez de chiffres bruts pour que le lecteur puisse composer s'il le préfère d'autres regroupements, notamment pour comparer avec la statistique des Communeux de 71 donnée par Jacques Rougerie, *Paris libre,* p. 11 et 259.
3. En italique, la *profession* telle qu'elle est indiquée par le registre.
4. Le total de nos comptes regroupés aboutira en fait à 26 867 au lieu de 26 884, sans qu'on puisse savoir à qui, de nous ou du comptable militaire d'époque, incombe la principale responsabilité de ces légères erreurs.

300 professions libérales littéraires et artistiques (106 *artistes peintres*, 90 *journalistes*, 70 *hommes de lettres*, 34 *musiciens*),
425 enseignants (261 *instituteurs*, 110 *étudiants*, 54 *professeurs*),
  44 autres fonctionnaires (34 *ecclésiastiques*, 10 *magistrats*),
567 haut commerce (427 *négociants*, 128 *agents d'affaires*, 12 *commissaires en marchandises*).

   b. *Milieu populaire du secteur agricole :* total 7 412, soit 27 %.
5 423 *cultivateurs*, 1 850 *journaliers*, 131 *jardiniers*. (Ajoutons ici par une assimilation fréquente en économie : 8 *pêcheurs*.)

   c. *Milieu populaire des secteurs industriel et artisanal (que rien ne permet de distinguer) :* total 12 916, soit 48 %.
2 204 dans le vêtement et la chaussure (1 107 *cordonniers*, 688 *tailleurs d'habits* puis *sabotiers, chapeliers,* etc.),
1 902 dans le bâtiment (733 *maçons*, 271 *charpentiers* puis *tailleurs de pierre, carriers, peintres,* etc.),
1 504 dans le bois (888 *menuisiers,* puis *tonneliers, tourneurs, scieurs,* etc.),
1 197 dans le métal (457 *forgerons*, 428 *serruriers*, et divers),
1 032 dans le textile (462 *tisserands,* puis *fileurs, teinturiers,* etc.),
1 064 logeurs et débitants de boissons (890 *aubergistes*, et divers),
  973 dans l'alimentation (415 *boulangers,* puis *bouchers, épiciers,* etc.),
  853 dans les autres commerces (616 *commis de magasin,* et des boutiquiers divers),
  678 dans les transports et métiers connexes (191 *voituriers*, 180 *charrons*, 138 *mariniers,* puis 48 *colporteurs*, 114 *commissionnaires médaillés,* etc.),
  855 dans des fabrications diverses, notamment le cuir (238 *tanneurs*, 156 *bourreliers*, et maintes spécialités d'où émergent les 152 *bouchonniers* du Var, etc.),
  402 dans les métiers d'art (155 *typographes*, 83 *horlogers*, 62 *bijoutiers,* etc.),
et enfin 252 dans les « services » *(coiffeurs)*.

   d. *Marginaux divers :* total 2 685, soit 10 %.
soldats : 103,
domestiques : 221 (la plupart à rapprocher de b/ci-dessus?),
vagabonds : 9[1],
professions diverses : 2 352[2].

Conclusion:
  On pourra conclure, si l'on veut, de tout ceci que la victime-type de la répression de décembre 51 est un *homme d'une trentaine d'années, marié, français, mais du Midi, et exerçant un métier manuel non agricole.*

  1. On a depuis longtemps fait observer, du côté républicain, combien ce nombre (officiel) tout à fait infime contribue à affaiblir la thèse (officielle) de la jacquerie.
  2. S'agit-il réellement de professions diverses ayant chacune un nombre infime de membres? ou d'un artifice pour faire que le total « tombe juste »? Il n'y a aucun moyen de le savoir.

Chronologie

On trouvera naturellement dans cette liste plus de dates qu'il n'en a été cité dans nos chapitres. Ainsi pourront être indiquées quelques directions de recherches sur lesquelles nous avons moins insisté dans notre synthèse personnelle. A peu d'exceptions près cependant nous n'indiquons ici que la chronologie nationale et (ce qui souvent revient au même) parisienne. L'intégration des épisodes départementaux divers (qui eût été de toutes façons nécessairement incomplète) l'aurait alourdie démesurément. Nous donnons seulement ici ce calendrier de référence générale à tous ceux qui se pencheront sur l'histoire de leur région ou de leur localité, soit en lecteurs, soit en chercheurs.

1848	2 janvier	Cours de Michelet suspendu.
	14 janvier	Interdiction du banquet du XIIᵉ arrondissement.
	21 février	Nouvelle interdiction. Le banquet est décommandé.
	22 février	Manifestations de rue à Paris. La Bourse ferme ses portes.
	23 février	La garde nationale passe à l'opposition. Le roi renvoie le ministère. Fusillade du boulevard des Capucines.
	24 février	Bataille de rue. Abdication et départ du roi. Formation du gouvernement provisoire, qui se déclare partisan de la République.
	25 février	Saccage des châteaux de Neuilly et de Suresnes. Lamartine fait maintenir le drapeau tricolore, contre le drapeau rouge. Cavaignac gouverneur de l'Algérie. Proclamation du droit au travail (principe des ateliers nationaux et de l'aide aux associations).
	26 février	Abolition de la peine de mort en matière politique. Création de la garde nationale mobile.
	28 février	Manifestation pour un ministère du Travail. Création de la Commission du Luxembourg.
	29 février	Principe de l'abolition des octrois et de l'impôt sur le sel.
	2 mars	Abolition du « marchandage » (main-d'œuvre recrutée par intermédiaires). Limitation de la journée de travail à 10 heures (Paris) et 11 heures (province). Principe du suffrage universel.
	4 mars	Circulaire de Lamartine aux agents diplomatiques. Liberté totale de presse et de réunion. Principe de l'abolition de l'esclavage.

5 mars	Décret organisant les modalités des élections, et fixant leur date au 9 avril.
6 mars	Michelet réintégré au Collège de France.
	Organisation des ateliers nationaux de la Seine.
7 mars	Réouverture de la Bourse de Paris.
	Création de comptoirs d'escompte.
8 mars	Ouverture de la garde nationale à tous les citoyens.
	Création d'une École d'administration.
14 mars	Dissolution des compagnies d'élite de la garde nationale.
15 mars	Cours forcé des billets de la Banque de France, création des petites coupures.
16 mars	Manifestation dite des « bonnets à poil ».
	Décret créant l'impôt des « 45 centimes ».
17 mars	Contre-manifestation populaire. Report des élections du 9 au 23 avril.
19 mars	Abolition de la contrainte par corps.
24-25 mars	Réglementation restrictive du travail effectué dans les prisons et hospices.
30 mars	Défaite de la légion belge à Risquons-tout.
31 mars	Réforme de l'impôt sur les boissons.
	Publication du document Taschereau.
3 avril	Échec du coup de main des Voraces en Savoie.
4 avril	Mise sous séquestre de deux compagnies de chemins de fer.
8 avril	Circulaire de Ledru-Rollin sur les élections.
16 avril	Manifestation populaire et contre-manifestation en faveur du gouvernement.
avril	Réforme du régime des octrois et de l'impôt sur le sel.
23 avril	Élection de l'Assemblée constituante.
26-28 avril	Troubles sanglants à Rouen.
27 avril	Décret définitif sur l'abolition de l'esclavage.
4 mai	Première réunion de la Constituante. Proclamation officielle de la République.
9-10 mai	Élection de la Commission exécutive, suivie de la formation du ministère (le 17 mai Cavaignac deviendra ministre de la Guerre).
15 mai	Manifestation populaire. Invasion de l'Assemblée. Répression et scènes de violence contre-révolutionnaires.
17 mai	Lacordaire démissionne de l'Assemblée nationale. Duclerc propose la nationalisation des chemins de fer.
20 mai et jours suivants	L'Assemblée commence à mettre en question le sort des ateliers nationaux.
	Arrestations de militants ouvriers.
4 juin	Élections complémentaires à la Constituante (Thiers, Proudhon, Victor Hugo, L.-N. Bonaparte).
5-10 juin	Effervescence populaire à Paris. Cris séditieux. Arrestations.
6 juin	Sénard président de l'Assemblée.
13 juin	Débat à l'Assemblée sur l'admission de L.-N. Bonaparte. Il est admis, mais démissionne.

21 juin	Décret sur les ateliers nationaux.
	Rétablissement de l'impôt sur les boissons.
22 juin	Manifestations d'ouvriers à Paris.
23 juin	Début de l'insurrection ouvrière à Paris.
22-23 juin	Émeutes de Marseille.
24 juin	État de siège à Paris. Démission de la Commission exécutive.
25 juin	Offensive des forces de l'ordre. Mort de Mgr Affre.
26 juin	Fin de l'insurrection.
28 juin	Cavaignac nommé président du Conseil forme un nouveau ministère.
	Suppression des ateliers nationaux.
	Retrait du projet de rachat des chemins de fer.
5 juillet	Carnot perd le ministère de l'Instruction publique.
28 juillet	Décret sur les clubs.
31 juillet	Débat à l'Assemblée sur la proposition Proudhon.
	Élections municipales.
9-11 août	Décrets sur la presse.
24 août	Décret sur le système postal.
27 août-3 sept.	Élections cantonales.
fin août	Menacés par la Commission d'enquête de l'Assemblée, Louis Blanc et Caussidière partent pour l'exil.
	Débat sur la journée de travail. Elle sera fixée à 12 heures (au lieu de 10) (9 sept.).
4 septembre	Début de la discussion de la Constitution.
17 septembre	Élections partielles. L.-N. Bonaparte réélu.
21 septembre	Anniversaire de la première République (1792).
	Banquets démocratiques.
15 octobre	Remaniement du ministère qui s'entrouvre au parti de l'Ordre.
31 octobre	Débat constitutionnel en seconde lecture.
4 novembre	Vote de la Constitution par l'Assemblée.
	Ledru-Rollin fonde la Solidarité républicaine.
21 novembre	Promulgation solennelle de la Constitution.
10 décembre	Élection du président de la République.
20 décembre	Proclamation du résultat. Prestation de serment du président.
	Formation du ministère Barrot-Falloux.
26 décembre	Changarnier, nommé commandant de l'armée de Paris.
27 décembre	L'Assemblée rétablit un impôt sur le sel.
fin décembre	L'Assemblée établit un programme de lois organiques.
29 décembre	Proposition Rateau tendant à la dissolution prochaine de la Constituante.
1849 29 janvier	Préparatifs militaires du gouvernement pour faire pression sur l'Assemblée. Elle vote la proposition Rateau.
mars	Procès de l'affaire du 15 mai.
16 avril	Décision de l'expédition de Rome, dans un sens de médiation. Mission Lesseps.

30 avril	Première attaque d'Oudinot contre Rome républicaine.
7 mai	Protestation de l'Assemblée constituante contre cette attaque.
13 mai	Élection de l'Assemblée législative.
16 mai	Nouvelle abolition de l'impôt des boissons (dernière séance de la Constituante).
28 mai	Réunion de la Législative. Dupin élu président.
1er juin	Rappel de la mission Lesseps (à Rome).
3 juin	Deuxième attaque d'Oudinot contre Rome.
11 juin	L'Assemblée repousse la mise en accusation des ministres demandée par Ledru-Rollin.
13 juin	Manifestation des représentants de la gauche sur les boulevards.
15 juin	Bataille de rue à Lyon. Mise en état de siège des 1re et 6e régions militaires.
19 juin	Nouvelle loi sur les clubs.
30 juin-3 juill.	Prise de Rome.
27 juillet	Nouvelle loi sur la presse.
18 août	Lettre du président à Edgar Ney.
7 septembre	Sa publication.
octobre	Procès en Haute Cour de l'affaire du 13 juin. Difficultés entre le président et les ministres.
31 octobre	Message du président à l'Assemblée. Ministère d'Hautpoul.
20 décembre	Nouveau rétablissement de l'impôt sur les boissons.

1850

11 janvier	Vote de la loi de Parieu sur l'enseignement primaire.
10 mars	Élections législatives complémentaires.
15 mars	Vote de la loi « Falloux ».
28 avril	Élection législative complémentaire à Paris.
mai	Commission de révision de la loi électorale. Pétitions démocratiques dans le pays.
31 mai	Loi restreignant le droit du suffrage.
8 juin	Nouvelle loi sur la presse.
16 juillet	Prorogation de la loi sur les clubs.
juillet	Voyage du président dans les provinces du Nord-Est et de l'Est.
août	Session des conseils généraux. Vœux pour la révision de la Constitution.
26 août	Mort de Louis-Philippe. Le problème de la fusion dynastique est posé.
septembre	Voyage du président en Normandie.
20 septembre	Circulaire du comte de Chambord (échec de la fusion).
10 octobre	Revue des troupes à Sabory. Destitution de Neumayer.
24 octobre	Arrestation de Gent. « Complot du Sud-Est ».
2 novembre	Ordre du jour Changarnier.

1851

3 janvier	Changarnier destitué. Crise ministérielle.
24 janvier	Nouveau ministère dit « petit ministère ».
février	L'Assemblée rejette les crédits de représentation

	du président, l'amnistie aux républicains, la proposition Creton (sur l'exil des princes).
printemps	Pétitions populaires officieuses en faveur de la révision.
	Contre-pétitions républicaines contre la loi du 31 mai.
	Expédition de Saint-Arnaud en Kabylie.
10 avril	Remaniement ministériel (Léon Faucher).
28 mai	Ouverture du délai légal de discussion de la révision.
19 juillet	L'Assemblée repousse la révision constitutionnelle.
4 octobre	Le président se déclare favorable à l'abrogation de la loi du 31 mai.
27 octobre	Crise ministérielle (Léon Faucher démissionne).
4 novembre	Message du président à l'Assemblée proposant d'abolir la loi du 31 mai.
	L'Assemblée repousse l'urgence.
début nov.	Circulaire Saint-Arnaud sur l'obéissance passive.
6 novembre	Dépôt de la Proposition des questeurs.
13 novembre	L'Assemblée rejette la proposition présidentielle d'abroger la loi du 31 mai.
17 novembre	L'Assemblée rejette la proposition des questeurs.
2 décembre	Coup d'État.
3 décembre	Tentative de résistance de l'Assemblée.
	Début de résistance populaire à Paris.
4 décembre	Écrasement de la résistance à Paris.
	Son début en province.
5-10 décembre	Développement et échec de la résistance en province.
décembre	Expulsions de représentants.
	Arrestations.
21 décembre	Plébiscite.

1852

5 janvier	Cession par l'État de la ligne Paris-Lyon.
14 janvier	Promulgation de la Constitution.
janvier	Nouveaux décrets d'expulsion des représentants hostiles au coup d'État.
23 janvier	Nationalisation des biens de la famille d'Orléans.
2 février	Décret sur les élections.
3 février	Décret instituant les commissions mixtes.
17 février	Décret sur la presse.
19 février	Prolongement de la concession de la Compagnie de chemins de fer du Nord.
29 février	Élections du Corps législatif.
26 mars	Décret sur les sociétés de secours mutuels.
28 mars	Suppression de l'état de siège.
29 mars	Première réunion du Corps législatif.
juin	Fusion ferroviaire Lyon-Marseille.
septembre	Fondation du Crédit mobilier.
sept.-oct.	Voyage du prince-président dans le Centre et le Midi (26 sept. : Marseille, 9 oct. : Bordeaux).
7 novembre	Sénatus-consulte révisant la Constitution.
21 novembre	Deuxième plébiscite.
2 décembre	Début du second Empire.

Bibliographie

INSTRUMENTS DE TRAVAIL

Nous distinguerons :
a. Un instrument spécifique.

La Société d'histoire de la Révolution de 1848, fondée en 1904, a publié depuis cette date une revue, sous des noms divers (*Revues...*, puis *Études...*) formant la *Bibliothèque de la Révolution de 1848*. Le contenu de ces publications, de 1904 à 1956 inclus, est analysé dans :

1. L. Dubief, « Tables analytiques des publications de la Société d'histoire de la Révolution de 1848 », *Bibliothèque de la Révolution de 1848*, XVII, 1967.

Ont paru depuis :

2. Tome XVIII, « L'armée et la seconde République. »
3. Tome XIX, « Aspects de la crise et de la dépression de l'économie française au milieu du XIXᵉ siècle 1846-1851 » (sous la direction d'E. Labrousse).
4. Tome XX, « Le choléra, la première épidémie du XIXᵉ siècle » (présentation par Louis Chevalier).
5. Tome XXI, « Les élections de 1869 » (présentation par Louis Girard [1]).
6. Tome XXII, « Réaction et suffrage universel en France et en Allemagne (1848-1850) » (présentation par Jacques Droz).
7. Tome XXIII, « La presse ouvrière 1819-1850 » (France et sept autres nations) (présentation par Jacques Godechot).
8. Tome XXIV, « Les ouvriers de Paris. Livre I. L'organisation 1848-1851 », œuvre de Remy Gossez.

Depuis ce tome XXIV, daté de 1967, la collection paraît marquer le pas. L'année 1948 a vu paraître d'autre part aux PUF une « collection du Centenaire » composée de nombreux petits volumes, dont certains, qui comblaient une lacune importante de bibliographie, figurent dans les rubriques qui suivent.

b. Autres instruments.

9. (collectif) *Atlas historique de la France contemporaine 1800-1965*, A. Colin (« U »), 1966.
10. Bourloton, Robert et Cougny *Dictionnaire des parlementaires*, 5 vol., Bourloton, 1891 (surtout utile désormais pour les bourgeois et conservateurs qui ne figurent pas dans l'ouvrage suivant).
11. J. Maitron (et collaborateurs) *Dictionnaire biographique du mouvement ouvrier français* (période 1789-1864 en 3 vol.), Éditions ouvrières, 1964-

---

1. Nous disons bien 1869 et non 49 — il s'agit de l'acception étendue de la problématique politique du cœur du XIXᵉ siècle. Mais nous n'avons pas cru devoir exclure cet excellent volume de cette présentation de la Bibliothèque.

1966 (fondamental; car la plupart des « quarante-huitards » ont touché d'assez près au socialisme pour être admis dans ce dictionnaire, qu'ils fussent ou non ouvriers).
12. (collectif) *Histoire générale de la presse française* II, 1815-1871, PUF 1969.
13. F. Ponteil, *Les Institutions de la France de 1814 à 1870*, PUF, 1966.
14. M. Duverger, *Constitutions et Documents politiques*, PUF (« Thémis »), 1957.
15. J. Touchard (et collaborateurs), *Histoire des idées politiques* II : *du XVIIIe à nos jours*, Paris, PUF (« Thémis »), 1962.
16. J.-B. Duroselle, *L'Europe de 1815 à nos jours, vie politique et relations internationales*, PUF (« Nouvelle Clio »), 1962 [1].

SYNTHÈSES RÉCENTES

Elles comportent elles-mêmes des bibliographies abondantes et tiennent compte des acquisitions scientifiques les plus neuves.

17. Ph. Vigier, *La Seconde République*, PUF (« Que sais-je? »), 1967.
18. L. Girard, *La IIe République*, Calmann-Lévy, (Naissance et Mort), 1968.
19. J. Godechot, *Les Révolutions de 1848*, Albin Michel (« Le mémorial des siècles »), 1971.
20. J. Sigmann, 1848, *Les Révolutions romantiques et démocratiques de l'Europe*, Calmann-Lévy, 1970.
21. R. Price, *The French Second Republic, A social History*, Londres, Batsford, 1972.

PRINCIPAUX OUVRAGES ANCIENS, A CARACTÈRE DE SOURCE

22. D. Stern (comtesse d'Agoult) *Histoire de la Révolution de 1848*, 3 vol., Sandré, 1850-1853.
23. L. A. Garnier-Pagès, *Histoire de la Révolution de 1848*, 10 vol., Pagnerre, 1860-1871.
24. K. Marx, *Les luttes de classes en France* (1848-1850), Éd. sociales, 1946.
25. K. Marx, *Le 18 Brumaire de Louis-Bonaparte*, Éd. sociales, 1945.
26. A. de Tocqueville, *Souvenirs* (*Œuvres complètes* t. XII), Gallimard, 1964.
27. Ch. de Rémusat, *Mémoires de ma vie* IV, Hachette, 1962.
28. V. Hugo, *Souvenirs personnels (1848-1851)*, Gallimard, 1952.
29. J. Michelet, *Journal 1823-1848* et *1849-1860*, Gallimard, 1959 et 1962.
On trouvera une liste beaucoup plus importante d'ouvrages de cette nature dans L. Girard, cité ci-dessus (n° 18).

PRINCIPAUX OUVRAGES HISTORIQUES CLASSIQUES ET TOUJOURS UTILES

30. P. de La Gorce, *Histoire de la seconde République française*, 2 vol., Plon-Nourrit, 1887.
31. G. Renard, *La République de 1848*, t. IX de l'*Histoire socialiste* de Jaurès, Rouff, s.d.
32. et A. Thomas, *Le Second Empire*, t. X de la même collection, Rouff, s.d. (v. 1900).

1. On attend dans la collection « Nouvelle Clio » le manuel de Ph. Vigier consacré aux aspects sociaux de la période.

33. Ch. Seignobos, *La Révolution de 1848 et le Second Empire (1848-1859)*, t. VI de l'*Histoire de la France contemporaine* de Lavisse, Hachette 1926.
34. G. Weill, *Histoire du parti républicain en France (1814-1870)*, nouv. éd., Alcan, 1928.
35. P. Bastid, *Doctrines et Institutions politiques de la seconde République*, 2 vol., Hachette, 1945.
36. (collectif), *Actes du Congrès du centenaire de la Révolution de 1848*, PUF, 1948 (on y trouvera notamment l'étude vite devenue classique d'E. Labrousse, « Comment naissent les révolutions »).
37. J. Dautry, *1848 et la Seconde République*, Éditions sociales, rééd. 1957.
38. G. Duveau, *1848*, Gallimard (« Idées »), 1965.

ÉTUDES PARTICULIÈRES

1. Principales études par thèmes, périodes ou épisodes.

a. Révolution et résistances.

39. H. Guillemin, *La Première Résurrection de la République*, Gallimard (« Trente journées »), 1967.
40. A. J. Tudesq, *Les Grands Notables en France, 1840-1849*, t. II, PUF, 1964.

b. Juin.

41. Ch. Schmidt, *Des ateliers nationaux aux barricades de Juin*, PUF (coll. du Centenaire), 1948.

c. La fin du provisoire.

42. A. J. Tudesq, *L'Élection présidentielle de Louis Napoléon Bonaparte, 10 décembre 1848*, A. Colin (« Kiosque »), 1965.

d. 1849.

43. J. Bouillon, « Les démocrates-socialistes aux élections de 1849 », *Revue française de science politique*, 1956-1.

e. 1850.

44. H. Michel, *La loi Falloux*, Hachette, 1906.
45. A. Prost, *L'Enseignement en France 1800-1967*, Colin (« U »), 1968.
46. J. Tchernoff, *Associations et Sociétés secrètes sous la IIe République*, Pedone, 1905.

f. La crise finale.

47 et 48. E. Ténot, *Paris en décembre 1851* et *La Province en décembre 1851*, nouvelle éd. Le Siècle, 1876.
49. H. Guillemin, *Le Coup du 2 décembre*, Gallimard, 1951.
50. L. Girard, *La Politique des travaux publics du second Empire*, Colin, 1952.

2. Études par régions.

On en trouvera une liste étendue établie par Gérard Walter, dans J. Godechot cité ci-dessus (n° 19).

Les plus importantes et récentes à la fois sont :

51. A. Charles, *La Révolution de 1848 et la Seconde République à Bordeaux, et dans la Gironde*, Delmas, 1945.

52. A. Armengaud, *Les Populations de l'Est aquitain au début de l'époque contemporaine (v. 1845-1871)*, Mouton, 1961.
53. G. Dupeux, *Aspects de l'histoire sociale et politique du Loir-et-Cher, 1848-1914*, Mouton, 1962.
54. Ph. Vigier, *La Seconde République dans la région alpine. Étude politique et sociale*, 2 vol., PUF, 1963.
55. Ch. Marcilhacy, *Le Diocèse d'Orléans sous l'épiscopat de Mgr Dupanloup, 1849-1878*, Plon, 1962.
56. Ch. A. Julien, *Histoire de l'Algérie contemporaine* I, PUF, 1964.
57. M. Agulhon, *Une ville ouvrière au temps du socialisme utopique, Toulon de 1815-1851*, Mouton, 1970.
58 et *La République au village*, Plon, 1970. (Le département du Var moins la ville de Toulon).
59. R. Huard, « Les réactions de l'opinion gardoise... », *Annales du Midi*, juillet-septembre 1971.
59. *bis*. Enfin, restée manuscrite, la thèse de L. Chevalier, *les fondements économiques et sociaux de la vie politique dans la région parisienne* (1951 Bibl. universitaire de la Sorbonne).

3. *Études par personnages*. (Ordre alphabétique).

On rappelle sous cette rubrique les ouvrages n° 10 et 11 cités ci-dessus, la collection du Centenaire, des PUF, et la bibliographie de G. Walter in n° 19. On retiendra notamment :

59. *ter*. R. Limouzin-Lamothe et J. Leflon, *Mgr D. A. Affre, archevêque de Paris*. Paris, Vrin, 1971.
60. Ch. Almeras, *Odilon Barrot avocat et homme politique*, PUF, 1951.
61. Léo A. Loubère, *Louis Blanc, his Life and his Contribution to the rise of French Jacobin. — Socialism*, Northwestern University Press, 1961.
62. G. Geffroy, *L'Enfermé*, Fasquelle, 1897 (prolongé de nos jours par les nombreuses études partielles consacrées à *Blanqui* par Maurice Dommanget).
63. A. Dansette, *Louis-Napoléon à la conquête du pouvoir*, Hachette, 1961.
64. F.-A. Isambert, *Politique, religion et science de l'homme chez Ph. Buchez*, Cujas, 1967.
65. F. de Luna, *The French Republic under Cavaignac, 1848*, Princeton University Press, 1969.
66. D. Johnson, *Guizot, Aspects of French History 1787-1874* Londres, Routledge & Kegan, 1963.
67. C. Pelletan, *Victor Hugo homme politique*, Ollendorff, 1907.
68. H. Guillemin, *Lamartine en 1848*, PUF (coll. du Centenaire), 1948.
69. R. Schnerb, *Ledru-Rollin*, PUF, (coll. du Centenaire), 1948.
70. P. Viallaneix, *La Voie royale. Essai sur l'idée de Peuple dans l'œuvre de Michelet*, Delagrave, 1959.
71. R. P. Lecanuet, *Montalembert*, II et III, Poussielgue, 1898-1902.
72. A. Cuvillier, *Proudhon*, M. Rivière, 1937.
73. E. Thomas, *Pauline Roland, socialisme et féminisme au XIXᵉ siècle*, M. Rivière, 1966.
74. J. Bouvier, *Les Rothschild*, Club français du livre et Fayard 1967.
75. L. Sainville, *Victor Schœlcher 1804-1893*, Fasquelle, 1950.
76. H. Malo, *Thiers*, Payot, 1922.

BIBLIOGRAPHIE COMPLÉMENTAIRE

J. Merley, *La Haute-Loire 1776-1886*, 2 vol., Arch. Dép., Le Puy, 1974.

C. Johnson, *Utopian Communism en France : Cabet and the Icarians 1839-1851*, Cornell University Press, 1974.

M. Agulhon, *Les Quarante huitards*, Gallimard-Julliard, 1975.

A. Corbin, *Archaïsme et Modernité en Limousin au XIXᵉ siècle (1845-1880)*, 2 vol., Rivière, 1975.

« 1848 et la Seconde République », nº spécial des *Annales historiques de la Révolution française 1975-4*, (et voir aussi, de cette même revue, le nº 1977-2).

P. Amann, *Revolution and Mass Democracy. The Paris Club Movement in 1848*, Princeton University Press, 1975.

R. Price (sous la dir. de), *Revolution and Reaction*, London Croom Helm Lᵗ, 1975.

G. Désert, *Les Paysans du Calvados 1815-1895*, 3 vol. multigraphiés, Lille III, service de reprographie 1975.

Y. M. Hilaire, *Une chrétienté au XIXᵉ siècle ? La vie religieuse des populations du diocèse d'Arras* (1840-1914), 2 vol., Press Universités, Lille, 1977.

Y. Lequin, *Les Ouvriers de la région lyonnaise 1848-1914*, 2 vol., Presses Universitaires de Lyon, 1977.

P. Pierrard, *1848, les Pauvres, l'Évangile et la Révolution*, Desclée, 1977.

J. Dautry, *1848 et la IIᵉ République*, Éditions sociales, rééd. 1977.

P. Benichou, *Les Temps des prophètes. Doctrines de l'âge romantique*, Gallimard, 1977.

On attend enfin la publication des thèses suivantes, portant en tout ou en partie sur la IIᵉ République, respectivement dans le Var (E. Constant, université de Provence), le Gard (R. Huard, université de Paris IV), les départements bourguignons (P. Levêque, université de Paris IV.)

Index

Table

FIRMIN-DIDOT S.A. PARIS-MESNIL (7.81)
D.L. 1ᵉ TRIM. 1973, Nᵒ 3132-3 (8498)